LA SOCIEDAD FUTURA

LA VISIÓN PROFÉTICA DE BAAL HASULAM

Michael Laitman

LA SOCIEDAD FUTURA

LA VISIÓN PROFÉTICA DE BAAL HASULAM

ISBN: 978-1-77228-194-1

Editor ejecutivo:	Norma Livne
Editor de contenido:	Eran Minuchin
Coordinador:	Gil Kedem
Asesor:	Dudi Aharoni
Corrección de traducciones:	Shosh Ben Yeshayahu, Shoshana Potasz
Equipo de investigación:	Andrés Marió, Roberto Pitluk, Graciela Villanueva, Leo Higashi, Maribel Gómez, Maryori Adarraga
Prueba de lectura:	Teresa Chocrón
Portada:	Inna Smirnova
Diagramación:	Gill Zahavi
Impresión:	Uri Laitman, Yosef Levinski

Primera Edición: Febrero 2025
Primera impresión

LAITMAN
KABBALAH
PUBLISHERS

ÍNDICE

«Imagínense, si hoy encontraran un libro de historia que describiera las últimas generaciones tal como serán dentro de diez mil años. Y estas personas, en ese futuro, ya tendrían sistemas bien organizados que les garanticen seguridad y estabilidad, asegurando su vida cotidiana en tranquilidad y paz.

Sin duda, si hubiese algún sabio que nos ofreciera dicho libro, entonces nuestros líderes encontrarían en él todas las soluciones para organizar la vida de manera similar.

Ahora, señores, ante ustedes está preparado y dispuesto en este cofre un libro en el que está escrita y explicada toda la sabiduría de las naciones y el orden de la vida individual y colectiva que existirá en los últimos días. Es decir, los libros de Cabalá».[1]

Baal HaSulam, *Los escritos de la Última Generación*

Cómo leer el libro

El estilo de escritura del más grande cabalista de nuestra época, Rav Yehuda Leib Haleví Ashlag (Baal HaSulam), es completamente diferente a lo tradicional. Su objetivo era adaptar sus escritos a las necesidades de la generación. Escribió sus libros en el lenguaje de la Cabalá, que utiliza leyes y nombres fijos, como cualquier lenguaje científico, para expresar fenómenos espirituales. Todo lo que está en nuestro mundo comienza, necesariamente, en un Mundo Superior, y desde allí desciende, paso a paso, hasta nuestro mundo.

Existe una estrecha conexión entre la raíz (la causa del fenómeno) y la rama (el resultado obtenido en el mundo). La definición de las conexiones entre raíz y rama es descrita por los cabalistas en un lenguaje preciso: es el lenguaje de las ramas. Hay que tomar en cuenta que las palabras plasmadas en sus libros están tomadas de nuestro mundo, pero no deben interpretarse en un sentido simplista. Detrás de estas palabras se esconden cualidades espirituales que no tienen ninguna relación con nuestro mundo físico.

Por ejemplo, por la falta de comprensión del pensamiento de Baal HaSulam, hay quienes lo tildan de comunista, pero en realidad, el comunismo concebido por este gran cabalista no está relacionado con el modelo marxista, sino que se refiere a un ideal. Su visión es la de un «comunismo altruista», un sistema basado en la justicia social y la igualdad, fundamentado en el amor mutuo y en la corrección del egoísmo humano.

Otro ejemplo es la referencia que hace de Israel. No se trata del país en términos geográficos sino el concepto espiritual llamado *Israel*, del hebreo *Yashar Él*, que significa «directo al Creador», es decir, el anhelo del individuo por alcanzar la espiritualidad.

Todos los métodos que precedieron a Baal HaSulam estaban destinados a individuos virtuosos que recibieron un despertar desde Arriba y penetraron los secretos de la Cabalá.

La grandeza de Baal HaSulam no radica solo en su profundidad espiritual, sino en su capacidad para entregar un método completo, diseñado para que toda la humanidad alcance su propósito espiritual. Estudiar sus textos con la intención correcta es una oportunidad para adentrarse en el mapa espiritual que diseñó y así contribuir al avance de la sociedad hacia un futuro de unidad y paz.

Nota del Editor

Baal HaSulam transmitió su legado a su hijo, Rabash (Rav Baruj Shalom Haleví Ashlag), quien a su vez confió sus manuscritos y enseñanzas al Rav Dr. Michael Laitman, reconocido como su principal discípulo y asistente personal, sucesor de esta cadena cabalística inigualable (más en el Glosario).

Su autoridad como parte de este linaje le permite revelar el profundo significado de la Cabalá y guiar a la humanidad hacia la implementación práctica de estas enseñanzas.

Para un cabalista, las leyes de la naturaleza se revelan ante él como un libro abierto. Vive en la sensación de la espiritualidad y del amor al prójimo, lo que le permite acceder a las respuestas más trascendentales de la vida.

El contenido de este libro se basa en una serie de charlas llamadas «De cara al futuro», enfocadas en la perspectiva vanguardista y profética de Baal HaSulam sobre el funcionamiento correcto de la sociedad, las cuales están disponibles en el canal de YouTube del autor, el Rav Dr. Michael Laitman.

Durante estas sesiones, el Rav Laitman anticipaba preguntas y ofrecía respuestas que desafiaban las perspectivas iniciales, haciendo replantear los enfoques. Su guía nos permitió experimentar los escritos de Baal HaSulam como «letra viva», mostrando cómo estos códigos espirituales son aplicables en nuestra realidad por más incierta que esta parezca. Los interpretó y aclaró para hacerlos accesibles a nuestra generación.

Para evitar una interpretación tergiversada de los principios vertidos en este libro, es importante añadir que la Cabalá auténtica, como la define Baal HaSulam, no tiene relación con conceptos erróneos como amuletos, hechizos o misticismo. Es un método científico y espiritual para corregir al hombre y al mundo, y llevarlos a un buen destino. El Rav Laitman, como parte de este linaje, ha dedicado su vida a liberar la Cabalá de estas distorsiones y difundirla ampliamente, cumpliendo la profecía de su expansión universal en nuestra era.

PREFACIO

El tiempo nos ha alcanzado. La visión profética de Baal HaSulam, el más grande cabalista de nuestra era, hoy se manifiesta con una claridad y urgencia sorprendentes. Nos dejó un legado invaluable: un método para construir una sociedad futura basada en los principios de amor mutuo, conexión y responsabilidad compartida. Él vislumbró un mundo que, al atravesar profundos desafíos, finalmente buscaría un camino hacia la unidad y la sostenibilidad espiritual.

Lo extraordinario de Baal HaSulam no fue solo su capacidad de prever estos tiempos, sino su propuesta de una solución concreta. Aunque muchos hablan del amor al prójimo como la máxima ley que debe prevalecer entre las personas, nadie detalla cómo implementarlo ni cómo fundar una sociedad basada en este principio para el bien de todos.

Si bien el mensaje que este sabio plantea es emotivo e inspirador, lo que en el mundo incrédulo de hoy podría parecer utópico, él desarrolló un método completamente práctico y alcanzable que permite a cada persona y, eventualmente, a toda la sociedad, trascender las barreras del egoísmo y alcanzar un estado de conexión superior para una vida en armoniosa.

En el tiempo de Baal HaSulam, en los años treinta, la humanidad no estaba lista. Él plantó semillas que ahora comienzan a germinar, después de décadas de transformaciones globales y crisis que han abierto espacio para nuevas ideas. Sus enseñanzas no solo han resistido la prueba del tiempo, sino que se han vuelto más relevantes que nunca.

Para mí, este trabajo no es solo una compilación de enseñanzas; es una misión profundamente personal. Tuve el privilegio único de estudiar con Rabash, hijo y sucesor de Baal HaSulam, quien no solo transmitió la profundidad de la sabiduría cabalística, sino también su dimensión práctica. Él me mostró que la Cabalá no es una filosofía abstracta, ni un misticismo reservado para unos pocos; es una guía viva para transformar nuestras vidas de manera positiva y construir un mundo mejor.

Por un lado, los avances tecnológicos han alcanzado niveles inimaginables, y por otro, nuestras divisiones internas, las crisis económicas, las guerras y la insatisfacción generalizada muestran que algo esencial falta. Estamos más desconectados que nunca, enfrentándonos a una encrucijada donde debemos elegir: permanecer atrapados en patrones de separación o construir una sociedad basada en la conexión y el amor mutuo.

Aquí es donde el legado de Baal HaSulam cobra vida. Él previó que la humanidad llegaría a un callejón sin salida, donde los viejos valores ya no podrían sostenernos. En sus escritos, habló de un tiempo en el que seríamos forzados por las circunstancias a buscar una guía que nos permitiera reconstruir nuestras relaciones y nuestras sociedades desde la raíz. Creo firmemente que estamos viviendo ese tiempo, y este libro pretende ser una respuesta a esa necesidad.

Lo que hace que este mensaje sea especialmente valioso y único es su autenticidad. Bnei Baruj, la institución que presido, cuenta con los manuscritos originales de Baal HaSulam, documentos únicos que hemos preservado con gran dedicación. Estos textos no son teorías; son herramientas indispensables para construir un mundo más conectado y humano. En nuestra «universidad espiritual», estudiamos y enseñamos estos escritos diariamente, formando a generaciones de estudiantes.

A lo largo de mis años de enseñanza, América Latina ha ocupado siempre un lugar especial en mi corazón. He visto cómo los pueblos de estas tierras tienen una inclinación natural hacia los ideales de unidad y amor mutuo. Creo que en ellos reside una gran fuerza espiritual, un anhelo único de alcanzar el principio cabalístico de *«Amarás a tu prójimo como a ti mismo».*[2] Mi esperanza es que este libro inspire a muchas personas, especialmente en esta región, a dar el primer paso hacia la construcción de una sociedad que refleje estos ideales y así convertirse en un ejemplo para el resto del mundo.

El propósito de este libro es precisamente eso: revelar el camino hacia esa sociedad futura. No pretende ser un tratado académico ni una exploración abstracta de conceptos. Es un llamado práctico a la acción, basado en la sabiduría eterna de la Cabalá, pero adaptado a las necesidades de nuestra generación.

En cada página de este libro, llevo conmigo la visión de Baal HaSulam, una visión de un mundo donde las personas vivan en armonía, conectadas por lazos de amor y comprensión. Espero que estas palabras, inspiradas por los escritos de este gran cabalista, iluminen el camino hacia un futuro mejor para cada uno de ustedes y para toda la humanidad en conjunto.

Michael Laitman

INTRODUCCIÓN

Vivimos en una época de guerras, conflictos sociales, divisiones. En todo el mundo, prácticamente no hay ni un solo lugar donde no haya problemas graves de todo tipo.

La situación global se asemeja a la de un avión sin piloto, sin hoja de ruta ni rumbo definido, el cual experimenta una peligrosa turbulencia causada por factores externos, tales como posibles vientos huracanados que le azotan, o por factores internos, incluidos fallas en el mantenimiento, errores humanos, negligencia, entre otros problemas que afectan el funcionamiento del sistema.

De igual manera, las naciones del mundo vislumbran un horizonte de inestabilidad e incertidumbre, sin que las personas confíen más en las promesas vacías de las estructuras tradicionales para un cambio positivo.

La desigualdad social, las crisis en las relaciones interpersonales, la depresión e insatisfacción generalizadas, los desastres naturales y los conflictos entre naciones, son indicadores de que se debe tomar el control del timón antes de que ocurra un impacto devastador.

La inestabilidad que la humanidad experimentaría en nuestra época era totalmente predecible, según el más sabio cabalista de nuestro tiempo, Rav Yehuda Leib HaLeví Ashlag (Baal HaSulam), por lo que desarrolló el sistema de navegación para que la humanidad llegue a buen puerto, no por la vía de los enfrentamientos, sino a través de un modelo social basado en la unidad y el amor. Estos principios parecerían obvios, pero tras innumerables intentos fallidos, el mundo hasta ahora no ha sabido cómo lograrlos.

Su profundo entendimiento de la Sabiduría de la Cabalá y su agudo análisis de la sociedad humana, lo convirtieron en un visionario que se adelantó a los problemas críticos de nuestra era, pero al mismo tiempo, dejó un mensaje esperanzador: la crisis puede ser una oportunidad para transformar la humanidad si adoptamos un cambio de paradigma ante el crecimiento descontrolado del egoísmo que caracteriza al mundo de hoy.

Baal HaSulam, nacido en Polonia en 1884, centró su obra en hacer accesible la Sabiduría de la Cabalá a todos, no solo a los eruditos, sino también al mundo en general, y su método de enseñanza fue revolucionario.

En su visión, Baal HaSulam habló de una *Última Generación*, una era donde la humanidad se encontraría en un punto de inflexión, enfrentada a un mundo en crisis. Mirando a nuestro alrededor, vemos el cumplimiento de sus palabras. Las divisiones sociales, las guerras, las protestas masivas, la desconexión entre las personas y el vacío existencial son reflejos de una humanidad que ha alcanzado el límite de lo que puede sostener con los valores actuales. A pesar de nuestros avances tecnológicos, nos encontramos atrapados en un callejón sin salida moral y espiritual.

En este libro, por primera vez, se abre una ventana para explorar el legado de Baal HaSulam decodificando sus escritos de manera sencilla para revelar las profundas conexiones entre el individuo, la sociedad y la realidad espiritual que nos rodea. Este es un conocimiento esencial para comprender el propósito de la vida, la existencia humana, y la creación de un futuro promisorio.

Baal HaSulam plantea que el verdadero cambio debe ser interno, basado en la elección consciente de una sociedad cimentada en el apoyo mutuo, el amor y la solidaridad. Los intentos de transformación mediante la violencia o la unión de unos contra otros han fracasado una y otra vez, por lo que propone un nuevo paradigma.

Su legado se puede interpretar como un llamado a la humanidad para repensar su propósito, sus estructuras sociales y su relación con el prójimo. Su mensaje es profundamente actual, ofreciendo herramientas conceptuales y espirituales para construir una sociedad más justa, solidaria y sostenible.

Predijo que el individualismo extremo y la falta de empatía conducirían a una sociedad fragmentada, en la que el aislamiento emocional y la alienación serían comunes. Reconoció que la competencia egoísta a nivel económico y político generaría guerras, desigualdades profundas y tensiones internacionales.

Ofreció un marco práctico y espiritual para superar los problemas que aquejan a la humanidad en el siglo XXI. Sus soluciones siguen siendo aplicables y necesarias en el contexto actual. Afirma que el mundo está interconectado y que el progreso humano depende de la cooperación global. Su obra invita a la humanidad a reflexionar sobre el camino que sigue y a adoptar una transformación social profunda que garantice un futuro armonioso.

Sus ideas resuenan en movimientos actuales que buscan la sostenibilidad, la cooperación internacional, y una economía que no beneficie únicamente a pocos. Aunque Baal HaSulam planteó estos conceptos desde una perspectiva espiritual, su aplicabilidad trasciende las religiones y se adapta a cualquier contexto humano. Como pensador universal, reconoció que la humanidad, sin importar su origen o creencias, está interconectada y debe unirse para superar los desafíos del futuro.

A lo largo de su vida, este gran pensador trabajó incansablemente para ofrecer una visión del mundo en la que los principios como la unidad, la responsabilidad mutua y el amor, fueran la base de la sociedad. En su obra, no solo describe un camino para alcanzar la comprensión espiritual, sino que también ofrece una crítica social que sigue siendo profunda y de gran trascendencia hoy en día.

En un mundo donde la tecnología conecta a las personas más que nunca, su énfasis en el amor y la empatía como principios rectores adquiere una relevancia renovada. Así, una de las características más distintivas de Baal HaSulam fue su preocupación por los problemas sociales y políticos de su tiempo.

Las enseñanzas de Baal HaSulam son el oxígeno que el mundo necesita en la actualidad, especialmente en un ambiente marcado por conflictos, divisiones y crisis sociales. Según su visión, la solución no solo radica en cambiar las estructuras externas, sino en una transformación interna del individuo y de la sociedad que dependa de la comprensión y la acción basadas en principios espirituales.

Para este sabio, la Cabalá no es solo una teoría filosófica, sino una herramienta práctica para revelar las leyes que rigen el mundo y transformar positivamente la vida de cada ser humano y de su entorno. A través de sus enseñanzas la humanidad podrá elevarse y mantener un vuelo estable hacia un mañana promisorio y pacífico. Por lo tanto, la sociedad futura que Baal HaSulam describió no es un sueño inalcanzable, sino una necesidad urgente.

CAPÍTULO 1

LA GRANDEZA DE BAAL HASULAM

El legado trascendental de Baal HaSulam

La importancia del legado del Rav Yehuda Leib HaLeví Ashlag para nuestra generación y las venideras puede ser comprendida únicamente si nos adentramos en el universo de este gran cabalista.

Baal HaSulam dedicó su vida al estudio y la enseñanza de la Cabalá, dejando un vasto legado de libros y artículos diseñados para acercar a la humanidad a esta sabiduría inmensa, comparable a la profundidad del mar. Entre sus escritos destaca su doctrina social, una visión para alcanzar la justicia y la paz en la sociedad presente y en las generaciones futuras.

Él no solo desentrañó los secretos del *Zóhar*, sino que proporcionó a la humanidad una llave para toda la Sabiduría de la Cabalá.

Es difícil resumir en pocas palabras todo lo que Baal HaSulam logró a lo largo de su vida. Abrió para la humanidad el plan de la creación y dedicó su existencia a hablar, enseñar y explicar estos profundos conceptos. Su gran interpretación del *Zóhar*, considerada el fundamento de la Cabalá, marcó un hito en la comprensión de esta sabiduría. Además, escribió comentarios destacados sobre los escritos del Arí (Rav Isaac Luria), como *El árbol de la vida*, entre muchas otras obras que enriquecen su vasto legado.

Los escritos de Baal HaSulam en el contexto actual

Baal HaSulam percibió que nuestra generación, a la que llamó la «Última Generación» o «la era del mesías», tiene un papel especial en el desarrollo espiritual de la humanidad. En *Los escritos de la Última Generación*, explicó que hemos llegado a un punto en el que podemos utilizar su enseñanza para trascender los límites del mundo material y acceder al mundo espiritual.

Su mensaje es claro: hoy, cada persona puede descubrir y experimentar el Mundo Superior, elevando este mundo al nivel del «mundo venidero». Esto implica trascender el egoísmo dominante, que nos mantiene en sufrimiento y desconexión, y transformar el deseo de recibir en un deseo de otorgar.

Al hacerlo, podemos superar las limitaciones de tiempo, espacio y movimiento, revelando los secretos del universo y comprendiendo el propósito final de la humanidad: la identificación con la Fuerza Superior, el Creador.

La visión de Baal HaSulam para el mundo contemporáneo

Si Baal HaSulam viviera hoy, observaría el estado actual de la humanidad con claridad y ofrecería soluciones basadas en su sabiduría. Nos advertiría que, sin elevarnos al nivel espiritual, enfrentaremos fuerzas destructivas derivadas del egoísmo desenfrenado. Aun así, subrayaría que las dificultades nos llevarán inevitablemente a reconocer la necesidad de revelar la fuerza positiva de la naturaleza, el Creador, y conectarnos con ella.

El amor al prójimo, resumido en el mandamiento «Amarás a tu prójimo como a ti mismo»[3], se presenta como la clave para alcanzar este objetivo. Según Baal HaSulam, solo al adoptar este principio como base de nuestras relaciones humanas podremos alcanzar el nivel más alto de desarrollo, revelando un mundo ilimitado más allá del tiempo y el espacio.

Un legado que guía el presente y el futuro

Baal HaSulam fue un visionario cuyas enseñanzas son esenciales para comprender el mundo actual. Sus escritos no solo explican los acontecimientos de nuestra época, sino que también ofrecen un camino claro hacia la rectificación de la humanidad.

Él nos mostró cómo elevarnos por encima de las dificultades del mundo, conectarnos con la Fuerza Superior y alcanzar el propósito final del desarrollo humano: vivir en un mundo de amor, unidad y paz duradera.

En su artículo *La enseñanza de la Cabalá y su esencia*, bajo el subtítulo «Dar permiso», Baal HaSulam resumió la esencia de su misión: revelar los secretos de la creación y abrir el camino para que todos podamos descubrirlos por nosotros mismos. Su legado es, sin duda, un faro que guía a nuestra generación y las venideras hacia un futuro más iluminado. En ese texto, escribe:

> «Me alegra haber nacido en una generación como esta, en la que ya está permitido publicar la que está permi sabiduría de la verdad. Y si me preguntan cómo sé tido, les responderé que es, porque se me ha dado permiso para revelar, es decir, hasta el momento, no le ha sido revelado a ningún sabio las maneras en que sea posible dedicarse a ello públicamente, ante cada pueblo y etnia, y explicar por completo cada palabra, porque yo también juré a mi maestro no revelarlo, así como lo hicieron todos los alumnos que me antecedieron. Sin embargo, este juramento y esta prohibición se aplican solo a las formas transmitidas oralmente de generación en generación, hasta los profetas y sus predecesores, porque estas formas si se hubieran revelado a la población, habrían causado mucho daño, por razones ocultas a nosotros».[4]

A Baal HaSulam se le permitió revelar la sabiduría de la Cabalá, considerando que en generaciones anteriores estaba prohibido por los sabios, debido a la raíz elevada de su alma. Según sus propias palabras, incluso él admitía que este misterio le estaba oculto.

Sin embargo, su alma, única y especial, descendió desde los niveles superiores para encarnarse en un cuerpo humano en este mundo. Desde esa posición, logró descubrir los caminos que permiten a un ser humano elevarse desde este mundo al Mundo Superior, alcanzar al Creador y transitar por todas las etapas de ascenso espiritual. Más aún, pudo revelar esos caminos y plasmarlos de manera comprensible para las personas de nuestra generación.

Gracias a esto, tenemos la fortuna de contar con sus escritos, los cuales nos ofrecen la posibilidad de entender, al menos en parte, lo que él explicó.

Baal HaSulam fue, sin duda, un ser extraordinario. Su capacidad para traducir la profunda Sabiduría de la Cabalá a un lenguaje accesible es un milagro en sí mismo. Logró describir, con claridad y detalle, el proceso mediante el cual cualquier persona, independientemente de su origen, puede alcanzar los niveles espirituales más elevados y conectarse con la Fuerza Superior.

Él anheló entender las leyes superiores que nos gobiernan para poder salvar a la humanidad de sus tribulaciones, con ideas avanzadas para su época. Sin embargo, él mismo escribió que no comprendía completamente de dónde provenía ese despertar ni por qué fue elegido para asumir esta misión.

Es posible que supiera mucho más de lo que compartió sobre sí mismo, pero eso fue lo que decidió revelar. Lo que podemos entender de sus palabras es que fue el Creador quien lo eligió para esta tarea. A nosotros nos corresponde recibir este conocimiento con gratitud y aprovechar esta revelación que llegó directamente del

Creador a través de un hombre que vivió en este mundo y que se llamó Rav Yehuda Leib Ashlag.

Tuve la oportunidad de hablar de esto con su hijo mayor, mi maestro, quien tampoco ofreció una explicación completa. Él simplemente afirmó que esta misión fue un deseo superior y que nuestra tarea es aceptar, aprender y esforzarnos por comprender y experimentar todo lo que el Creador quiso mostrarnos a través de esta alma tan especial.

Este aspecto se profundiza en otra parte del texto *La enseñanza de la Cabalá y su esencia*, el cual dice lo siguiente:

> «... Pero la forma en la que lo trato en mis libros, es una forma permitida, incluso, mi maestro me ordenó que me explaye tanto como pueda, a esto lo llamamos la manera de vestir las cosas. Y observa en los escritos de Rabi Shimon Bar Yojai, que él llama a esta forma, dar permiso, y esto es lo que el Creador me ha dado de forma completa, como nosotros acostumbramos, esto no depende de la genialidad del sabio mismo, sino del estado de la generación, como dijeron nuestros sabios: "El pequeño Shmuel era digno, etc., pero su generación no era merecedora de ello", es por eso que dije que toda mi recompensa al revelar la sabiduría, se debe a mi generación».[5]

Esto resalta la relevancia de Ashlag y su conexión espiritual única, al tiempo que refleja la profunda admiración por su legado y la responsabilidad de aprender de sus enseñanzas.

Baal HaSulam, habiendo alcanzado un nivel tan elevado de percepción espiritual, se presentó siempre con una humildad profunda, atribuyendo el mérito de su obra a su generación y no a sí mismo. Esto es algo que también observamos en figuras como Moisés.

Cuanto más alto es el nivel espiritual de una persona, mayor es su comprensión de lo pequeño que es en comparación con la fuerza superior que lo abarca todo y es ilimitada. Esta perspectiva genera en ellos una humildad profunda y genuina. Baal HaSulam escribía desde esa comprensión. Cuanto más grande es alguien, más consciente es de su pequeñez frente al Creador, lo que le permite revelarse y compartir su sabiduría desde una posición de modestia.

Esta es una característica común entre los cabalistas que, cuanto más elevada es su percepción espiritual, más humildes y modestos se muestran. Esta comprensión los lleva a actuar con humildad y a ser muy cuidadosos con lo que revelan, asegurándose de no exponer conocimientos que puedan ser malinterpretados o utilizados incorrectamente.

Como dice el proverbio: «El confín de la sabiduría es el silencio».[6] La modestia es una virtud fundamental en la Cabalá, pues la sabiduría no debe ser revelada de manera abierta si no se está listo para recibirla.

Es similar a cómo tratamos a los niños pequeños: les proporcionamos herramientas seguras y adecuadas a su nivel de desarrollo para que aprendan sin hacerse daño. De la misma manera, los cabalistas revelan la sabiduría de forma gradual y en función de la capacidad de quienes la reciben.

Aunque Baal HaSulam se enfocó en la espiritualidad, también se interesó profundamente en los problemas sociales y mundiales. Incluso llegó a reunirse con líderes políticos. La razón es que un cabalista está profundamente conectado con el mundo y desea, desde lo más profundo de su ser, aliviar el sufrimiento de la humanidad.

Ashlag veía su papel no solo como maestro de espiritualidad, sino como alguien que podía ofrecer una guía práctica para resolver las crisis sociales y espirituales. Sus escritos reflejan esta preocupación por ayudar a la humanidad a entender su propósito, aprender de los errores del pasado y corregirse para alcanzar un nivel superior de existencia. A través de su obra, quiso mostrar cómo elevarse desde las raíces más bajas de nuestro egoísmo hacia una conexión con el Creador.

Baal HaSulam escribió sobre temas como la sociedad, la economía y el bienestar general, además de los mundos superiores, porque para él la espiritualidad y el bienestar social están intrínsecamente ligados. Estamos en este mundo y, para comprender el propósito de nuestra existencia, debemos aprender a equilibrar nuestras interacciones humanas con un enfoque espiritual. Como está escrito: «Vuelve, Israel, hasta el Señor, tu Dios».[7]

La corrección espiritual incluye la construcción de una sociedad basada en amor, unidad y ayuda mutua, que son principios fundamentales para alcanzar el Mundo Superior. Esto implica recorrer los 125 escalones espirituales que, de acuerdo con la Sabiduría de la Cabalá, se necesita ascender hasta alcanzar la corrección final, y Baal HaSulam dedicó su vida a mostrarnos cómo hacerlo.

Tuve el privilegio de ser asistente personal del Rav Baruj HaLeví Ashlag, el hijo mayor de Baal HaSulam, durante más de diez años. Aprendí de él no solo a través de sus enseñanzas, sino también viviendo cerca de él y compartiendo su día a día. Realizábamos viajes semanales, y a veces cada dos semanas, a lugares como Tiberíades, donde estudiábamos y convivíamos, lo que me permitió conocerlo profundamente.

Hubo momentos en los que su salud se vio afectada y tuvo que ser hospitalizado. Durante ese tiempo, estuve a su lado de manera constante. Recuerdo llegar al hospital cada día a las tres o cuatro de la mañana. Pasábamos todo el día juntos en el mismo cuarto, estudiando y aprendiendo, y solo por la noche regresaba a casa por unas horas. Al día siguiente, volvía al hospital a las dos de la madrugada y permanecía con él hasta la noche. Esto se prolongó durante un mes y medio. Más adelante, cuando se sometió a una cirugía, repetí esta rutina durante otro mes y medio.

En total, pasé incontables horas a su lado. Lamentablemente, tras doce años de haber sido su alumno cercano, falleció en mis brazos. Pero, ¿qué puedo decir? Era una persona muy modesta, alguien que prefería no hablar más allá de los temas relacionados con el ascenso espiritual. Esa fue la esencia de lo que recibí de él. En cuanto a otros aspectos, era muy reservado y extremadamente cuidadoso con lo que compartía. Su humildad y enfoque espiritual siempre dejaron una huella imborrable en mí.

Cuando mis alumnos me preguntan qué significa para mí el ser parte de esta cadena tan especial de cabalistas, simplemente puedo decir que tuve el privilegio de tener contacto directo con los secretos más profundos y elevados, plasmados en los escritos de los cabalistas. Este contacto fue un gran honor, y más allá de eso, no siento la necesidad de hablar demasiado al respecto.

Baal HaSulam atravesó muchas privaciones materiales, pero eso no lo detuvo en su misión de publicar sus escritos y difundirlos. Dio todo para que, al menos, un fragmento de su sabiduría pudiera llegar hasta nosotros.

Todo lo que enseño a mis alumnos proviene exclusivamente de los escritos de Baal HaSulam y Rabash, su hijo mayor. Y es lo que trato de transmitir fielmente en mis lecciones a todos mis estudiantes. No creo que deba llevarlos a niveles elevados de conocimiento o percepción, ya que esto solo está en manos del Creador. Mi objetivo es proporcionarles la oportunidad de ascender y acercarlos al conocimiento que Baal HaSulam dejó para nosotros.

La cualidad más sobresaliente de Baal HaSulam es su dedicación absoluta. Su compromiso de revelar al Creador a todas las criaturas del mundo fue inquebrantable.

Trabajó con una energía inmensa, sin preocuparse por sí mismo, su salud o cualquier otra cosa. Todo lo hizo con una devoción total y sin reservas.

Su dedicación provenía de la enorme responsabilidad que sentía hacia su trabajo. Para él, adelantar a la humanidad hacia la corrección final era el propósito que el Creador esperaba que cumpliera.

Pasé varios años buscando un maestro espiritual hasta que, finalmente, a través de varias personas, encontré a Rabash. Desde ese momento, no me aparté de él. Permanecí a su lado constantemente. Creo que quienes tienen una inclinación hacia la espiritualidad pueden encontrar en los escritos de Baal HaSulam y, posteriormente, en los de Rabash, todo lo necesario para alcanzar el propósito de la vida humana en este mundo.

En mis viajes por el mundo para difundir esta sabiduría he sido testigo del sufrimiento, la pobreza y los problemas en general que enfrenta la humanidad. La solución propuesta por Baal HaSulam a todas estas vicisitudes está en nuestras manos, aunque la humanidad aún no esté plenamente consciente de ello.

Estoy convencido de que no existe otro camino. Solo mediante la percepción del Creador, tal como se enseña en los escritos de Baal HaSulam y Rabash, podemos alcanzar una plenitud eterna y completa para cada alma, para cada ser humano en este mundo. Por eso, mi único propósito es publicar estos escritos y transmitir a cada persona, en la medida de lo posible, el tesoro invaluable que tenemos gracias a Baal HaSulam y su hijo mayor, Rabash.

No llegué a conocer personalmente a Baal HaSulam, ya que falleció en 1956, cuando yo tenía solo diez años. Por lo tanto, no puedo hablar de él desde una experiencia directa. Sin embargo, conocí a sus hijos, hijas y a otros que estuvieron cerca de él mientras yo estudiaba con Rabash. No se puede decir que estas personas fueran especiales de alguna manera extraordinaria; eran humildes y se esforzaban por alcanzar la perfección en la medida de sus capacidades.

A través de Rabash, recibí una gran cantidad de escritos de Baal HaSulam, muchos de los cuales no habían sido publicados. Me he dedicado a publicarlos, y aún conservo algunos más que quizás en el futuro deban ser revelados a la humanidad. Si no soy yo, serán mis estudiantes quienes los publiquen en el momento adecuado.

La humanidad todavía no está en un estado en el que sienta plenamente la necesidad de las correcciones que debe realizar para avanzar en el camino hacia la corrección final. Sin embargo, cuando llegue ese momento, estos escritos serán esenciales.

Comprender a Baal HaSulam requiere un nivel espiritual elevado, y solo unas pocas personas de su época lograron captar la profundidad de sus palabras y la magnitud de su percepción del Creador y Sus acciones. Esto no es sorprendente; la historia muestra que los grandes cabalistas rara vez han sido comprendidos en su tiempo.

Esto forma parte de la Supervisión Superior, ya que el Creador oculta Sus acciones y revelaciones a todos, permitiendo que cada persona las comprenda según su propio nivel de grandeza, modestia y preparación espiritual. Cada quien recibe lo que está listo para entender.

Baal HaSulam escribió que estamos en la época del mesías (*Mashíaj*, del hebreo *limshoj*: tirar, jalar, extraer),[8] es decir, la época en que seríamos impulsados a salir de la oscuridad hacia la espiritualidad, y que este sería el tiempo para esforzarnos en las correcciones espirituales. Él llamó a nuestra generación la «Última Generación», y explicó que es el momento de revelar y publicar sus escritos. Aunque él solo compartió los principios básicos, estos son suficientes para que cada individuo, si su alma necesita corrección, pueda seguir descubriendo por sí mismo todos los «escalones» espirituales hasta alcanzar la corrección final.

Creo que lo que Baal HaSulam dejó es suficiente para guiar a nuestra generación hacia la unidad y el descubrimiento de todas las partes de la creación. Su legado puede llevarnos a la corrección final, y tenemos la capacidad de lograrlo si nos esforzamos en aplicar sus enseñanzas.

Baal HaSulam escribió para toda la humanidad, no solo para una persona, ni para un cabalista, ni para algunos cabalistas, ni siquiera exclusivamente para el pueblo de Israel. Escribió para todos, sin excepción. Esto queda claro en sus escritos, donde busca explicar cómo la humanidad puede avanzar hacia la corrección, alcanzar el amor, la unidad y la ayuda mutua, siguiendo el principio central: «Amarás a tu prójimo como a ti mismo».[9] Este es, en esencia, el objetivo que debemos alcanzar. A través de estas correcciones, nos conectaremos, nos uniremos, descubriremos al Creador y avanzaremos hacia la corrección completa del mundo entero.

Tanto Baal HaSulam como Rabash escribieron sobre esto, y por eso consideré necesario abrir nuestras clases al público, para que todos puedan aprender y comprender el proceso que el mundo debe atravesar y el objetivo al que debe llegar. Este trabajo está en nuestras manos, y estamos comprometidos con él. En la medida en que puedo, con mis fuerzas, hago todo lo que está en mis manos para avanzar en esta misión.

Una persona común, que vive su vida sin mirar más allá de sus necesidades inmediatas, probablemente no perciba los cambios que ha experimentado a raíz de los escritos de Baal HaSulam. Sin embargo, es evidente que la humanidad, aunque de forma gradual, se está acercando al descubrimiento del Creador. Esto ocurre gracias a que muchas personas están adoptando los métodos de Baal HaSulam y Rabash para comprender y acercarse a este propósito.

CAPÍTULO 2

SISTEMAS ECONÓMICOS Y SOCIALES

Los sistemas económicos han evolucionado a lo largo del tiempo, adaptándose al desarrollo de las sociedades. Estos cambios han sido precedidos por transformaciones en los paradigmas sociales, los cuales han sido impulsados por los desafíos y necesidades específicas de cada época.

La palabra «economía» proviene del griego *oikonomos*,[10] que significa «el que administra una casa». De hecho, podemos ver a la sociedad como un hogar colectivo que requiere una gestión adecuada para lograr estabilidad económica, permitiendo que todos cubran sus necesidades básicas. Uno de los principales retos de los sistemas económicos y sociales actuales es lograr una distribución más equitativa de los recursos.

En este capítulo, analizaremos los sistemas socioeconómicos más influyentes en la humanidad, a través de la perspectiva de Baal HaSulam, quien dejó un legado invaluable de propuestas innovadoras para la construcción de paz, orden y justicia social.

Capitalismo

Existen tantas definiciones del capitalismo como opiniones sobre él. La Real Academia Española lo define como el «sistema económico basado en la propiedad privada de los medios de producción y en la libertad de mercado».[11] Europa fue la cuna del capitalismo, que luego se expandió por el resto del mundo. Este sistema se caracteriza por la marcada división entre dos clases sociales: los capitalistas o burguesía, y los trabajadores o proletariado.

La esencia del capitalismo es la motivación por obtener beneficios. Adam Smith, el filósofo del siglo XVIII considerado padre de la economía moderna, lo expresó de la siguiente manera: «No es de la benevolencia del carnicero, cervecero o panadero de donde obtendremos nuestra cena, sino de su preocupación por sus propios intereses».[12]

Para Baal HaSulam, el capitalismo es un sistema en que los ricos, que detentan el poder y los medios económicos, explotan a todos en beneficio de esa misma minoría, los capitalistas. Es un régimen que no toma en cuenta a las personas, sino que está completamente estructurado para que esa élite que maneja el régimen logre enriquecerse y asegure su éxito. Esto es el capitalismo, el control del dinero.

Además de crear y proteger la propiedad privada, otro principio fundamental del capitalismo es que, incluso después de satisfacer sus necesidades básicas, las personas continúan invirtiendo en la acumulación de bienes.

Esta necesidad surge del ego humano, una fuerza natural que impulsa a cada individuo a buscar la propiedad privada, la vida privada y el éxito personal en la mayor medida posible, y por cualquier medio disponible. Por ello, el capitalismo es un sistema que resulta comprensible para todos, ya que se desarrolla de manera natural en función de esta inclinación egoísta.

Las ventajas del capitalismo radican en que este empuja a todos y cada uno de los miembros de la sociedad a desarrollarse, y a lograr la máxima acumulación de bienes y éxito personal. En este proceso, todos compiten entre sí, y esta competencia se convierte en la esencia misma del capitalismo.

En *Los escritos de la Última Generación* de Baal HaSulam, Sección 11, él plantea que:

> «En el régimen burgués, el principal combustible del éxito es la libre competencia. Los industriales y los comerciantes jugarán con ella; los ganadores son muy felices, y aquellos que no ganan, tienen un destino muy amargo. Y entre ellos, está el proletariado, que no participa en este juego. Aparentemente es neutral, ni sube ni baja. Sin embargo, debido al poder de la huelga, su nivel de vida está asegurado».[13]

Podemos comprender este texto como una manifestación intrínseca de la naturaleza humana. El ser humano es egoísta por naturaleza, posesivo, siempre en busca de adquirir todo lo posible para su control. No es sorprendente, entonces, que en una sociedad capitalista burguesa todos compitan entre sí. Este es el modo de vida que prevalece y que, ciertamente justifican, ya que en este sistema todos tienen la libertad de triunfar.

Por lo tanto, no son muchas las personas que se despiertan en contra de este régimen. De hecho, pasaron muchos años antes de que la humanidad comenzara a comprender que era insostenible seguir desarrollándose de esta manera, impulsada por pasiones egoístas, capitalistas y burguesas. Solo entonces empezaron a surgir movimientos de oposición. Sin embargo, durante largo tiempo, la humanidad avanzó y se desarrolló únicamente bajo el impulso del deseo egoísta de todos y cada uno de nosotros.

Los defensores del capitalismo afirman que este sistema permite la movilidad social, ya que cualquiera puede ascender o descender en la escala social, dado que no todos nacemos con las mismas habilidades ni las mismas oportunidades para triunfar.

En realidad, cada individuo crece en condiciones diferentes y en un entorno único, lo que influye en su desarrollo y en las oportunidades que tiene. Por lo tanto, no todos comparten la misma actitud hacia el progreso dentro de la sociedad ni las mismas posibilidades de alcanzar el éxito.

Así, la competencia que la burguesía y el capitalismo otorgan al hombre, impulsando a las personas a luchar por su posición, no es beneficiosa para todos. Si nací fuerte, inteligente, con una buena educación y en una familia rica, puedo aprovechar todas esas cualidades heredadas para continuar avanzando.

Pero, ¿qué harán aquellos que no cuentan con estas ventajas? ¿Qué pasará con quienes no tienen sabiduría innata, ni dinero ni poder de sus padres? Lo intentarán con todas sus fuerzas incluso si no logran alcanzar un gran éxito.

Aquí radica el problema fundamental de la gran división en la sociedad capitalista burguesa, entre aquellos que tienen buenas condiciones por naturaleza, innatas o por medio de sus padres, y aquellos que carecen de ellas.

En cuanto a las disparidades sociales, incluso en una sociedad capitalista los trabajadores diligentes tienen la potestad de oponerse a sus superiores. Sin embargo, vemos que la presión ejercida a través de las huelgas y protestas en las que miles de personas salen a las calles, realmente no funciona. Por supuesto, eso podría implicar que los jefes otorguen más derechos y remuneración económica, pero la realidad es que las diferencias entre las condiciones de quienes están en la cima de la sociedad y las de la gente común son enormes.

La búsqueda incesante de riqueza no es una simple ilusión, sino que es el resultado del desarrollo egoísta de la naturaleza. Por lo tanto, las fuerzas de la naturaleza que trabajan en nosotros lo hacen para el beneficio de este poder egoísta en todos y cada uno de nosotros.

De esto resulta que no tenemos más opción que ser empujados por fuerzas egoístas a competir entre nosotros. Y no me miro a mí mismo, sino que me miro en comparación con los demás, por lo que resulta que la naturaleza me obliga constantemente a ser más grande, más fuerte, más rico, más famoso, etc. Esta es la ley de la naturaleza egoísta.

En *Los escritos de la Útima Generación*, Baal HaSulam divide a la sociedad entre «diligentes/laboriosos» y «rezagados», refiriéndose a ellos de la siguiente manera:

> «Los diligentes son los empleadores y los líderes; los rezagados son los trabajadores y los que son dirigidos. Es una ley natural que los diligentes exploten a los desafortunados. La única pregunta es: ¿Cuánta libertad, igualdad y nivel de vida dejan para los rezagados? Y, además, ¿cuánto trabajo los diligentes les exigirán?
>
> Los rezagados son siempre la gran mayoría en la sociedad. Los diligentes son solo el diez por ciento de ella, la cual es la cantidad exacta que se necesita para dirigir la sociedad. Si el porcentaje aumenta o disminuye, se produce una crisis. Estas son las crisis de la sociedad burguesa. [...] El término "diligente" también incluye a sus herederos y a los protegidos de los diligentes. El término "rezagado" también incluye a los diligentes que, por alguna razón, han sido expulsados a la clase desfavorecida».[14]

Como resultado de esta reflexión, uno podría preguntarse si esta división de clases es lo que realmente determina el éxito del capitalismo. En realidad, esto depende de la competencia constante entre todos los individuos, y es precisamente esta competencia lo que hace que el sistema capitalista prospere.

En cambio, en una sociedad no capitalista no existiría ningún incentivo para que las personas participen en una competencia justa y productiva, como ocurre en el capitalismo, donde todos están dispuestos a hacer todo lo posible para ser más que los demás: más fuertes, más ricos, más exitosos, y así sucesivamente en todos los ámbitos de la vida.

Por lo tanto, en el socialismo, lo principal es que no hay razones suficientes para que las personas se esfuercen por hacer más, ser mejores, más rápidas o exitosas. En este sentido, el socialismo parece estar perdiendo o, al menos, no justifica su existencia. Si no fuera por el poder de las armas, hace ya mucho tiempo que la sociedad socialista, y los países socialistas en general, habrían colapsado.

Según Baal HaSulam, esta división entre los diligentes, que representan el 10% de la sociedad, requiere de un 90% restante, los rezagados, ya que es una utopía pensar que exista un sistema en el que permita a todos sus miembros ser ricos. Es natural que haya desigualdad en la sociedad; de hecho, entre las personas que nacen y se desarrollan en cada sociedad, solo el 10% tiene especial éxito en diversos campos y profesiones, mientras que el 90% restante son personas comunes y corrientes, trabajadores que siguen órdenes.

Además, por su naturaleza, estas personas no sienten el impulso de competir intensamente y prefieren simplemente vivir sus vidas en lugar de venderlas por dinero llevar una vida tranquila, sin la presión de vender su tiempo y esfuerzo por dinero y control.

Baal HaSulam en su artículo *La paz en el mundo*, dice que para imponer el orden social se usa como verdad el principio de «Lo tuyo es tuyo y lo mío es mío», pero, aunque parecería como un argumento infalible, advierte sobre el peligro de este principio que, en el mundo de hoy, consideramos justo.

Debido a las condiciones presentes en la naturaleza para la sociedad humana y, en general, en todos los niveles de la naturaleza, si estamos en competencia, es posible que en algunos casos experimentemos cierto éxito a corto plazo. Nada garantiza que dicho éxito genere estabilidad y que sea perecedero.

Por eso, hasta el día de hoy no sabemos realmente qué camino seguir para triunfar ni cómo desarrollarnos: si de manera egoísta, capitalista y competitiva, o de manera socialista y comunista, donde se nos llama a ayudarnos mutuamente y a vivir en una sociedad igualitaria y cohesionada. No obstante, ni uno ni otro sistema ha logrado transformar completamente las condiciones sociales ni revelar ante todos la forma correcta de existencia. Ambos, el capitalismo y el socialismo, tienen deficiencias.

Los críticos del capitalismo sostienen que el propio sistema capitalista genera crisis económicas y sociales como resultado de ciclos fluctuantes, lo que deja al ciudadano promedio indefenso y perjudicado.

Baal HaSulam explica que, al final, este desarrollo social, con sus altibajos y crisis de todo tipo, es parte de un proceso de sofisticación que nos empuja a hacer indagaciones sobre el estado en el que estamos. Así, en última instancia, descubrimos lo que es bueno y lo que es malo.

Eventualmente, la humanidad comprenderá que el régimen correcto que puede sostener a la sociedad es aquel que se basa en el principio de «Amarás a tu prójimo como a ti mismo».[15] En este sistema, cada uno se preocuparía por los demás, y juntos construiríamos una sociedad solidaria y cooperativa, donde nadie se preocuparía solo por su bienestar o por lo que sucederá mañana, sino que todos se dedicarían al bienestar colectivo.

Esto suena bien desde un punto de vista teórico, pero aún no existe, ni probablemente existirá en el corto plazo. Aunque a lo largo de la historia ha habido intentos de crear sociedades basadas en este principio, Baal

HaSulam escribe que aún se requiere mucho tiempo para llegar a una realización completa de este modelo. El desarrollo necesario debe provenir de un proceso gradual de transformación social y personal.

Por lo tanto, si impulsamos el desarrollo del ser humano de manera adecuada, seguramente nos acercaremos más a una forma socialista de organización, pero no de manera inmediata, sino en general.

En su artículo *La paz en el mundo*, Baal HaSulam escribe:

> «La subsistencia de la sociedad obliga a los exitosos a apoyar a los rezagados. Esto es para no dañar a la sociedad en general. Por lo tanto, se comportaron con ellos con indulgencia, es decir, con benevolencia y caridad».[16]

Aunque ha habido numerosos intentos por lograr una sociedad igualitaria, vemos que no han tenido éxito. De hecho, observamos que, incluso cuando intentamos realizar todo tipo de correcciones en la sociedad, en que parecería que ayudamos a los rezagados, a los débiles, a los hambrientos, en fin, a todos los que lo necesiten.

Igual si hay problemas sociales como divorcios, ayudaremos; y si hay personas que enfrentan adversidades o que nacen con discapacidades físicas o mentales, ayudaremos. Pero, de todas maneras, de esto resulta que, si tratamos a la sociedad de esta forma, la sociedad comienza a degenerarse. Sin duda, vemos que en la medida en que nos preocupamos por la sociedad en general, nos hundimos, llevándonos a tocar fondo.

La razón de ello es que de esta manera no se fomenta en las personas el desarrollo y la preocupación individual y mutua, por lo que llegan a la indulgencia. Por el contrario, el modelo capitalista, aunque es muy duro y exigente para todos y cada uno, y que demanda el máximo esfuerzo, por medio de esa exigencia a todos despierta en el individuo el deseo de desarrollarse. Por eso vemos que, al final de cuentas, es un modelo más exitoso.

Es decir, tanto en un modelo como en el otro encontramos que hay tendencias positivas y negativas. Sin embargo, no se puede hacer comparaciones entre ellas con respecto al futuro, sobre cómo construir una sociedad en la que todos se sientan exitosos, igualitarios, buenos, grandes, valiosos; en un entorno donde desarrollen relaciones correctas entre sí, y utilicen la sociedad de manera adecuada para su propio beneficio y, al mismo tiempo, contribuyan al bienestar colectivo.

En mi experiencia personal, emigré de la ex-Unión Soviética a Israel, aunque también tuve la opción de trasladarme a América del Norte, como lo hizo otra parte de mi familia. Soy consciente de que para muchos, el sueño americano representa la promesa de una vida exitosa, principalmente en el ámbito económico.

Creo que no debería ser solo un sueño, sino una oportunidad real accesible para cualquier persona que verdaderamente desee alcanzar el éxito y sienta dentro de sí la fuerza, el deseo y la necesidad genuina de lograrlo. La sociedad estadounidense está construida sobre la búsqueda del éxito en términos de dinero, honor y poder, valores que impulsan a la mayoría de las personas en su vida diaria.

Entiendo este impulso natural, presente en todo ser humano. Sin embargo, en mi caso, lo que me llevó a Israel no fue la ambición material, sino un profundo sentimiento nacionalista: el deseo de estar en la tierra donde pudiera establecer una conexión auténtica con mi pueblo, el lugar que heredamos de nuestros antepasados. Fue el espíritu de cooperación y el arraigo del judaísmo en la sociedad lo que me atrajo a este país.

Sin embargo, Israel no es un país común. Su desarrollo y la esencia de su pueblo no se asemejan a ninguna otra nación, tal como lo hemos visto a lo largo de la historia del pueblo judío. No puedo compararlo con nada más. Israel es una sociedad que aún se encuentra en las primeras etapas de su evolución humana, con un camino por recorrer hacia la consolidación de su identidad y su propósito colectivo.

Confío en que este proceso avance rápidamente, permitiendo así comprender con mayor claridad hacia dónde debe enfocarse la nación y qué aspectos necesitan ser reevaluados y redirigidos.

Por supuesto, si mi objetivo hubiera sido la riqueza, el éxito o la fama, habría elegido emigrar a Estados Unidos, como hacen la mayoría de las personas en busca de estas oportunidades. Sin embargo, sentí que ese no era el futuro correcto para mí.

No considero que el modelo de desarrollo estadounidense sea negativo; al contrario, sigue ofreciendo oportunidades para quienes buscan avanzar dentro de su sistema, que permite diversas corrientes. De hecho, valoro que en Estados Unidos cada persona pueda desarrollarse según sus propios intereses y aspiraciones, algo que no ocurre en otros regímenes donde las libertades están restringidas y el individuo no tiene la posibilidad de elegir su propio camino. En comparación, prefiero un sistema como el estadounidense, que garantiza esas libertades.

Si bien en el pasado fui propietario de una clínica dental exitosa, nunca me ha atraído ni me ha motivado el dinero en sí mismo. No tenía la intención de acumular riqueza, ya que no considero que sea el propósito esencial de la vida.

Para mí, lo ideal es que cada persona, familia y nación tenga una independencia económica suficiente para no preocuparse por el mañana y poder enfocarse en lo verdaderamente importante. Con esta convicción, siempre me he asegurado de no depender de nadie, y finalmente he alcanzado esa independencia a lo largo de mi vida. Ahora, ya retirado, tengo lo necesario, y eso me basta.

En la naturaleza, los fuertes se aprovechan de los débiles y los más hábiles sobreviven. Este principio también gobierna los planetas, el mundo vegetal, el mundo animal, etc. En este contexto, se puede decir que el capitalismo está más cerca de la naturaleza que otros sistemas o métodos, por supuesto.

La razón de esto es que nuestra naturaleza innata es egoísta, por lo que el capitalismo es un resultado inherente de los atributos con los que nacemos y de la forma en que la humanidad evoluciona. Pero, por otro lado, vemos que este no es el final del desarrollo, sino que es el camino que nos conduce a algún tipo de corrección, a una corrección que dé como resultado una igualdad, aunque sea relativa.

Es decir, que todos reciban la oportunidad de realizar su vocación y sus necesidades primordiales, y de implementar el estilo especial con el que ve la vida, de hacer lo que desea, y que considera es capaz de hacer. Creo que de este modo una sociedad capitalista, o mejor dicho, egoísta, es más correcta porque está construida de esa manera.

Como se mencionó antes, el capitalismo no ha llegado al fin de su desarrollo. Su culminación debería ser que la humanidad entienda que el desarrollo correcto debe conducir a la igualdad entre todos, aunque se trate de una igualdad relativa. Es decir, una realidad en la que, por un lado, busquemos avanzar en nuestra vida teniendo aspiraciones elevadas y, por el otro, que cada uno llegue a un estado en el que no exija de la vida más de lo que posee, que se sienta satisfecho con lo que tiene y con lo que tienen los demás.

Debemos llegar a una sociedad en que en vez de empujar a todos y cada uno a ser más que el otro y vencer al otro, aprovechándonos del prójimo, recibamos una educación tal que nos encamine a ser felices de vivir en esta aldea global de una manera que sea beneficiosa para todos nosotros, y que cada uno se preocupe de sí mismo en la medida en que se preocupa por los demás, y así todos y cada uno.

En el *Libro de Salmos* 89 está escrito: «El mundo se construye con bondad».[17] También Baal HaSulam en su artículo *La paz en el mundo* se refiere a la bondad como uno de los principios fundamentales para la conducción de una sociedad.

Esta cualidad es fundamental porque nos permite evaluar a las personas no en función de su estatus económico, bienes materiales, profesión, hijos o condición de salud, sino con base a la calidad de sus relaciones con los demás. La verdadera medida de una sociedad equilibrada, armoniosa y justa no radica en la acumulación de riqueza o logros individuales, sino en la capacidad de sus miembros para construir vínculos positivos y correctos entre sí.

En muchas democracias, observamos ciclos repetidos en los que el sistema oscila entre el liberalismo económico y el socialismo, sin alcanzar una estabilidad duradera. Aunque el capitalismo es un sistema con muchas fallas, Baal HaSulam lo consideraba útil para el desarrollo, ya que fomenta la innovación y el progreso.

Sin embargo, cuando el egoísmo se manifiesta plenamente dentro de este sistema, en lugar de generar bienestar social, profundiza la desigualdad y la división. Es un modelo funcional hasta cierto punto, pero inevitablemente llega el momento en que la humanidad debe llegar a una convicción por sí misma de que es indispensable avanzar hacia la corrección del régimen capitalista.

El siguiente paso, según Baal HaSulam, es pasar a un sistema comunista, pero no como lo pregonan los comunistas de hoy que están bajo este régimen, sino un sistema basado en la preocupación genuina por el bien común, lo que él denominó «comunismo altruista». En este modelo, cada persona no solo cuida de sí misma, sino que también se preocupa por el bienestar de los demás, y el propio Estado garantiza el cuidado de cada ciudadano.

Este cambio no puede imponerse a través de presión, coerción o fuerzas externas. La humanidad solo podrá alcanzar esta evolución de forma natural y voluntaria, como resultado del desarrollo interno de los individuos. Estoy convencido de que, con el tiempo, la humanidad madurará y llegará a este estado de manera inevitable. Es por eso que es crucial seguir hablando de estos temas y sembrando conciencia sobre la necesidad de una transformación social basada en la unidad, la cooperación y la responsabilidad mutua.

Al final, el capitalismo tiene que llegar a su consumación, en el sentido de que muestre todos sus defectos, que no quede más remedio que convertirlo en comunismo. Pero hay que recalcar que el comunismo requiere realmente una explicación para lo cual ahondaremos más adelante, de manera que el concepto sea entendido correctamente.

Creo que a cada país se le debe dar la mayor libertad posible, para que se desarrolle según su historia, según sus tendencias naturales. Y veremos que al final el mundo llegará a un desarrollo social paulatino hasta llegar a un estado llamado comunismo, socialismo, no importa cómo le queramos llamar.

Pero no será como se nos ha enseñado a lo largo de nuestra historia, sino que será un sistema en beneficio del ser humano, de cada persona que se encuentre en dicha sociedad. Y así trataremos de comprender hacia dónde nos empuja la naturaleza y cómo realizamos la regla principal de la Cabalá, «Amarás a tu prójimo como a ti mismo»,[18] lo que en realidad nos lleva a la solución adecuada para todos.

Baal HaSulam vivió en el período en que el capitalismo alcanzó su madurez, en el siglo XIX, en Europa, Polonia,

Rusia. Es decir, habiéndolo experimentado esa época por sí mismo percibió y comprendió lo que estaba pasando. Basándose en sus vivencias nos orientó sobre cómo desarrollamos. Ciertamente, vemos que desde que nos dejó sus escritos, a través de sus explicaciones entendemos un poco más sobre la dirección de nuestro desarrollo.

Espero que a raíz de esta mejor comprensión alcancemos situaciones mucho mejores, que lleguemos a una sociedad mejor, en términos socioeconómicos, sociales y humanos, y que todo ello esté organizado en beneficio de todas y cada una de las personas.

Marxismo y comunismo

Las injusticias y contradicciones sociales causadas por el capitalismo de los siglos XIX y XX llevaron al examen y formulación de nuevas teorías con el fin de lograr una mayor igualdad y bienestar para los trabajadores y las clases marginadas de la sociedad. Karl Marx, examinó el capitalismo, cuestionó y formuló una teoría sobre cómo debería ser una sociedad justa y la forma de lograrlo.[19]

Baal HaSulam tuvo un enfoque más realista sobre el marxismo y el comunismo. Ciertamente, no los vio de la forma que escuchamos, conocimos y aprendimos respecto a Marx y otros precursores del comunismo. Su perspectiva difiere de la teoría y la práctica marxista, la cual consideró utópica, ya que todo el problema radica en que la naturaleza humana es completamente opuesta a lo que nos dice el comunismo e incluso el socialismo.

La razón de esto es que no podemos cumplir las condiciones de «amar al prójimo como a uno mismo», conectarnos con el prójimo y trascender la naturaleza humana de acuerdo con todas estas teorías. Son teorías muy buenas y parecerían hermosas, pero no pueden existir, son insostenibles.

Por eso Karl Marx trató de fortalecer su teoría a través de su experiencia como economista. Pensaba que la economía eventualmente obligaría a la humanidad a cambiar su forma de actuar y así la gente entendería que era mejor cambiar de régimen, del capitalismo al marxismo.[20]

Pero esto no era ni es viable, ya que la naturaleza humana, que es el egoísmo, es mucho más fuerte que todas las demás condiciones. Por eso no podremos convencer a nadie, ni tampoco a nosotros mismos, que nos conviene amar a los demás y conectarnos con el prójimo. Y así, ni siquiera todos los golpes que recibamos del capitalismo, incluso los más grandes y avanzados, podrán sustituirlo por el socialismo o el comunismo, es imposible.

Por lo tanto, todas las teorías marxistas puede que suenen hermosas, pero de acuerdo con la naturaleza humana es imposible implementarlas, ya que el Creador creó al hombre con la inclinación al mal, como está escrito de manera directa, «Yo creé la inclinación al mal». Y esto no podemos reemplazarlo con nada, sino sólo por medio de «La Torá como condimento»,[21] es decir, que tomaremos este método especial llamado Fuerza Superior y a través de él seremos capaces de sustituir nuestra naturaleza egoísta, nuestro odio mutuo, la competencia, por algo más avanzado, más hermoso, del uno para el otro.

Por lo tanto, Baal HaSulam vio el comunismo de una manera diferente al concepto que sabemos, el que tenemos en nuestra cabeza, o como se conoce en el mundo. Su explicación se basó en la Sabiduría de la Cabalá, la cual nos conduce a que, al final de cuentas, tengamos que alcanzar un estado en el que sepamos cuál es nuestra naturaleza, y al reconocer el mal en nuestra condición innata, podamos pensar y decidir que no queda más remedio que llegar al amor al prójimo.

La humanidad eventualmente llegará a ese estado porque entenderá que no hay alternativa. Habrá muchas guerras, muchos problemas, habrá períodos de hambre, de corrupción, pero de todo esto la humanidad aprenderá que no le queda más remedio que cambiar las relaciones entre los seres humanos, de las relaciones en que el hombre es lobo del hombre a relaciones de hombre a hombre como hermanos. Mientras tanto, no vemos que eso suceda.

Baal HaSulam decidió estudiar a Marx por ser uno de los grandes filósofos de los últimos tiempos y estuvo más cerca de comprender el desarrollo de la humanidad que cualquier otra persona. De cualquier manera, Marx no podía reconocer que era imposible llevar su doctrina a la práctica.

Marx era de origen judío, pero no era religioso, no estudiaba la Torá. Era alemán, una persona desarrollada, doctor en filosofía. A partir de esa escuela de pensamiento creyó que la solución era explicar y obligar al hombre a cambiar su naturaleza por etapas, del odio a los demás al amor, pero en todo caso, hacerlo a través del esclarecimiento, el aprendizaje, y así, lentamente, sería realizable.

La Torá dice: «La inclinación del hombre es mala desde su juventud»,[22] y así seguirá siendo, a menos que usemos del poder supremo, el Creador. Como Él dijo, «Yo creé la inclinación al mal»,[23] por lo que usaremos precisamente este poder, el del Creador, para corregir esa inclinación al mal.

Los cabalistas estudian e interpretan sus teorías utilizando otras ideologías, y se refieren a otros filósofos para explicar su método, como es el caso de Baal HaSulam cuando cita a Marx.

Esto se debe a que es difícil para una persona aceptar el método de la Sabiduría de la Cabalá, pero al final de cuentas llegaremos a la comprensión de que no hay otra opción sino aceptar los discernimientos de los cabalistas para unirnos más por encima del ego.

Debemos hacerlo por la fuerza, convenciéndonos a nosotros mismos, no por una presión externa ni tampoco por una presión social. Vemos que el método de la Sabiduría de la Cabalá incluso en nuestra época todavía no es aceptado por muchas personas, sólo por unas cuantas, en distintos lugares, por una atracción innata.

Sin embargo, aún estamos en una situación en la que la humanidad entiende que nuestra naturaleza egoísta no puede ser erradicada con nada, por lo que seguiremos de esta manera, por el momento.

Baal HaSulam habla del desarrollo de la humanidad como resultado de la interacción entre una fuerza constructiva y una fuerza destructiva que proceden a manera de causa y efecto, de la misma manera en que está sujeta la sucesión de sistemas políticos.

Para explicar esas fuerzas opuestas, Baal HaSulam simplifica el número de elementos y lo reduce al ego humano, el factor principal que nos dirige en cada momento de nuestras vidas, el cual se manifiesta en formas diversas y que nos acerca o aleja en diferentes niveles. El ego es el eje central que orienta a cada uno de nosotros, nos lleva a pensar, en cada momento de nuestra vida, en cómo utilizar lo que tenemos para estar por encima de los demás.

Por supuesto, una persona toma en cuenta cuántas fuerzas y oportunidades tiene y si realmente debería invertirlas para ganar, para no perder en absoluto. En resumen, esta es toda nuestra vida. El total de nuestra existencia está constituido únicamente del deseo egoísta de todos y cada uno de nosotros. Y además de sentir que por el momento estamos progresando, no vemos que sea posible que surja algún otro método, enfoque o régimen que sustituya el actual.

Así, todo se basa en causa y efecto, la fuerza positiva y la destructiva suceden una detrás de la otra. Así es como la persona funciona. En general, actúa en cada momento según su cálculo acerca de cuánto puede ganar lo máximo posible sin invertir esfuerzos o utilizar el mínimo posible.

Es decir, todo nuestro trabajo radica en calcular cómo y dónde obtener más ganancias con una inversión menor. Y así todos nosotros funcionamos en el transcurso de nuestra vida: vivimos, crecemos, hablamos, nos ocupamos de todo lo que nos atrae, hasta que lleguemos a la conexión entre nosotros y de esta manera nos forjemos a nosotros mismos.

En todo caso, es imposible convencer a la persona de que debe transformarse en algo diferente a lo que es actualmente. Sólo en nuestra época, no hace mucho tiempo, la gente ha empezado a comprender que no tenemos otra opción aparte de cambiar nuestra naturaleza, del odio mutuo al amor mutuo, por supuesto gradualmente. Y para eso realmente necesitamos construir sistemas educativos nuevos, de manera que podamos aprender a acercarnos unos a otros.

Sobre este equilibrio de fuerzas Marx pensaba que la fuerza destructiva conduciría a la fuerza positiva al final del proceso, y que la fuerza positiva eventualmente superaría a la fuerza destructiva, pero no sucedió de esta forma. Esto no ocurrió porque el hombre está en el centro de las luchas entre todas estas fuerzas y, por lo tanto, el hombre debe estar de acuerdo, comprender, querer e incluso controlar las fuerzas que le permitirán realizar las acciones correctas.

Pero al final, todas estas acciones deben estar dirigidas hacia una educación adecuada, hacia la conexión, el amor, la participación. El asunto es que todo esto no es parte de la naturaleza humana, sino todo lo contrario. Cuanto más desarrollamos nuestro ego, nuestro instinto maligno se desarrolla aún más rápido y nos distancia más unos de otros.

Si habláramos de tiempos pasados, cuando vivíamos en comunas, en grupos, en pequeñas aldeas, entonces de alguna manera podríamos tener referentes sobre cómo tener buenas relaciones entre nosotros. Pero si hablamos de nuestra época, vemos que la humanidad no piensa más que en enriquecerse y protegerse mediante el uso de armas modernas, sin pensar en absoluto en una participación buena de todas las partes que la conforman, de todos los pueblos entre sí. Por el contrario, nos encontramos completamente separados.

También si vemos el mundo, nos damos cuenta de que, en lugar de llevarnos bien, aunque las personas digan que están en contra de la fragmentación de la sociedad, de las marcadas divisiones, en realidad vemos que año tras año tenemos más discusiones, más problemas. Ni siquiera las armas atómicas pueden detenernos, nuestro ego incluso está dispuesto a usar todo a su disposición para matar al otro sin lugar a duda. Todavía no vemos que el desarrollo sea el correcto, bueno, lógico, ya que no lleva al ser humano a la solución correcta.

Es verdad que, en teoría, todos estaríamos de acuerdo en la necesidad de avanzar hacia la conexión y la cooperación. Sin embargo, nuestra propia naturaleza nos lo impide. Esto nos coloca en una lucha constante contra el Creador, quien nos formó de esta manera, y contra las fuerzas de la naturaleza que nos rodean.

Cada persona, en lo profundo de su ser, se concentra en aprovechar cada instante para su beneficio personal, aunque ese beneficio no sea realmente en su mejor interés. Así es como nuestra mente procesa las cosas. Por esta razón, no vislumbro una posibilidad de que la humanidad pueda transformar su naturaleza hacia el bien por sí sola.

Hace tiempo que el capitalismo y el comunismo perdieron su forma real y se enfrascaron en una lucha en la que cada uno quería mostrarle al otro que tenía la razón. Y con el propósito de probar que uno era más justo que el otro, han llegado a utilizar armas y todo tipo de medios.

Por eso hoy ya no podemos decir que hay lucha entre el capitalismo y el comunismo. ¿Dónde vemos tal situación? Los burgueses se sienten atraídos por el desarrollo egoísta, y los llamados comunistas de hoy, los socialistas- comunistas también tienen esa motivación, solo que de otra manera.

En otras palabras, cada aspecto construido por la humanidad sostiene y apoya el corazón maligno de la persona y todos solo quieren demostrar a los demás que tienen razón, pero en realidad, únicamente quieren sacar provecho, tener éxito en detrimento del otro.

En ese contexto, el capitalismo, el comunismo, y el marxismo aportan a la humanidad sus ideologías para que esta comprenda mejor cuál es su naturaleza, pero nada más que eso. Ni siquiera lo llamaría una «contribución» porque en general, hemos visto mucho sufrimiento por el capitalismo, pero del comunismo mucho más en todas sus formas. De la manera en que se extendió por el mundo y se apoderó de él y hasta el día de hoy, vemos cuánto sufrimiento ha causado.

Baal HaSulam explica que Marx fue quien mejor entendió el tema de la economía en beneficio de una sociedad perfecta, pero dijo que el punto débil de Marx fue omitir la visión de lograr el modelo altruista y sembró el odio entre los trabajadores, lo cual fomenta el odio en lugar del altruismo.

Entonces, ¿qué le faltó al marxismo para que fuera aplicado y tuviera éxito? El marxismo carece del poder que puede cambiar la naturaleza humana y, por lo tanto, al menos hoy nos queda claro que nadie puede someterse a la corrección de la naturaleza humana, a la corrección de la sociedad de manera marxista. Esto simplemente trae más guerras mundiales.

De esta manera, hoy, lo que nos atrae a todos es el desarrollo de formas burguesas en todos los países, y este es el futuro cercano en el que todos nos sentimos atraídos a vivir mejor, más tranquilamente, a determinar por nosotros mismos una buena vida para nuestros hijos y para todos.

Así, la humanidad no mira más allá porque está realmente desesperada por todas las luchas por cambiar la naturaleza humana. En conclusión, el odio generado por el marxismo es la razón de su fracaso.

Luego de haber visitado América Latina muchas veces y de conocer sus antecedentes históricos podría decir que la región se ha caracterizado por fluctuar como un péndulo. Por un periodo ha prevalecido el capitalismo y luego han surgido gobiernos más socialistas o marxistas.

En realidad, estos son períodos que todos deben pasar, solo que cada país lo debe hacer a su manera. En ese sentido, en América Latina todavía hay lugar para el cambio. La gente tiene más vitalidad, es más energética, quiere cambios, y es que verdaderamente tienen una vida mucho más difícil que en Europa.

Por lo tanto, allí hay condiciones para una transformación, pero no creo que ese cambio que esperan se produzca de manera socialista. No pienso que eso sea adecuado en absoluto, para nadie, especialmente para América Latina.

Es fundamental que comprendamos que lo más correcto es que seamos nosotros mismos quienes elijamos identificarnos con las fuerzas de la naturaleza. También debemos aprender a utilizar las fuerzas egoístas que nos han sido dadas —fuerzas que sabemos que no pueden ser destruidas ni eliminadas— de una manera que nos permita construir relaciones armoniosas y placenteras para todos. Este es mi mayor deseo para América Latina.

Mis alumnos latinoamericanos me preguntaron en alguna oportunidad acerca de la influencia del Che Guevara como líder revolucionario de América Latina, citando algunos de sus pensamientos: «Sólo existe un sentimiento mayor que el amor a la libertad: el odio al que te la quita».[24]

El justificar el uso de la violencia para lograr los ideales que soñaba para todo el continente y fomentar el odio entre clases no lo convirtieron en una influencia positiva. Vemos que, en ningún país de América Latina, desde Cuba, el Caribe hasta el sur, hasta el final de este continente, no ha habido éxito con todas estas teorías del Che Guevara y otros.

Por supuesto que ellos eran jóvenes y hubieran querido cambiar y lograr rápidamente resultados que creían posibles, y aunque vemos que el pueblo los apoyó, eso ocurrió por un lapso histórico muy corto, y hoy día esto ya no es para nada relevante.

Creo que en el futuro ese enfoque no surgirá de nuevo porque solo trae molestias y problemas al mundo. Considero que lo indispensable por hacer es simplemente tratar de proveer desarrollo científico y sabiduría a todos estos países, y entonces llegará la prosperidad, logrando así una vida mejor.

De esta manera, todos encontrarán su realización personal en esta vida. Por supuesto que eso no significará igualdad, ya que no será el reflejo de la voluntad de todos, pero así es precisamente como la humanidad necesita desarrollarse.

Cuando analizamos toda la historia humana vemos que la inclinación al mal en el hombre se manifiesta desde temprana edad, por lo que, en todas nuestras acciones, en todos nuestros hechos, nuestro ego siempre nos dirige y nos hace girar en todas las direcciones.

Por lo tanto, a partir de nuestra naturaleza humana, no debemos planificar ni esforzarnos por alcanzar algunas cosas buenas y hermosas. Al contrario, debemos llegar a un estado en el que aceptemos que el desarrollo es un proceso gradual, y que en cada momento de nuestras vidas lo más importante sea abstenernos de causar daño a los demás.

Uno de los problemas que plantea Baal HaSulam sobre el comunismo es que no incluye un sistema de incentivos que se utilice como combustible para el trabajo y para realizar esfuerzos. Ese es el problema. Alimento, sexo, familia, dinero, honor, conocimientos, esto es lo que exige nuestro ego de manera irrefutable e irreversible. Así, cuanto más podamos dividir dichos deseos de acuerdo con la valoración que le adjudiquemos, más dividiremos los incentivos para alcanzarlos, y nada nos importará más que eso.

Al final de cuentas, la gente tendrá que comprender que deberá cambiar su ocupación diaria en este pequeño planeta Tierra. Tal vez eso sucederá cuando comiencen a viajar y a establecerse en otros lugares, en la luna, marte, venus, y demás. Es decir, la gente finalmente entenderá que en la vida hay algo más que construir un hermoso edificio y algo más para cada uno, sino que deberán desarrollarse. Hay tiempo para evolucionar.

En todo caso, vemos que cada cierto número de años la humanidad se expande, se extiende a un nivel diferente, de otra manera. Esperemos que así sea. Ya nos dimos cuenta de que el continuar con las revoluciones y controlarnos unos a otros por medio de la fuerza no nos lleva a un buen final.

Hay muchas cosas que están escritas sobre todo este período, desde Marx hasta hoy, e incluso antes de Marx está claro, y veo que la humanidad simplemente no lo quiere más, a excepción de los expertos porque es su profesión. Otros no quieren lidiar con el tema porque vieron, de hecho, cuánto sufrimientos y problemas trajo consigo esta ideología, y por eso la dejaron.

Y hoy, no parece realista que alguien se levante y empiece a caminar hacia esa dirección, aunque vemos en la historia de la humanidad que hay cosas que se repiten, la humanidad olvida y no aprende tanto del pasado.

Baal HaSulam explica que el comunismo, que glorifica la igualdad, crea una élite de funcionarios e inspectores públicos. La razón es que no tiene otros medios. Se maneja a la sociedad a través del dinero, como en el capitalismo, por medio del éxito profesional en la administración de los recursos, etc., o se logra a través de la fuerza, como en el caso del Che Guevara, Castro, como el sistema que ellos quisieron construir. Hubo muchos más así.

Baal HaSulam vivió en una época en la que el comunismo estaba en su apogeo. Mantuvo contacto con muchos líderes comunistas y socialistas de su época y predijo, ya desde entonces, en los años 30, la caída del sistema comunista si no se hacían correcciones. Quería utilizar el ascenso del comunismo con el propósito de explicar los pasos necesarios para construir una sociedad de justicia y paz, a lo que, como mencionamos anteriormente, él llamó «comunismo altruista».

El comunismo altruista es un gobierno, o más bien un régimen, que se basa en la aceptación social de la idea que, de cualquier manera, no hay en nuestros tiempos nada mejor que sea aceptable para todos, excepto vivir en asociación, en colaboración mutua, tanto como sea posible.

Porque de otra forma, la vida no puede dar satisfacción a la gente, puesto que, durante años, después de las guerras nuevamente hay guerras, nuevamente surgen las peleas y otros problemas. Por lo tanto, tal como lo dijo Baal HaSulam, al final la humanidad comprenderá que deberá sentarse en el pupitre a estudiar y aprender bien del pasado e inspirarse para el futuro. Así, nos daremos cuenta de que no tenemos otra alternativa aparte de acercarnos más unos a otros y de esta forma lograr un hermoso futuro.

No creo que la humanidad esté cerca de eso, pero aun así hay que aspirar a alcanzarlo. Yo también he pasado por varias de esas etapas de desarrollo interno en mi vida, como todas las etapas de las que hablamos. Me parece que hoy la humanidad simplemente necesita entender que lo que necesita ocurrir es dedicarnos al estudio, a la educación de un nuevo ser humano.

Es posible realizarlo porque hoy existe una capacidad especial en la humanidad debido al desarrollo tecnológico. Todos pueden acceder a las computadoras, conectarse, estar conectados con el mundo entero. Tal vez sea precisamente esta conexión la que podrá educarnos para estar conectados poco a poco como un solo hombre con un solo corazón.

Creo que es precisamente la educación que abrimos a toda la generación más joven la que llevará a una situación en la que todos se conectarán de una manera natural, normativa, como personas que han pasado ya por todo el sistema del comunismo y lo han dejado atrás. Aquí necesitamos una respuesta sobre cómo veremos a la próxima generación, a la conexión entre las personas, entre los países. Y eso sucederá únicamente a través del desarrollo tecnológico.

Baal HaSulam menciona en su periódico *La Nación*:

«Nuestra generación aún no está madura moralmente para digerir en sus intestinos este régimen de división justa e igualitaria. Esto es así debido a que nos falta más tiempo, porque aún no hemos llegado al desarrollo apto para aceptar el lema: "De cada uno según sus habilidades, a cada uno según sus necesidades"».[25]

Este proceso de madurez necesario se refiere al punto en que abramos todo lo que tenemos en la ciencia, en la naturaleza, a través de la comunicación entre las personas, mediante las computadoras, los teléfonos, a través de conexiones. Abriremos a todos y cada uno la capacidad de reconocer lo que está pasando en todo el mundo y que cada uno sepa dónde está y esté de acuerdo en que al fin y al cabo hay que pensar en la conexión entre todos.

Y es precisamente a través de esta técnica que comenzaremos a acercar nuestros corazones y a llegar a las mismas situaciones que nos escribió Marx pero que solo Baal HaSulam ha logrado trazar para ser implementadas, tal como está escrito en la Torá, para llegar a «ser como un solo hombre con un solo corazón»[26] cuando finalmente podremos acercarnos más unos a otros.

Así, con respecto al marxismo y comunismo, podemos concluir que tales teorías que difundieron elevados lemas de lealtad, moralidad, bondad, justicia, libertad, al final fracasaron porque no podía ser de otra manera. Todas estas teorías buscar utilizar la naturaleza humana para convertir al hombre en un ideal no realista.

Por lo tanto, solo el desarrollo humano gradual, sin dictaduras, sin presiones, llevará a toda la humanidad a tomar la decisión de que debemos acercarnos unos a otros. El acercamiento será a través del desarrollo tecnológico, cultural, educativo, y luego, poco a poco, también las personas se acercarán y se darán cuenta de que no hay lugar para guerras y presiones entre ellas.

Nazismo y fascismo

Algunos de los temas más controvertidos en la historia de la humanidad han sido el nazismo y el fascismo. Baal HaSulam las define como teorías que están en el límite del desarrollo negativo de los humanos y de las relaciones que puedan existir entre ellos. Él mismo sintió el fascismo en carne propia en la Segunda Guerra Mundial, también su familia y personas cercanas. Los acontecimientos de la época literalmente pasaron frente a sus ojos, por lo que se refiere a ello de una manera emocional, científica y espiritual.

Quiero decir que le dio una perspectiva diferente porque lo vivió, lo experimentó de primera mano. Efectivamente, lo tomó muy en serio y no porque fuera judío, sino porque en general, sentía que el nazismo y el fascismo eran la forma extrema de odio que surge entre las personas.

Baal HaSulam, en *La solución* de *Los escritos de la Última Generación*, explica que es la destrucción de la democracia burguesa lo que conduce al nazismo y al fascismo. Afirma que Marx creía que la destrucción del régimen burgués ciertamente conduciría al régimen proletario perfecto, pero que la siguiente etapa sería el nazismo o el fascismo.

De hecho, así es el desarrollo natural de la raza humana. Es decir, si las personas no se preocupan por mejorar sus relaciones mutuas, en consecuencia, llegan a una etapa en la que surge el fascismo. Marx también escribe sobre esto, en el sentido de que si no logramos el desarrollo adecuado de la sociedad humana llegaremos al fascismo.

Pero, aun así, él no anticipó lo que sucedería en Alemania, que se podría decir era el país más desarrollado de Europa y del mundo entero. Tampoco pensó que una persona como Hitler llegaría al poder. A juzgar por el desarrollo alemán en diferentes ámbitos: la prensa, el teatro y todo lo avanzado que había en Alemania, pienso que desde una perspectiva lejana nadie esperaba que se llegaría al nazismo. Baal HaSulam escribió:

«Lo que les pasó a los alemanes es una de las maravillas de la naturaleza. Eran considerados uno de los pueblos civilizados más sublimes y de repente, de la noche a la mañana, se convirtieron en salvajes, los peores entre los pueblos más primitivos en la historia. Además, Hitler fue elegido por la mayoría. A la luz de lo anterior, es bastante simple: de hecho, la mayoría de la población, que es esencialmente malvada, no posee opiniones propias, incluso entre las naciones más civilizadas».[27]

Entonces, ¿por qué sucedió esto en Alemania? Es incomprensible pensar cómo era posible que una nación tan progresista sufriera un cambio tan significativo. Sí, la nación más avanzada. Y esto lo que nos enseña es que el desarrollo de cualquier manera podría conducir al nazismo, al fascismo y al odio más grande que pueda existir entre los pueblos.

Los alemanes demostraron a toda la humanidad que el haber alcanzado un alto nivel de desarrollo y ser un ejemplo de todo tipo de expresiones culturales que la humanidad tanto respeta y en las cuales está inmersa, no es impedimento para alcanzar semejante régimen de odio. Es como si una cosa no estuviera conectada con la otra, por así decirlo.

Desde el punto de vista de la Sabiduría de la Cabalá, la razón por la que multitudes como las de Alemania de esa época apoyaron a líderes totalitarios y tiránicos se debió a que no consideraban que fueran líderes de ese tipo. Los totalitarios y los nazis, aunque son muy cercanos, también son opuestos entre sí, por lo que mucha gente no pensó que tendrían posturas extremas.

Al comienzo del desarrollo entre Alemania y Rusia había vínculos muy buenos y estrechos, se entendían y se apoyaban mutuamente. Rusos y alemanes eran aliados, hasta que Stalin vio que Hitler no lo toleraría como socio y Hitler también pensaba lo mismo de Stalin, por lo que se asociaron con los líderes más clásicos de Europa.

Baal HaSulam también escribe que,

> «El nazismo es fruto del socialismo. Los idealistas son pocos y los verdaderos sujetos, los trabajadores y los agricultores, son egoístas. Si un predicador como Hitler surgiera en cualquier nación, diciendo que el nacionalsocialismo es más conveniente y beneficioso para ellos que el internacionalismo, ¿por qué no deberían escucharlo?»[28]

Aquí, cuando dice que «el nazismo es fruto del socialismo»,[29] se refiere a que ambas teorías hablan de la unificación del pueblo y de la forma del régimen en que quien controla lo hace de manera extrema, por lo que las personas no sintieron una gran diferencia entre Hitler, Stalin y Mussolini. Hubo otros similares en aquella época e incluso después de la Segunda Guerra Mundial, es natural. El problema que enfrentaron entre sí es que no podían permitir a ninguno de ellos ser el que ejerciera el control.

Pero el hecho de que después del socialismo surgiera el nazismo y que esto fuera parte del desarrollo fue algo que la gente no pensó ni esperaba, por un lado, y por el otro, era natural que sucediera. De igual manera, un régimen extremista siempre cae, es decir, la persona fuerte que toma todas las riendas, todos los poderes en su mano y convierte al pueblo y al país al fascismo.

La visión nacionalsocialista cautivó al pueblo, a las masas, y las llevó a aceptar ideales tan radicales porque la humanidad, tanto los miembros de esa generación que estaba creciendo, como pasaría también con la actual, busca a alguien que pueda mantener un régimen de una manera fuerte. Y ese tipo de líder, valiéndose de mentiras y fuerza resulta triunfador.

Tanto el fascismo como el nazismo dieron a la gente, al menos por un tiempo, la sensación de que ellos mismos eran partes integrales de una entidad colectiva que los tomaba en cuenta y les daba una identidad. Así, fue el sentido de pertenencia lo que causó ceguera en la población, la cual ignoró las atrocidades cometidas por los regímenes totalitarios.

Llamamos a este régimen «fascista», «fascio», porque se deriva del italiano «fascio»,[30] lo cual se refiere a la idea de juntar cosas, como un haz o manojo de cañas o varas. De este concepto surge el sentimiento de la gente de que «ahora todos estamos juntos y así podemos tener éxito». El pueblo tiene el objetivo de que todo estará bien, no habrá desempleados y se llegará a la cima del desarrollo. Y así, tanto Hitler como Stalin compraron al pueblo.

Esta causa sigue ganando adeptos incluso hoy día, a pesar de intentos pasados que fueron fallidos. Esas promesas de prosperidad siempre atraen a la gente. Todos los líderes socialistas se dirigen a las diferentes naciones con las mismas palabras, con los mismos planes y la gente se siente atraída hacia ellos sin ver el pasado. Les parece que puede implementar estos planes fascistas en el presente y tener éxito. Y así vemos que en la actualidad este tipo de régimen todavía existe en muchos países.

Baal Hasulam, en su publicación *La nación*, menciona:

> «Cuando el gobierno democrático se destruya, un régimen fascista y nazi lo heredará. No hay duda de que, si esto sucediera, el proletariado se vería arrojado a un retroceso de mil años. Tendrán que esperar a que surjan varios regímenes por causa y consecuencia antes de que el mundo vuelva al régimen burgués democrático, en su formato de hoy en día».[31]

De estas palabras podría deducirse que todo intento de solucionar los problemas preexistentes en los países conduce inevitablemente a la implementación de otra formación, pero al final, ninguna da resultados y caemos repetidamente en un círculo vicioso donde la búsqueda de justicia sólo conduce a más daño a la humanidad.

Sinceramente, hoy no veo ninguna posibilidad de salir de ese círculo en el que ya estamos cayendo por segunda, tercera vez y en algunos países incluso más. No podemos salir del desarrollo humano excepto del desarrollo fascista. Incluso en Estados Unidos esto sucede todo el tiempo de alguna manera, y en muchos países hay todo tipo de tendencias dirigidas hacia lo que podríamos catalogar como socialismo fascista.

La alternativa que nos plantea Baal HaSulam para sacarnos de este laberinto es tomar el ejemplo de cómo funciona la naturaleza, en un balance de fuerzas. Si países como Rusia, Estados Unidos y todo tipo de países en Europa, y en general en el mundo, fueran similares entre sí, entonces, por supuesto, se habría producido una situación terrible, incluso otra guerra mundial.

Y así ocurre con los diversos inventos que hemos promovido, desarrollamos el arma atómica y luego surgió el problema de cómo activarla y controlarla porque es demasiado poderosa. Por lo tanto, en cada lado existe interés en detener este tipo de desarrollo e ir en una dirección diferente.

En la actualidad, vemos que todo avanza en dirección de la ciencia, las computadoras. Pensamos que a través de esto alcanzaremos un desarrollo mejor, y daremos a las personas que quieran manejar este tipo de régimen la posibilidad de tener control a través de diferentes medios tecnológicos y no por medio de la política tradicional o haciendo uso de la fuerza.

Realmente espero que la humanidad comience a involucrarse cada vez más en la ciencia y paulatinamente tome más direcciones de desarrollo, hacia el espacio y demás avances, en vez de como se manejaba la sociedad en el pasado.

Es decir, deberá prevalecer una forma de gobierno que sea diferente, en la cual las personas comiencen a conectarse entre sí, no en el campo de batalla sino en el espacio. Tendrán que ocuparse de otras iniciativas que les provea empleo, pero también la capacidad de llevarlos a un nivel superior como seres humanos.

Sin embargo, en ese sentido, todavía no vemos que sea posible llevar a cabo la competencia en muchas otras formas, y lo principal es la competencia, para atraer a la gente por medio de un incentivo.

Al menos en el progreso tecnológico, hoy en día no es un problema atraer a la gente al mundo de las computadoras y todo tipo de avances de alta tecnología. No nos importa que en China haya 500 millones de personas, y que en otros países haya mucho menos. No es una gran preocupación para la gente, lo vemos en diferentes ámbitos. Espero que estemos progresando hacia una situación en la que países como Taiwán, por ejemplo, sea más poderoso en su desarrollo que China.

Vemos que ahora China ya está entrando en cierto grado de depresión. Así, los países pequeños, si se encaminan hacia el desarrollo cultural, educativo y científico a nivel regional tienen la posibilidad de progresar adecuadamente.

Este desarrollo a través de la ciencia y la tecnología aportará al hombre y a la sociedad lo que otros modelos no le han dado. El hombre podrá expresarse en otras competencias, y así se evitará guerras y todo tipo de competencias negativas. Eso es lo que se vislumbra porque debido a nuestra naturaleza, hasta que lleguemos a comprender que la mejor competencia es sobre quién es más constructivo y hace el bien a todos, hasta que alcancemos ese desarrollo interno, probablemente tendremos todavía algunos años más para desarrollarnos de la manera habitual.

Después de Hitler no apareció otra figura que atrajera a las masas para imponer una agenda nacionalista a cualquier precio. Esto se debe a que la humanidad ya aprendió que la forma de Hitler fracasó y, por lo tanto, ya nadie se lanza a establecer estos regímenes porque ven cuánto sufrió Alemania hasta que volvió al estado en el que se encontraba antes de la Segunda Guerra Mundial. Sólo los alemanes organizados y fuertes pudieron restablecer el país entero y cada pueblo y ciudad, cada aldea, de la manera que lo hicieron y en un período relativamente corto, en unos veinte años después de la Segunda Guerra Mundial.

Entonces, si pudiéramos hacer una comparación sobre la diferencia entre el estado de la humanidad durante ese período del dominio nazi y el estado de la humanidad actual, está claro que aprendimos la lección. El mundo ha progresado y se ha alejado de estas formas de fascismo, nazismo y socialismo; relativamente hablando, ya no se deja llevar por estas formas. Más bien, está interesado en el desarrollo de nuevas tecnologías, de un nuevo mundo.

Por lo tanto, no creo que hoy en día haya lugar para el fascismo como lo había entonces, aunque lo cierto es que no existe una garantía de que la misma situación en muchas otras formas todavía podría regresar. La humanidad aún no se ha recuperado. Vemos aquí y allá, en todo tipo de países, especialmente aquellos que no están lo suficientemente desarrollados, donde surgen tales regímenes, y esperamos que los países de Europa y América del Norte ya no permitan la existencia de grupos como los que apoyaron a Hitler en su momento.

En Los escritos de la Última Generación, Baal HaSulam se refirió a las guerras mundiales de la siguiente manera:

«Dios le dio la técnica a los hombres hasta que descubrieron la bomba atómica y la bomba de hidrógeno, y si aún el mundo no tiene claro la destrucción general que están por traer al mundo, esperarán a llegar a la tercera o cuarta guerra mundial, Dios no lo permita, y entonces las bombas harán lo suyo y quien quede después de la destrucción no tendrá más remedio que asumir esta labor: tanto el individuo como la nación, no trabajarán para sí mismos más de lo que precisan para su sustento necesario y el resto de sus actos serán en beneficio de su prójimo».[32]

Baal HaSulam se refiere a la necesidad de que acontecimientos difíciles como las guerras mundiales sean parte del progreso del desarrollo humano, porque lo ve de una manera muy práctica, en el sentido que para llevar a la humanidad a una decisión definitiva de que no puede haber más guerra, debemos realizar todas las acciones que queremos lograr no a través de la guerra, sino a través de la competencia.

Puede haber competencia, pero buena, competencia sobre cuánto amamos, cuánto damos, cuánto nos apoyamos unos a otros, cuánto vamos a evolucionar y descubrir más formas de vida en el espacio, etc. Es decir, dentro del hecho que Baal HaSulam vive tan profundamente el mundo del futuro, por la forma en que él escribe nos pareciera que él piensa que hoy día es posible la existencia de un mundo de ese tipo.

Sin embargo, nosotros, que sentimos cómo transcurre nuestra vida, nuestro mundo, ciertamente no nos parece que el sueño de Baal HaSulam pueda hacerse realidad en la sociedad humana de hoy. Si bien es cierto que por un lado su visión sobre la sociedad futura se considera como una fantasía, por el otro, como aprendemos, todo depende del sufrimiento que enfrenta la humanidad y de la carrera armamentista actual. Esto llevará a la humanidad a la forma apropiada de sufrimiento que le haga decidir que es posible que nunca más haya una guerra.

En efecto, Baal HaSulam escribe sobre lo negativo de las guerras, y menciona que no puede haber más que la tercera o cuarta guerra mundial. Escribe que después de tales conflictos armados, la gente sentirá todo el dolor que conlleva una guerra de aniquilación colectiva a raíz de las armas atómicas y de hidrógeno. lo que nos parece que finalmente ya han decidido que esto no es así, que la guerra con este tipo de armas no tiene cabida.

Y así, mientras tanto, todas las guerras que están ocurriendo son para mostrarse unos a otros cuánto conoce cada lado al otro, cuánto sabe sobre qué y dónde tiene el otro lado para impedirle que use armas nucleares. Por lo tanto, aquí hay realmente esperanza de que tal vez de esta manera podamos llegar a conocer de qué disponemos y detengamos el desarrollo de armamentos.

En términos generales, las condiciones previas que provocan el estallido de guerras mundiales se resumen en el ego. El Creador lo resumió en una sola frase: «Yo creé la inclinación al mal»[33], y esta es en realidad la fuerza que atrae a los humanos al desarrollo. La fuerza del mal es que cada uno quiere ser más fuerte, más rico, más exitoso que el otro, y eso está en la dimensión de los humanos, pero en la dimensión de los países se vuelve algo muy peligroso y eso es precisamente lo que vemos.

Cuando las partes están literalmente enfrentadas, las armas están en manos de cada bando y ven que no importa cuántas bombas atómicas haya de un lado o del otro puesto que basta con una bomba para acabar con medio país, entienden que no hay otra opción. Por lo tanto, esta es la situación en la que pueden llegar a una tregua.

Y ante esto Baal HaSulam y explica que una tercera guerra mundial e incluso una cuarta podrían ocurrir, pero, en general, serían para poder mostrarse mutuamente, ambos bandos, que aquí nadie sale victorioso, sino que se destruye la vida, hay muertes, se sufre. Así, ya nadie está de acuerdo en sufrir como consecuencia de la guerra en la época moderna.

En ese sentido, probablemente haremos una tercera guerra mundial y si es necesario una cuarta, pero en forma de juegos de computadora, para entender e imaginar lo terribles que pueden ser las cosas. Y esto nos dará una impresión tal que no tengamos que afrontarlo de forma física.

Por eso estoy muy contento de haber llegado a una situación en la que los rusos, los estadounidenses y también los chinos, muchos países, al menos veinte países, tienen hoy armas nucleares, pero eso no significa que haya brotes de esa naturaleza. Más bien hay guerras de guerrillas, pero realmente van a mermar las luchas entre países.

Por eso creo que los líderes del pasado hicieron lo que tenían que hacer en su momento y nosotros, en la actualidad, pondremos condiciones de desarrollo solo de acuerdo con lo que la Sabiduría de la Cabalá nos muestra. Es decir, que debemos desarrollarnos únicamente según el cálculo general de la conexión entre nosotros. La humanidad no tiene otro camino, no encontraremos otro. Por eso, en la situación actual que tenemos en el mundo, veo casi el fin de las guerras, y de ahí mi alegría por lo que está pasando.

En América Latina todavía hay casos de líderes revolucionarios que predicaron la justicia social pero luego se convirtieron en dictadores. Y este es un patrón que se repite una y otra vez. También pasó a lo largo de la historia en Rusia, Europa del Este, China y otros, sin embargo, eso ya está desfasado.

No creo que haya una situación en el mundo de hoy en la que puedan recibir apoyo de la humanidad. Al contrario, si en alguna parte hay señales de que puedan usar armas nucleares, y eso es lo principal, aunque todo lo demás ciertamente también trae mucho sufrimiento, no creo que la humanidad dé lugar a esto, que haya más desarrollos de ese tipo, porque traerá mucho sufrimiento. Con esa finalidad, después de la Segunda Guerra Mundial se fundó las Naciones Unidas y otras instancias.

De esta manera, incluso hoy Rusia, Estados Unidos, China, Francia e Inglaterra están todos en el círculo de relaciones en que no quieren darle a nadie un lugar para que se generen explosiones. Por lo tanto, me parece que no tienen otra opción sino someterse. Ya vemos que eso es lo que sucederá y China también lo hará después, en condiciones diferentes.

Así es como creo que el mundo se calmará. Tal vez ganemos tiempo y mientras tanto nos desarrollemos de tal manera que no iniciemos guerras.

La manera de avanzar a nivel individual y como sociedad hacia un futuro mejor, hacia un cambio positivo es mediante una explicación detallada de la solución que plantea Baal HaSulam. Esta explicación deberá abarcar a todas las personas, los países, las sociedades, enseñarlo en las escuelas, en todos los lugares. Es importante que se conozcan los orígenes de la Segunda Guerra Mundial y el odio que todavía existe hoy, y que no es a través de estallidos que se resuelven los problemas.

Necesitamos contar las enseñanzas de Baal HaSulam, la manera en que explica todo lo que acontece en la sociedad y su solución, detallado de manera abierta, revelada, comprensible para todos. Esto es lo que necesitamos, preparar el material y presentarlo a todas y cada una de las personas, y enseñarle que, en nuestro tiempo, como él escribe, en el tiempo del desarrollo de las bombas atómicas y de hidrógeno, tenemos otro tipo de desarrollo alternativo: el desarrollo de justicia, honestidad y paz.

No estoy seguro de que podamos llegar a una situación en la que no haya más guerras, que solo haya competencia positiva, científica, social, familiar. No estoy seguro de que hoy el mundo pueda realmente decir que estamos convencidos de que nuestro buen futuro radica en la unidad, pero, aun así, tenemos que seguir intentando avanzar hacia esa dirección. Y esperemos que esta sea la forma en que nos desarrollemos.

Todo depende de cuánto podamos aprender de los escritos de Baal HaSulam y llevarlos a toda la raza humana. Esperemos que por medio de esto podamos ver al mundo que se desarrolle más hacia la tranquilidad, la paz, la felicidad y la seguridad.

• Idealismo

Después de haber explorado el capitalismo, el marxismo, el nazismo y el fascismo, las cuales son visiones radicalmente distintas del mundo, vemos que todas han fracasado en la práctica, dejando tras de sí crisis económicas, guerras, opresión y desigualdades sociales profundas.

La falla de estos sistemas no solo radica en su aplicación, sino también en la imposibilidad de sus ideales de conciliarse con la complejidad de la naturaleza humana y la sociedad. En lugar de generar armonía y equidad, estos modelos han derivado en corrupción, conflictos y abusos de poder. Por lo tanto, analizar las deficiencias del idealismo detrás de estos sistemas nos permite comprender mejor la necesidad de buscar nuevas formas de organización social que logren un equilibrio entre libertad, igualdad y desarrollo sostenible.

Precisamente, con respecto al idealismo, en *Los escritos de la Última Generación*, Baal HaSulam plantea que:

«Las acciones del idealista carecen de fundamento, porque no puede convencer a nadie de por qué prefiere la justicia y quién lo obliga a ello. Quizás no sea más que una debilidad del corazón, como dijo Nietzsche».[34]

Esto significa que la perspectiva del idealista no tiene fundamento por no estar basada en ejemplos de la sociedad o de la naturaleza, en cualquiera de sus niveles: inanimado, vegetal, animal o hablante, que conforma el entorno en el que vivimos.

El idealista saca sus ideas de su interior, de sus propios ideales, de lo que va experimentando toma pequeños ejemplos aquí y allá de la naturaleza y los conecta. Para él esta es la realidad en la que basa su idealismo, su perspectiva filosófica. Por eso se podría decir que los idealistas son una minoría, entre ellos los filósofos. En el pasado eran más los que entraban en esa categoría, principalmente en Europa, en Alemania en particular, en cierto periodo.

Tal era el espíritu de ese momento que se estableció el campo adecuado para el desarrollo del movimiento idealista. Desde entonces ha transcurrido mucho tiempo, han sido muchas las etapas por las que ha pasado la humanidad y hoy, ya estudiamos ese proceso como un fenómeno histórico.

El idealismo requiere esfuerzos tanto individuales como colectivos, y plantea que debemos avanzar incluso bajo presión. Este principio se refleja a lo largo de toda nuestra historia, desde los primeros días de la humanidad hasta el presente. La humanidad ha atravesado períodos que han transformado profundamente nuestras relaciones y han definido cómo evolucionamos como sociedad.

En un momento específico de nuestra historia, surgió un período marcado por el idealismo, cuyo impacto se manifiesta en las acciones, escritos y logros de quienes lo protagonizaron. Fue una era de gran florecimiento, en la que las ideas y aspiraciones más elevadas encontraron expresión en la cultura, la filosofía y la estructura de la sociedad.

El idealismo requiere esfuerzos egoístas de la comunidad y de la sociedad, estableciendo que debemos avanzar bajo presión. Esto ha sido evidente a lo largo de nuestra historia, desde el umbral de la humanidad hasta nuestros días.

La humanidad ha atravesado períodos que han transformado profundamente nuestras relaciones y han definido cómo evolucionamos como sociedad. Una etapa específica de nuestra historia estuvo marcada por el idealismo, y según las acciones, escritos y logros de quienes lo protagonizaron, podemos concluir que fue un período de gran florecimiento.

Sin embargo, cuando el deseo de recibir evoluciona, el cual existe en toda persona, ya que esa es nuestra naturaleza, dicho deseo no permanece inamovible, sino que está en constante evolución a medida que el tiempo transcurre. Por eso pasamos ese período, lo cual es comparable a la evolución que experimentan los niños quienes pasan por todo tipo de etapas en sus vidas, las cuales cambian hasta que de alguna manera se asientan en su juventud hasta llegar a la madurez. De la misma forma la humanidad avanza y cambia constantemente.

Es decir, si lo situamos en la misma perspectiva del desarrollo de la infancia, el período idealista podría decirse que ya atravesó la época de juventud y lo pasó bastante rápido ya que hoy día prácticamente no queda nadie que lo apoye, lo desarrolle, lo viva y difunda. La manera en que nos estabilizamos a nosotros mismos y a nuestra sociedad depende de los períodos que atravesemos.

Por otro lado, en *Los escritos de la Última Generación*, Baal HaSulam menciona:

«Todo método práctico también requiere un alimento idealista que se renueva para poder contemplarlo, es decir, una filosofía. En lo que a esto se refiere, ya existe una filosofía completa y lista para usar, aunque está destinada solo a los líderes. Es decir, la Cabalá».[35]

Debido a que el hombre se encuentra en un nivel superior al nivel animado de la naturaleza este necesita algún ideal, cierta infraestructura que el corazón sostenga, en la cual se centre el pensamiento. Por eso la etapa idealista fue buena para todos los subperíodos que atravesamos ya que fue el cimiento del cual se generaron los períodos subsiguientes.

La sabiduría de la Cabalá habla del desarrollo completo de la naturaleza desde el principio hasta el final, indicando que la forma en que percibimos la naturaleza dentro y fuera de nosotros depende de lo que captan nuestros sentidos.

Tales períodos de descubrimiento de los niveles de la naturaleza: inanimado, vegetativo, animado y hablante, tenemos que atravesarlos primero desde nuestro interior y luego, de esta manera, determinamos cómo es toda la naturaleza que nos rodea. Así, nos estudiamos a nosotros mismos y a la naturaleza de la que somos parte, y a la Fuerza Superior que nos desarrolla, percibiéndolo como un proceso necesario por el que tenemos que pasar.

Diferencia entre Cabalá y filosofía

La Sabiduría de la Cabalá también incluye a la filosofía, pero mientras la filosofía está basada en la investigación del cerebro humano, que ha sido desarrollada para sustentarla, la Cabalá se ocupa del estudio de las fuerzas que trabajan y activan nuestro mundo. Por lo tanto, expande aún más los límites de nuestra investigación, desde la fundación de este mundo, es decir, desde que la Fuerza Superior decidió instaurar el deseo de recibir, como está escrito: «Yo creé la inclinación al mal»,[36] hasta que nos desarrollamos y existimos de acuerdo con ese plan divino, con la meta de llegar hasta el final de la corrección general.

También se puede decir que la Cabalá es un tipo de filosofía, tal como se asocia en todo tipo de estudios de diversas facultades universitarias, pero en realidad, no tenemos las herramientas necesarias para estudiar la Cabalá a profundidad, porque para eso necesitamos conocer la Fuerza Superior, investigarla. Únicamente es posible estudiarla a través de nosotros mismos, porque somos lo más cercano a todo lo inanimado, vegetal, animado y hablante. Y cuando investigamos entonces entendemos cuál es el principio y el fin de todo el desarrollo humano.

Cuando Baal HaSulam dice que la Sabiduría de la Cabalá es sólo para líderes se refiere a personas que pueden descubrir la Fuerza Superior, estudiarla y ver qué acciones realiza en nosotros, son personas especiales. Es decir, aquellas que nacen con un sentido especial llamado «sexto sentido» o «punto en el corazón»,[37] cierto sentimiento de la divinidad en su interior. Así, somos capaces de investigar las acciones del Creador sobre nosotros, los humanos y todas las formas de la naturaleza que están en niveles inferiores al nuestro.

Por eso, asociamos la Sabiduría de la Cabalá con el pináculo del desarrollo filosófico de la raza humana. Al final de cuentas, la investigación del ser humano es lo que nos lleva a la filosofía, a la ciencia y a la Cabalá. Pero a la Cabalá llegan únicamente aquellos que se sienten vinculados a ella, es decir, quienes sienten la necesidad de descubrir las fuerzas ocultas que actúan en la naturaleza. Ellos son los que se convierten en cabalistas.

Por otro lado, la Sabiduría de la Cabalá es para todos, no hay límite. Sin embargo, como en las matemáticas, la física, como en todas las cosas, todo depende de si una persona tiene una tendencia a ese estudio, si cuenta con una base para ello, solo entonces incursiona en ese campo, investiga y estudia.

No obstante, no hay mucha gente que tenga esa predisposición y que se sienta impulsada a explorar el mundo espiritual, es decir, las fuerzas de la naturaleza, esa red que no sentimos con ninguno de nuestros cinco sentidos, sino con el sexto sentido, como se le llama, el cual está por encima de nuestros sentidos físicos.

Podemos explorar la naturaleza que está dentro de nuestros sentidos naturales corpóreos, como en el nivel animal. Necesitamos desarrollar otro sentido más y lo hacemos por medio de los escritos de los cabalistas, quienes ya han transitado ese camino que describen. Por medio de su legado realizamos el anhelo de pertenecer a ese grupo único en la generación que desarrolla esta filosofía suprema, la Sabiduría de la Cabalá.

El alimento ideal que esta nos proporciona es el conocimiento de lo que hay antes y después del deseo humano, quién lo activa, qué fuerzas actúan sobre él, cómo se desenvuelve en el mundo, cuál es esa red de fuerzas que gira constantemente, en qué dirección, con qué propósito. De todo esto se ocupa la Sabiduría de la Cabalá.

Precisamente, Baal HaSulam escribe en *Los escritos de la Última Generación*, por qué el idealismo no responde a todas las preguntas que nos hacemos acerca de nuestra existencia:

«Parece que sólo el idealismo, cuya tendencia es la felicidad del hombre, mejorando así todas las fuerzas psíquicas, confiere a uno respeto en vida y un buen nombre después de su muerte. Kant se burló de este método de basar la doctrina moral en una tendencia egoísta e instruyó hacer para no recibir una recompensa».[38]

El idealismo afirmó que una persona puede, a través del desarrollo de sus cinco sentidos, alcanzar un estado en el que percibe la fuerza de la naturaleza, por lo que vale la pena implementarlo y vivirlo hasta conocer el punto más elevado del desarrollo humano.

De esta misma manera, cuando los idealistas comenzaron a investigar cómo alcanzar el desarrollo ideal supremo se dieron cuenta hasta qué punto la naturaleza humana, en términos prácticos, no permitía que las personas alcanzaran ese punto elevado. La causa de esto es que al tratarse de una visión idealista desconectada de la realidad la persona no tiene la capacidad de pasar del nivel animado al nivel hablante ni de llegar a la naturaleza de la Fuerza Superior.

La diferencia entre la naturaleza física y la espiritual es que sus características son opuestas, ya que las cualidades de la naturaleza física son totalmente con el propósito de recibir, mientras que las de la naturaleza espiritual son con el único fin de otorgar.

Así, poco a poco, toda la filosofía del idealismo perdió su poder, su influencia sobre la raza humana. En su lugar, se desarrolló un egoísmo sencillo y sano, y esto es lo que vemos en el mundo de hoy.

En cuanto al ideal moral y ético, y sobre la pregunta que surge de manera recurrente sobre el uso de la Sabiduría de la Cabalá para establecer una visión moral de la vida, la respuesta es afirmativa, solo que todo depende de las fuerzas por medio de las cuales funcionamos, quién nos activa, en qué época vivimos.

Como dijimos, hubo un período de desarrollo idealista, y después de que este pasara no surgieron más tendencias en esa dirección de la raza humana, por lo que estamos en un periodo en que nuestra generación está confundida por completo respecto a lo que le interesa, atraída hacia un estilo de vida dominado por el deseo de recibir.

Pero en los últimos cien años se han comenzado a divulgar los ideales cabalísticos, es decir, aquellos que nos indican que debemos ascender del nivel materialista en que nos encontramos y unirnos a la Fuerza Superior. Aunque esto también podría sonar como algo idealista, al igual que las personas que lo desarrollan, pero no es así. Estas personas son precisamente visionarias, con una visión clara del futuro que se puede alcanzar, y ven el rumbo correcto que debe tomar el desarrollo de la humanidad de acuerdo con las directrices de la Sabiduría de la Cabalá.

Lo queramos o no, la naturaleza todavía nos envuelve en sufrimientos, mediante todo tipo de incidentes desagradables, incluso guerras de destrucción mutua que ocurren en el mundo en las que se hace uso de todo tipo de armas modernas. Al final de cuentas, el propósito de la naturaleza es educarnos para que cambiemos la dirección en la que nos encaminamos y reconsideremos nuestra actitud hacia la naturaleza en general.

En su periódico *La Nación*, Baal HaSulam escribe:

> «La dificultad del asunto es que las ideas del hombre no pueden, en absoluto, cambiar su dirección. Ya que la medida de la concesión es posible en el hombre según sus características materiales, en cuanto esto sea indispensable para su existencia corporal. No ocurre así en el idealismo, porque, por naturaleza, el idealista dará todo lo que tiene para que su idea triunfe. Y si está obligado a renunciar en algo a su ideal, no será una concesión total. Más bien, permanece alerta y espera el momento adecuado para poder reclamar lo que es suyo».[39]

A la persona le resulta difícil cambiar de opinión porque dicha opinión forma parte integral de su ser, de su naturaleza, que es el deseo de disfrutar. Y el deseo de placer nos dirige y nos hace girar de un lado a otro, todo el tiempo, a su antojo, por lo que encontramos que si una persona teóricamente quiere elevarse por encima de su naturaleza egoísta y encontrar las fuerzas ideales de la naturaleza, no puede hacerlo. Aunque reconozca que es algo bueno, simplemente no tiene la capacidad de lograrlo, y así, abandona este plan ideal y regresa a su núcleo, a su naturaleza egoísta simple, la cual le orienta en la dirección que desee.

Así, la Sabiduría de la Cabalá constituye la siguiente etapa en el desarrollo humano. Después de que una persona ve que no está en su poder determinar el desarrollo correcto, aunque sea deseable según el cálculo que realiza, se siente impotente para alcanzarlo. Por lo tanto, se encuentra entre la fuerza ideal, conectándose con todos los seres humanos con amor, conexión, apoyo y, por otro lado, su naturaleza egoísta realmente no le permite acercarse a la dirección del amor hacia los humanos. Y este es precisamente el lugar en el que se encuentra actualmente el desarrollo de nuestra sociedad.

Espero que pronto la humanidad comience a desesperarse por la situación en la que se encuentra y llegue a un estado en el que descubra que no hay otra opción, que debemos seguir adelante, porque la naturaleza no dejará de castigarnos. El deseo egoísta, el «deseo de recibir», como se llama en la Sabiduría de la Cabalá, nos empujará a avanzar y a intentar alcanzar por completo los verdaderos ideales incluidos en la máxima de «Amarás a tu prójimo como a ti mismo».[40]

Diferencia entre un idealista y un cabalista

El idealista piensa que todos pueden ser como él, cree que solo es necesario presionar, aunque en el camino provoque algunos desastres, y logrará su objetivo. También considera que tiene la capacidad de cambiar a la persona alterando las fuerzas que actúan sobre una persona, las cuales pueden ser tanto negativas como positivas.

Por otro lado, un cabalista ve la realidad desde una perspectiva más elevada y dice que no está en la naturaleza humana cambiar su propia naturaleza, que el ser humano no tiene las fuerzas por sí mismo para cambiar su esencia.

Esto solo es posible cuando se adopta un método especial, el de la Sabiduría de la Cabalá, por medio del cual la persona recibe poderes superiores a los que tiene actualmente. Adquiere esas capacidades nuevas por parte de la Fuerza Superior, o sea la fuerza de otorgamiento, de amor y conexión, y solo así podemos salir de nuestro deseo egoísta y alcanzar el deseo altruista de un amor enorme, inclusivo para todos, de una relación eterna de amor con la naturaleza. Esto es lo que piensa un cabalista.

Asimismo, Baal HaSulam, en *Los escritos de la Última Generación* habla sobre el origen de todos los errores del mundo. El texto dice lo siguiente:

> «El origen de todos los errores del mundo: la idea. Esto significa tomar un concepto o una imagen que una vez estuvo vestida en un cuerpo y lo presentamos como un objeto abstracto que nunca ha estado en un cuerpo. Es decir, es alabado o condenado según ese valor abstracto.
>
> El problema es que una vez que el concepto ha sido despojado del cuerpo, en el camino pierde partes importantes de su significado inicial mientras estaba revestido de un cuerpo. Quienes lo evalúan de acuerdo con el significado remanente necesariamente se equivocan.
>
> Por ejemplo, cuando la verdad y la falsedad obran en el cuerpo, alabamos la verdad según su beneficio para el individuo…»[41]

En este texto, Baal HaSulam explica que todos nuestros ideales de desarrollo provienen de las influencias internas de nuestro mundo, mientras que los cabalistas obtienen las fuerzas del desarrollo y las metas desde un nivel superior: el mundo que está por encima del nuestro.

De esta manera, nosotros, con nuestros ideales extraídos de este mundo, intentamos imponer en él comportamientos y relaciones que pertenecen al Mundo Superior, un nivel que aún no podemos alcanzar, pero que deseamos alcanzar a la fuerza.

Esta búsqueda hacia un ideal imaginario a menudo nos conduce a problemas, desastres y una comprensión equivocada de nuestra verdadera naturaleza como seres humanos. Así es como terminamos enfrentándonos a la destrucción, las guerras y otras calamidades.

Los cabalistas son aquellos que comprenden la naturaleza superior, reconocen que las fuerzas necesarias para nuestro desarrollo se encuentran en un nivel más elevado que nuestra existencia terrenal. Si pudiéramos aprender cómo obtener, usar y llenarnos de estas fuerzas y valores, podríamos ascender a un nivel superior.

Este próximo nivel sería un mundo completamente bueno, donde los ideales serían el amor, la conexión y el principio de amor al prójimo. Si nos comprometemos a alcanzar este estado, podríamos transformar nuestras vidas, pero el desafío radica en cómo lograrlo. Aquí es donde la Sabiduría de la Cabalá se diferencia de otras corrientes filosóficas, éticas o idealistas.

En la Cabalá, el término «cuerpo» se refiere al deseo interno de recibir, no a la carne física. Desde la perspectiva de nuestro cuerpo animal, somos como los animales, como está escrito: «Todos se parecen a las bestias».[42] Sin embargo, el «cuerpo» del que habla la Cabalá es nuestro deseo interno, esa fuerza que impulsa al ser humano desde dentro.

Cuando Baal HaSulam afirma que el ideal es la fuente de todos los errores y engaños del mundo, se refiere a que una persona que se encuentra en el nivel entre lo animado y lo hablante, y basa todo su análisis únicamente en el intelecto, termina equivocándose.

Para poder acertar en nuestro camino debemos elevar el intelecto humano al siguiente nivel. El intelecto humano, a diferencia de los animales, no está limitado únicamente a lo que perciben los cinco sentidos —vista, oído, gusto, olfato y tacto—, sino que también busca explorar lo que está más allá de los límites de nuestra percepción sensorial.

Esta tendencia y capacidad inherente al ser humano nos impulsa a buscar lo que está por encima y más allá de nuestra realidad. Pero la expansión de este potencial en el ser humano solo es posible mediante la Sabiduría de la Cabalá, por lo que es necesario desarrollarla, expandirla y divulgarla de manera que toda la humanidad pueda acceder a esta experiencia transformadora.

En América Latina hemos visto idealismos fallidos en las últimas décadas. Por un lado, guerras que han cobrado miles de muertes en nombre del ideal de justicia social, mientras que la brecha social no ha hecho más que crecer.

Por otro lado, la promesa del ideal neoliberal de producir prosperidad a través de la «teoría del rebalse» no ha funcionado. La idea de que cuando hay un aumento de riqueza esto penetra en todos los niveles de la población ha fallado. En la práctica, hemos visto que los ricos se han vuelto más ricos, y los pobres se han vuelto más pobres.

Para poder comprobar los parámetros de un ideal verdadero realizamos una prueba de manera práctica, es decir, tomamos algún método y lo probamos en la gente, en la población. Y así, hemos permanecido en ese laboratorio a lo largo de nuestra historia. Sin embargo, ninguna forma capitalista ni tampoco una forma idealista podrán traernos riqueza, sólo abundancia en general para ciertos grupos.

Para que un sistema económico o social funcione debemos conocer cómo funciona la naturaleza y replicarla, es decir, trabajar en dirección al otorgamiento en vez de la recepción únicamente para nuestro beneficio.

Esa es precisamente la meta del estudio de la Sabiduría de la Cabalá, la cual podría parecer como una meta muy elevada y distante, sin embargo, en la medida que este método llegue a las masas habrá mayor conciencia acerca de cuál es el ideal humano correcto, el único capaz de elevar a la humanidad al nivel de desarrollo que debemos alcanzar ya en nuestra generación.

No tendremos otra alternativa, llegaremos a la destrucción general de toda la humanidad a menos que nos elevamos al nivel del amor.

En otro fragmento de *Los escritos de la Última Generación*, Baal HaSulam explica por qué la visión idealista no es parte de la naturaleza humana:

> «Mienten quienes dicen que el idealismo es natural en el hombre o un resultado de la educación. Más bien, es una consecuencia directa de la religión. Hasta que la religión no se expandió en el mundo en gran medida, el mundo entero era bárbaro, sin el mínimo atisbo de moralidad. Solo después de que los siervos del Creador se expandieron, los descendientes de los agnósticos se volvieron personas idealistas».[43]

El idealismo es el amor, el amor general que lo llena todo, la atmósfera, el mundo entre nosotros, de un ser humano a otro y también en los niveles inferiores a los del hombre, es decir, en los niveles animado, vegetal e inanimado. Ciertamente no podemos soportarlo, porque no sentimos a la Fuerza Superior que determina nuestra naturaleza, y no podemos volvernos a Él y exigirle.

Por eso necesitamos la Sabiduría de la Cabalá que nos enseña cómo acercarnos a la Fuerza Superior, cómo la atraemos hacia nosotros, cómo empezamos a trabajar juntos con Él para cambiar la naturaleza humana.

Cuando comenzamos a percibir a la Fuerza Superior, que es la fuerza del amor, de la conexión, del otorgamiento, nos elevamos desde el nivel de hombre en este mundo al nivel de la Fuerza Superior, lo cual debería ser nuestro propósito en la vida.

En realidad, toda la humanidad está más o menos preparada, según la evolución que ha experimentado, y como consecuencia de los golpes que ha recibido y de las decepciones que ha atravesado. Por eso creo que, tal como nos dicen los cabalistas, ahora se ha abierto ante nosotros la oportunidad, la posibilidad de llevarnos al nivel del desarrollo divino.

Idealismo y educación

Las cualidades humanas hacia el idealismo no pueden ser cambiadas únicamente mediante la educación. Más bien, se logra a través del largo desarrollo social por el que ya hemos transitado en su mayoría.

Y hoy, cuando conectamos todas las partes de la humanidad y lo que han experimentado, podemos decir que ya estamos listos para comprender que todos los métodos probados y vistos hasta ahora no han sido satisfactorios para la humanidad, la cual está inmersa en la confusión y el desamparo, sin saber cuál es el rumbo que debe tomar.

La humanidad no tiene respuesta a la pregunta, ¿para qué vivimos? La expectativa de vida ha aumentado, pero tanto jóvenes como adultos se encuentran en el mismo estado de decepción y solo el miedo a la muerte sostiene a las personas a seguir adelante con su vida. Estas frustraciones se van acumulando y quién sabe adónde nos llevarán.

Baal HaSulam hace referencia al máximo ideal haciendo eco de las palabras de Rabí Akiva quien dijo: «Amarás a tu prójimo como a ti mismo es la gran regla de la Torá».[44] Uno podría preguntarse, ¿cómo podemos aceptar un ideal tan elevado e inalcanzable de amar a los demás? Porque lo único que amamos es a nosotros mismos, ¿cómo es posible entonces tener semejante ideal?

Precisamente por el hecho de que solo nos amamos a nosotros mismos podemos escuchar y recibir de la naturaleza otro ideal, que es el amor a los demás, y comprender que solo a través de esa conexión entre nosotros podremos alcanzar una conexión con la Fuerza Superior de la naturaleza llamada «Dios». En gematría, es decir, el valor numérico de la palabra «Dios» (*Elokim*) es el mismo que el de «La naturaleza» (*HaTeva*).

Necesitamos entender que alcanzar la comprensión del nivel de la Fuerza Superior es nuestra meta. Lo aceptaremos a través del entendimiento y profundizando nuestro intelecto o por medio de la fuerza negativa que nos empujará desde atrás, a través de terribles sufrimientos, incluyendo guerras mundiales.

En este caso, tendremos que sufrir mucho para reconocer que necesitamos una fuerza que nos empuje hacia el nivel de la divinidad, lo cual es posible alcanzar, un objetivo que ya debería materializarse en nuestro tiempo, en nuestra generación.

Entonces, aunque hemos sido creados con una naturaleza totalmente egoísta, la humanidad está bastante desesperada en todas sus formas de desarrollo. No ve ningún objetivo claro por delante.

La nueva generación solo piensa en cómo ganar dinero, tener éxito y disfrutar de la vida, es decir, no hay ideales superiores. Y aquí podemos, sin embargo, fomentar la tendencia hacia algo más elevado que existe en todas y cada una de las personas. Así que tenemos mucho trabajo por hacer para que la próxima generación sea un poco más exitosa que la nuestra, y llegar a la restauración de las grietas de nuestra generación.

Entonces, no basta con solo poner el amor al prójimo como un ideal, como una estrella del norte que nos guiará. También debemos hacerlo de manera práctica. Trabajar de manera práctica por medio de la divulgación del método para corregir el mundo, más bien, corregir al hombre, explicando cómo pretendemos que la humanidad lo logre.

En su artículo *El amor por el Creador y el amor por las criaturas*, cita las palabras del viejo Hillel traducidas del arameo:

> «Aquello que odias, no se lo hagas a tu amigo. Esta es toda la Torá completa, y el resto es una interpretación, ve y estudia».[45]

«Amarás a tu prójimo como a ti mismo»[46] y «No hagas a tu amigo lo que odias»,[47] no son lo mismo, pero son dos pasos en la misma dirección. «No hagas a tu amigo lo que odias»,[48] es con el fin de no hacer el mal a los amigos, mientras que «Amarás a tu prójimo como a ti mismo»[49] ya es amar por encima de la primera condición. Son dos pasos que debemos seguir. No hagas daño y haz el bien.

Ambos son ideales elevados. Y está claro que el mundo se ahorraría mucho dolor y muchos problemas si pudieran implementarse.

Podemos concluir entonces que ante nosotros está la última etapa del desarrollo humano. Tenemos un ideal muy grande, que es alcanzar la Fuerza Superior de la naturaleza que es el poder del amor, el otorgamiento y la conexión que gobernará a todos los habitantes del mundo y unirá al mundo en una sola sociedad, para que sea «como un solo hombre con un solo corazón»,[50] y ese poder mutuo es el que regirá en la sociedad humana.

CAPÍTULO 3

CONFLICTOS: ORIGEN Y SOLUCIÓN

Baal HaSulam sostiene que el origen de todos los conflictos radica en la naturaleza egoísta del ser humano. Mientras esta fuerza domine nuestras relaciones, la humanidad continuará sumida en enfrentamientos y luchas de poder. Según su visión, la única solución real a estos conflictos es la corrección del ego a través de la unidad y la garantía mutua, donde cada persona se preocupe por el bienestar del otro como si fuera el propio.

Para lograrlo, Baal HaSulam propone un cambio de conciencia basado en la educación y la conexión entre las personas, promoviendo una sociedad en la que los valores del amor y la cooperación reemplacen la competencia y la explotación. Solo a través de esta transformación interna y colectiva se podrá alcanzar una paz verdadera y duradera.

La guerra

Baal HaSulam dedicó mucho tiempo y esfuerzo a la investigación de las condiciones para el establecimiento de una sociedad armoniosa que mantuviera la paz en el mundo y abandonara las guerras. En el artículo *La paz en el mundo,* escribe:

> «... Dos países pueden ser incitados e inducidos a la guerra, ya que es muy natural que, durante la guerra, haya muchas más personas insatisfechas

que se sumarán. Porque junto con ellos, tendrán la esperanza de alcanzar una mayoría decisiva y derrocar la dirigencia del país y establecer un nuevo gobierno cómodo para ellos. Por lo tanto, la paz del individuo se convierte en un factor que afecta directamente a la paz del país...»[51]

Baal HaSuam explica la guerra como una batalla que normalmente surge entre gobiernos, no entre las naciones sino entre los gobiernos; cada uno quiere ganar o lograr algo a través de la guerra, siendo este el motor que propulsa el que se desate un conflicto armado. Por supuesto, Baal HaSulam no está de acuerdo en que esta sea la solución para arreglar las cosas, pero, de todas maneras, cree importante abordar el tema.

Los factores que llevan a la guerra, tal como Baal HaSulam escribe en varios de sus escritos, es el hecho de que la mayoría de la gente no está satisfecha con la situación prevaleciente. En los gobiernos mismos hay muchos que quieren sacar provecho de la guerra para tener éxito, otros buscan remover a aquellos que ahora están en el poder y ocupar su lugar y, por lo tanto, hay muchas posibilidades de que se desate una guerra en cualquier lugar y en cualquier momento. Por eso debemos estudiar todas las razones que conducen a la guerra y tratar de impedir que se desarrollen.

En su artículo *La paz*, Baal HaSulam escribe:

«...Y cada buena situación no es más que el fruto del trabajo de la mala situación que la precedió.
En verdad, estos valores de bien y mal no se refieren a la situación misma, sino al propósito general, que toda situación que acerca a la humanidad a la meta es llamada bien y aquella que la aleja es llamada mal. Únicamente bajo ese parámetro, se constituye "la ley de desarrollo»».[52]

La guerra nunca es buena, no hay una guerra que lo sea, sin embargo, a veces no hay elección y nos embarcamos en ella, en una guerra de liberación. Pero, en realidad, esta no es una solución.

A partir de nuestra experiencia también vemos que en el transcurso de miles de años nunca llegamos a nada por medio de la guerra. Prácticamente, no hemos visto nada para lo cual era indispensable ir a la guerra ya que, en consecuencia, se ha producido mucho sufrimiento, muertos, heridos, sufrimiento de niños, de mujeres.

Por lo tanto, la guerra siempre es un problema; no creo que sea una solución. Y en realidad, el hecho de que todavía no hayamos llegado en nuestra vida al punto en el que a través de una vía normal podamos resolver todos los problemas que tenemos únicamente demuestra lo inmadura que es aún la humanidad.

Entonces, ¿para qué sirven las guerras?

Así, las guerras en realidad son como cuando los niños empiezan a golpearse entre ellos, es decir, si no se puede convencer al otro por medio del diálogo, entonces se golpean, creyendo que así llegan a algún tipo de solución. Aunque puede que surja una solución temporal esta nunca es definitiva, por lo tanto, cada guerra causa la siguiente guerra.

Por el momento las guerras son inevitables porque la mayoría de las personas en nuestro planeta no entiende cómo es posible existir sin guerras. Cada nación, cada país, siente que tiene el derecho supremo ante el resto de países de resolver los problemas mediante disputas o guerras como única salida.

También vemos que las restricciones que se tratan de establecer o las organizaciones que concebimos con el fin de tener una existencia libre de guerras, tales como la ONU, la UNESCO, y otras de ese tipo, no han logrado el objetivo para el cual fueron creadas porque seguimos enfrentándonos entre nosotros. La humanidad todavía no es lo suficientemente madura para avanzar de una manera inteligente y correcta sin guerras.

A través de las guerras el Creador realmente quiere educarnos sobre cómo debemos vivir en un mundo sin guerras, pero esta comprensión toma tiempo y quién sabe cuándo podremos acercarnos a esa finalidad.

El propósito general debe ser educar a todas las personas en el mundo desde una edad temprana, desde la infancia, en las escuelas, en las universidades, en todas partes, en todos los programas y a través de los medios de comunicación, tenemos que inculcar que los problemas pueden resolverse sin guerras.

Mientras tanto, vemos que la mayoría de los medios de comunicación se ocupan de disputas, guerras y situaciones ante las cuales los seres humanos parecerían no tener otra escapatoria aparte de gestar guerras pequeñas, grandes o incluso internacionales. No creo que pronto podamos decir basta a todas las guerras como solución para llegar al fin de los conflictos.

Cuando hay guerra, ¿deberíamos tomar partido? Según la nacionalidad a la que pertenecemos, o según alguna ideología particular. ¿Qué preferir, cómo saber qué lado tomar en todo caso?

Necesitamos construir una relación tal entre nosotros, entre todos, de manera que ningún bando pueda iniciar una guerra, que siempre haya lugar para la conversación e incluso algunas disputas, pero no tratar de resolverlas por medio del uso de la fuerza.

Siempre es posible llegar a una explicación y a todo tipo de medios para resolver todos los problemas a través del diálogo. Pero así es la naturaleza humana, tenemos que trabajar sobre nosotros mismos, educarnos y ver dónde todavía queda un margen para alcanzar compromisos.

La humanidad, de vez en cuando intenta no tener que recurrir a las armas, principalmente después de los problemas tan grandes como la Primera y Segunda Guerra Mundial. La cuestión es que muy pronto olvidamos las repercusiones de estos enfrentamientos, esa es nuestra naturaleza.

Así, volvemos a ver que el camino más corto es la guerra, aunque nunca hayamos visto después de la guerra que se llegara a una situación en la que alcanzáramos satisfacción. No tenemos ningún ejemplo en la historia de la humanidad en que hayamos podido alcanzar un estado de paz que durara muchos años y en el que todos estuvieran satisfechos.

El Creador nos da la posibilidad de gestionar el mundo dentro de un marco especial con límites específicos. Eso es lo que Él nos dio, por lo que no tenemos más remedio que comprender que, en efecto, estamos gestionando la realidad y que debemos usar nuestras vidas, el planeta Tierra, nuestra mente, emociones y sabiduría para prevenir los conflictos que conducen a las guerras.

Realmente los conflictos armados no son apropiados para los seres humanos, por lo que al enfrascarnos en ellos somos peores que los animales. Este es un gran problema del que todavía ni siquiera hemos llegado a vislumbrar una solución en el horizonte.

En *La paz en el mundo*, Baal HaSulam escribe:

> «Además, si tomamos en cuenta la parte siempre presente en el país, para la cual la guerra es su arte y toda su esperanza para su éxito, es decir, los expertos de la guerra, y los que se ocupan en la provisión de armamentos. Desde el punto de vista de su calidad social, son una minoría muy importante, y si a ellos les agregamos otra minoría insatisfecha con las leyes existentes, tendremos a cada momento una importante cantidad de personas que anhelan las guerras y derramamientos de sangre».[53]

Si no hubiera temor de recibir un golpe entonces todos comenzarían las guerras, porque «La inclinación del hombre es mala desde su juventud»[54] y todos somos egoístas y queremos controlarnos unos a otros. Esto determina hasta qué punto llegamos en el cual estamos listos para las guerras. Tengo la esperanza de que, después de todo, no en un futuro lejano, la humanidad comience a educarse para una situación en la que resulte imposible continuar así.

Desde que somos pequeños, desde la infancia, debemos educar a todas las personas para la paz, para la conexión, para una situación en la que nadie piense que es posible tener éxito por medio de una guerra, sino que, por el contrario, con la guerra todos siempre pierden. Por lo tanto, no tenemos más remedio que aferrarnos a la paz por encima de todas las demás posibilidades. Realmente espero que la humanidad comience a educarse en esta dirección.

La guerra da a la sociedad un impulso en el desarrollo tecnológico, social y científico. No podemos decir que esto no es así, porque vemos cuánto duró la Segunda Guerra Mundial y en qué medida dio avance a todos los países, en las áreas de la ciencia y la tecnología. No se pueden obviar esos datos. Pero, aun así, debemos reflexionar sobre el gran sufrimiento que esto ocasiona a la gente y cuánto progresaríamos hacia el bien, con calma y sin tener que recurrir a una guerra.

Sin embargo, no veo que haya muchos esfuerzos por parte de personas o grandes organismos internacionales que hagan estudios y se alcen a hacer conciencia acerca de lo que se podría haber logrado si no hubiera guerras, qué ganaríamos y cómo podríamos mantenernos alejados de la próxima guerra mundial.

Como dije antes, nacemos con la inclinación al mal, lo cual se refleja desde temprana edad. Es innato en el ser humano el deseo de controlar y oprimir a los demás.

Así, seguimos persiguiendo este deseo, pese a que a estas alturas ya deberíamos pensar en cómo frenar el deterioro que causamos.

Hoy en día, cualquier guerra podría convertirse en una guerra mundial, porque el poder de las armas modernas en manos del hombre es muy fácil que un conflicto se transforme en uno a escala mundial. Ya no necesitamos viajar, volar ni navegar en todo tipo de embarcaciones como en el pasado, sino que basta con que todos se enfrenten contra todos para que la situación traspase las fronteras. Por lo tanto, en nuestra época no hay tranquilidad. Aunque deberíamos pensar en cómo prevenir las guerras, no veo que haya muchas organizaciones que se ocupen de esto.

Durante una guerra, las partes en conflicto, ¿qué conocimientos deberían adquirir de la guerra?

Como resultado de la guerra las partes en conflicto deberían, primero que todo, saber cuánto pierden. Es decir, tanto sufrimiento, muertes y odio que causan a sus pueblos. En particular, las guerras que pensamos para el futuro podrían ser guerras muy difíciles que ya no son como solían ser, sino que serán guerras de las que no se sabe si alguien podrá salvarse de las situaciones terribles que provocarán.

Por el momento, estamos pensando únicamente en contabilizar cuántos fueron asesinados y de qué bando, cuánto dinero costó y otros cálculos, pero realmente necesitamos pensar más allá en el daño, el sufrimiento, que causa a cada uno. La próxima guerra, en particular, tendrá un resultado radiactivo. Solo entonces podremos sentir durante y después de la guerra, cuánto sufrimiento ocasionará con consecuencias que durarán muchos años.

Por eso creo que durante este periodo antes de tener que llegar a las próximas guerras, debemos trabajar para prevenir el odio y el rendimiento de cuentas mediante un conflicto, cualquier tipo de conflicto que se pueda producir. Y hoy, me parece que la humanidad depende tanto de todas sus partes conectadas entre sí que es posible obligar al mundo entero a tener cuidado de no hacer daño a nadie, porque si alguien hace daño a otro, entonces todos estarán en contra del agresor. No de manera física, sino de tal forma que quienquiera que ataque a otro simplemente será marginado de nuestra sociedad humana. No lo incluiremos en el comercio, en la ciencia, en todo tipo de áreas que hoy suelen estar vinculadas entre los países.

La gran pregunta es, ¿cómo puede ser que hoy, en el mundo moderno, con medios de comunicación que nunca antes existieron y con avances científicos tan importantes, nos comportemos de esta manera irresponsable? Simplemente nosotros no aprendemos de las guerras.

La guerra no aporta nada positivo, Dios libre. Nada positivo. Podemos decir que hubo guerras en la época de la esclavitud, pero tampoco creo que alguna vez condujeron a mejorar la situación, a conseguir un resultado bueno y hermoso. Habría sido posible lograr resultados aún mejores sin guerras y sin el uso de la fuerza.

Solo necesitamos corregirnos como seres humanos. Desde pequeños, a cada niño y niña que nace, debemos educarlos para la paz, para la conexión y no para las guerras. Y esta educación debe ser continuada durante toda la vida, siendo inculcada a través de la literatura, el teatro, las escuelas, y en las universidades, de manera que aprendamos únicamente sobre la paz y nunca hablar de conflictos y guerras.

En el *Libro de Salmos,* el Rey David se refiere a la guerra y a la paz en los siguientes términos:

> «Demasiado tiempo ha morado mi alma con aquellos que odian la paz. Soy hombre de paz; pero cuando hablo, ellos están por la guerra».[55]

Mientras que en el Salmo 18 está escrito:

«Perseguí a mis enemigos y los alcancé, no me volví hasta haberlos consumido». Y añade: «Los herí de modo que no pudieran levantarse; cayeron debajo de mis pies».[56]

El Rey David fue un ejemplo muy, muy importante y al más tiempo difícil de alguien que durante cuarenta años fue rey y todo ese tiempo estuvo en guerra. Durante cuarenta años estuvo constantemente exigiendo paz, pero no tuvo éxito en alcanzar este objetivo, siempre estuvo en guerras, fue una época muy dura.

Ese fue su destino, tal como él mismo lo dijo:

«Soy hombre de paz, mas cuando hablo, ellos están por la guerra».[57]

Y así es como él ha quedado marcado en nuestra memoria, como el rey que siempre buscó la paz.

¿Qué hacer para salir de los conflictos armados? Creo que hoy estamos en contacto con todo el mundo a través de los medios de comunicación y redes sociales, así como todo tipo de organizaciones internacionales. Simplemente necesitamos utilizar esos recursos para lograr una educación general universal, con el propósito de que todos nuestros niños aprendan a vivir en paz.

Tenemos que educar para la paz en las guarderías, en las escuelas, en las familias y, por supuesto, en la sociedad a nivel internacional, de manera que no sepamos más de guerras. Debemos trabajar en ello, necesitamos personas que sean capaces de hablar sobre lo positivo de la paz e influir en la opinión pública, que realmente necesiten invertir su energía en lograr ese propósito y convencer a toda la humanidad de que no tenemos otra opción.

Si antes luchábamos con palos y piedras o incluso con armas de fuego, hoy cada persona tiene en sus manos

un poder que es capaz de destruir a miles y miles de
personas más. Por eso tenemos que asegurarnos de
que la gente no quiera más enfrascarse en peleas. Todo
depende de la educación.

Algunos conflictos surgen como consecuencia de
circunstancias geográficas, territoriales, en que un
vecino quiere hacer desaparecer al otro, borrarlo. En
esas condiciones surgen conflictos porque es parte de
la naturaleza humana el querer borrar al otro, moverlo
de su lugar, rechazarlo. Es verdad, pero por otro lado, de
todas maneras todo depende de la educación general.
Si lo deseamos, podremos ocuparnos de que ocurra
un cambio que permita alcanzar la paz general. Estoy
seguro de eso.

Si hablamos de lo que se conoce como una guerra
espiritual ya es otra cosa. Hay muchos tipos de guerras
espirituales en las que cada uno cree que tiene la
razón respecto a su religión, creencia, conocimiento,
educación, o perspectiva. Por lo tanto, en este caso
también se hace necesario llegar a una situación de
manera paulatina en que todos tenemos el mismo valor,
a una comprensión de que, al fin y al cabo, nadie tiene
razón y nadie se equivoca.

Pero tenemos que llegar a compromisos para poder
existir en paz, y después de unos años de vivir de esta
manera armónica tendremos un nuevo lenguaje, una
nueva actitud, un trato distinto hacia los demás. Entonces
seremos capaces de pensar cómo podremos llegar a un
estado de la humanidad en que todos seamos amigos.

Como les decimos a los niños pequeños: «No se debe
pelear, no se debe golpear al prójimo, el otro puede
venir y golpearte, ¿para qué sirve eso?», de igual forma,
nosotros como adultos vamos a decirnos eso mismo los
unos a los otros. Realmente espero que lleguemos a eso.

Si todas estas fuerzas que existen en una persona,
que se dirigen contra la otra, son el odio y el poder de

destrucción, ¿cómo tratar las fuerzas del mal a través de la educación? La respuesta radica en cómo expandimos el número de educadores para la paz, de qué manera podemos unirnos a ellos y pensemos en cómo construir un sistema que inculque las buenas relaciones entre las personas, desde la juventud hasta la vejez. Un sistema en el que todos estemos dentro de una atmósfera de paz y tranquilidad, conexión, cercanía para poder prevenir de esta forma todos los resultados equivocados.

A través de la educación es posible neutralizar el deseo inherente en una persona de destruir al otro. Por lo tanto, es importante pensar bien en lo que debería estar escrito en los libros a los que tenemos acceso, lo que veremos a través de las pantallas de televisión, del cine, lo que se escucha en la radio. Esto debería preocupar a toda la humanidad con respecto a toda la humanidad, entonces, de esta manera podremos pasar a una atmósfera diferente, no queda otra alternativa.

Suponiendo que tuviera muchos hijos, miles, millones, y tuviera que encargarme de ellos, no tendría más remedio que acercarme a las personas que se dedican a la educación, hablaría con ellas y les explicaría lo que sería apropiado hacer. Por ejemplo, en el área del entretenimiento, me preocuparía para que en vez de escribir y producir películas y todo tipo de productos que sean para ganar dinero y tener éxito, sirvan para generar en la gente una relación buena y agradable, de acercamiento y paz. Nuestro trabajo consiste en inculcar esos valores.

El rey Salomón escribe en Proverbios:

> «Cuando cayere tu enemigo, no te regocijes, Y cuando tropezare, no se alegre tu corazón; No sea que el Creador lo mire, y le desagrade, y aparte de él su enojo».[58]

Esto quiere decir que debemos acercarnos a todos y comprender que no se puede triunfar por la fuerza. Y que realmente no hay enemigos, sino que debemos estar cerca unos de otros. Entonces, de esta manera, llegaremos a una situación en la que todos estarán bien, el mundo será más sutil y las personas estarán más cerca unas de otras. Y aquí radica el problema.

También debemos entender que es el pueblo de Israel, en especial, el que más sufre, y él es responsable de ello, ya que debe descubrir la raíz de las guerras y de la paz, y dar ejemplo. Esa es nuestra tarea.

En la Torá hay fuertes referencias a la incesante relación de Dios con su pueblo. Por ejemplo, Deuteronomio 28 se refiere a una advertencia al pueblo de Israel, de que, si no guardan los mandamientos y las leyes, vendrán maldiciones sobre ellos:

> «Así como el Señor se alegró al multiplicarte y hacerte prosperar, también se alegrará de arruinarte y destruirte. ¡Serás arrancado de raíz, de la misma tierra que ahora vas a poseer!»[59]

En efecto, es un texto muy fuerte, en el cual queda claro que todo depende de nuestra relación recíproca. En la medida que nos tratamos bien unos a otros, también el Creador nos trata de esa misma manera. Y si nos tratamos mal unos a otros, entonces también recibiremos golpes del cielo y sufriremos hasta que aprendamos que debemos llegar a una relación buena y hermosa entre todos.

Y hay quienes se preguntarán por qué si es un Dios de amor se dirige a la gente en términos tan fuertes y amenazadores. La razón es que el Creador conoce nuestra naturaleza, sabe de qué manera dirigirse a nosotros y dónde presionarnos, ya que precisamente de esta forma quizás escucharemos.

Pero no escuchamos, no entendemos la providencia divina. Llevo muchos años preguntándome cómo es esto posible y, lamentablemente, aparte de una gran tristeza, no siento ninguna respuesta. Esperemos que, de todas maneras, todos nosotros, toda la humanidad, aprendamos cada vez más de nuestra historia, de nuestra vida, de lo que pasamos también en la época reciente, y entonces cambiaremos y recibiremos un trato diferente de la Fuerza Superior y veremos una relación hermosa entre todos los seres humanos sobre la faz de la Tierra.

Si pudiéramos transmitir este mensaje de paz al mayor número de personas en el mundo, pienso que el mundo cambiaría para bien.

De la guerra a la paz

El concepto de la guerra y sus causas nos permite comprender el origen de los conflictos armados y la vía de solución a través de una educación adecuada. En este apartado buscaremos comprender cómo se genera el proceso que nos conduce a un cambio positivo, para lo cual abordaremos el tema de la transición de la guerra a la paz.

En *Los escritos de la «Última Generación»*, específicamente sobre el tema de la sociedad futura, Baal HaSulam escribe:

> «Debería haber una división justa y equitativa internacionalmente para todas las naciones en cuestión de materias primas, medios de producción y acumulación de bienes. No debería haber diferencia entre blanco y negro, civilizado y primitivo, igual que entre los individuos de una misma nación. No debería haber división alguna entre los individuos, en una sola nación o en todas las naciones del mundo. Mientras haya alguna diferencia, las guerras no cesarán».[60]

El texto se refiere claramente acerca de la distribución equitativa de los recursos para evitar guerras, pero vemos que muchas guerras no están motivadas por razones sociales o económicas sino ideológicas. En ese sentido, necesitamos aprender cómo se comporta nuestro mundo, cuál es su naturaleza general y, entonces, es muy probable que veamos cuáles son los cambios que se requieren para poder lograr la paz verdadera.

Hemos hablado acerca de la necesidad imperiosa de educar para la paz ya que, como hemos recalcado, las guerras no traen nada positivo. Sin embargo, el Talmud hace referencia al derecho de autodefensa de una manera contundente: «Si alguien viene a matarte, levántate y mátalo primero».[61]

De esto podría pensarse que hasta que todos, el mundo entero, no sólo un bando, sea educado para la paz, las guerras seguirán siendo la única alternativa. Probablemente así sea. Creo que existe un consenso en el sentido de que, si alcanzamos la igualdad en todo el mundo y tratamos a todos por igual, entonces las guerras se detendrán.

Solo a través de la educación se puede cambiar la conciencia sobre el mal, la guerra y la importancia de la paz, pero si un lado educa para la paz y el otro educa para la guerra, ciertamente nunca habrá paz y siempre volveremos a la guerra. Más bien, necesitamos llegar al acuerdo general de que todos somos iguales, que todos queremos la paz y que ninguna sociedad ni nación tiene valor excepto en la medida en que mantenga la paz.

El concepto de igualdad se refiere a que todos somos seres humanos, y si todos tienen el mismo derecho a existir, entonces no habrá razón para la guerra. Así, el elemento primordial que debería incluirse en la educación es la noción de que todos somos seres humanos, todos somos iguales por naturaleza y todos debemos aceptar la paz como el valor más elevado en nuestra educación y en todas las relaciones que intentamos establecer entre todos.

En la preparación para la paz necesitamos estudiar la naturaleza humana y cómo llevar a todos y cada uno de los individuos a una posición en la que comprendan el valor de la paz en la sociedad humana, que las guerras no terminarán a menos que aceptemos a todos por igual.

Hoy día, nos dejamos guiar por nuestra naturaleza egoísta, por lo que consideramos que debemos ser superiores a los demás. Y nuestro ego, que es la naturaleza general de todos y cada uno de nosotros, no nos permite vivir en paz, con tranquilidad, en buen estado, en una relación armónica con el prójimo. Por eso la educación debe consistir en que aceptemos la igualdad entre nosotros como el valor fundamental: que no hay una persona que sea más que la otra, ni ninguna persona que sea menos que la otra, por lo que todos y cada uno, como seres humanos, deben ser tratados por igual por todos y todas.

En nuestro estado actual, no nos consideramos iguales. Por el contrario, sentimos que somos diferentes y algunos mejores que otros. De partida, estamos en el camino opuesto, ya que cada uno siente que vale más que el otro, y ese es el problema. Por este motivo, la cuestión primordial es la educación, puesto que gracias a una educación adecuada todos nos sentiremos completamente iguales unos a otros y nadie tendrá prioridad en nada.

En Eclesiastés 3:8 está escrito:

> «Hay un tiempo para amar y un tiempo para odiar;
> un tiempo de guerra y un tiempo de paz».[62]

De esta frase surge la pregunta, ¿cuándo está justificado iniciar una guerra? De hecho, la guerra sólo puede iniciarse con la condición de que tengamos claro que hay alguien contra nosotros que quiere la guerra y no tenemos otra opción para llegar a un acuerdo de paz con él. Así, se nos permite iniciar una guerra si este es el único medio que nos queda por de pronto para alcanzar la paz.

El problema es que siempre pensamos que la guerra es el medio por el cual alguien que está en mi contra toma conciencia de que está obligado a aceptar la paz. Por lo tanto, se me permite iniciar una guerra para forzar al otro a llegar a esa comprensión, pero no creo que funcione. Pienso que por mucho que queramos demostrarnos unos a otros que no debemos ir a la guerra estamos provocando cada vez más conflictos armados interminables entre todos.

Cualquier ciudadano común que vive en medio de guerras, se siente incómodo, mal, tiene miedo e intranquilidad, pero también debemos entender que estas sensaciones no se detendrán por sí solas, sino únicamente si llevamos a cabo un programa especial de educación para la paz. Solo bajo esta condición tendremos una paz verdadera.

En su periódico *La Nación*, Baal HaSulam escribe:

> «Nuestro planeta es lo suficientemente rico como para sustentarnos a todos, entonces, ¿para qué necesitamos esta trágica guerra de la vida, que ha estado enturbiando nuestras vidas durante generaciones? ¡Dividamos entre nosotros el trabajo y su producción por igual, y ese es el fin de todos los problemas!»[63]

Fuimos creados con el ego como materia prima, por lo que es posible concebir e implementar esta idea de dividir el trabajo y los recursos en partes iguales para alcanzar una vida pacífica únicamente a través de la educación. Tendremos que conversar sobre el hecho de que llegaremos a un estado en el que a todos les quedará claro que ni a nuestros hijos ni a nuestros nietos les dejaremos en herencia la paz como un gran valor o un bien especial. Esto será posible alcanzar solo bajo la condición de que nosotros mismos nos sintamos atraídos hacia ella, hacia la paz y comprendamos las razones de todas las guerras y luchemos en su contra.

En *Los escritos de la Última Generación*, que se refiere a la generación de un cambio de paradigmas, Baal HaSulam escribe:

> «Si aún el mundo no tiene claro la destrucción general que están por traer al mundo, esperarán a llegar a la tercera o cuarta guerra mundial, Dios no lo permita, y entonces las bombas harán lo suyo y quien quede después de la destrucción no tendrá más remedio que asumir esta labor: tanto el individuo como la nación, no trabajarán para sí mismos más de lo que precisan para su sustento necesario y el resto de sus actos serán en beneficio de su prójimo».[64]

Iniciamos una guerra para controlarnos unos a otros. Pasaba igual en la antigüedad, en las guerras de aquellos tiempos salvajes de la historia. A nosotros nos sucede lo mismo, nada ha cambiado. La naturaleza humana empuja a todos a la guerra y a la división a través de fuerzas que actúan para alentar constantemente a las personas hacia la violencia, y esta situación no tiene fin. Creo que solo bajo la condición de que recibamos la educación adecuada podremos poner fin a las guerras.

Las Sagradas Escrituras hablan de una guerra final, llamada «La guerra de Gog y Magog».[65] No tenemos una comprensión clara de lo que esto significa porque en realidad, se refiere a un estado tal en el que todos los involucrados entenderán durante el proceso mismo de la guerra, la gran inclinación hacia los conflictos armados, ante la batalla entre nosotros que ha existido de generación en generación. Llegamos a entender que ningún resultado puede justificar la guerra hacia nosotros mismos, las muertes que ocasiona y todas sus consecuencias.

Tenemos que conversar más acerca de los daños causados por la guerra, los cuales nos afectan a todos. Nosotros y nuestros padres y madres, nuestros hijos y nietos, de generación en generación, hemos sufrido guerras de manera incesante. Y no alcanzamos a poner fin a una guerra cuando ya pensamos nuevamente que en la próxima guerra ganaremos el control. Este es un gran problema para la humanidad, por lo que esta no encuentra sosiego.

La guerra de Gog y Magog ya es una guerra en que la humanidad no ve ninguna justificación en la guerra misma, pero aun así incursiona en ella y se ve arrastrada por ella. Finalmente, revela que las personas se sienten atraídas hacia la guerra como parte de su naturaleza humana y, por lo tanto, instintivamente se lanzan a la guerra. Así es que esperemos llegar a una situación en la que todos estemos seguros de que no hay nada peor que la guerra, ya que al final no hay beneficio para nadie.

No veo que en nuestro mundo haya ninguna nación o régimen, ninguna potencia o fuerza que se levante y diga: «Nos preocuparemos para que no haya más guerras», que se detenga el deterioro de la raza humana, que no se degenere en guerra. Yo no lo veo, todo lo contrario. Veo que por mucho que establezcamos todo tipo de entes, comités y organizaciones, al final todos ellos sólo nos dirigen hacia la guerra.

Algunos consideran que uno de los ejemplos más claros de paz de la historia es la llamada «Pax Romana». Un período de tranquilidad y estabilidad económica en todo el Imperio Romano que duró unos 200 años, entre el 27 y el 180 d.C.

Este un ejemplo de ausencia de guerra, pero no puede ser considerada como paz; simplemente fue un momento especial. En ese período, los romanos eran tan fuertes que gobernaban el mundo entero y nadie se levantaba contra ellos, por lo que no hubo guerras. Había un control muy amplio, grande y fuerte del régimen romano.

Según Baal HaSulam, la paz es el pensamiento fundamental que rige el mundo, basado en la premisa de que está prohibido utilizar la fuerza unos contra otros. Este principio nos llama a acercarnos mutuamente y a reconocer que las fuerzas a nuestra disposición no deben ser manejadas como un juego peligroso.

En este estado de paz, nadie busca demostrar superioridad ni imponer su razón sobre los demás. El enfoque debe estar en evitar la guerra y fomentar el desarrollo de la cultura, la educación y todo aquello que sea positivo en nuestras relaciones interpersonales cuando no hay conflicto. Esto es lo más importante.

En sus escritos, Baal HaSulam nos dice que hemos llegado a un nivel en el que el mundo es un solo colectivo, una sola sociedad, pero esta idea la percibimos como algo muy lejano de nosotros. No sentimos que seamos uno, ni siquiera dentro de cada nación, dentro de cada país. Tenemos tantas diferencias entre los residentes de cada lugar, entre los ciudadanos, que tampoco en una sociedad así hay paz.

En este caso, también todo el mundo piensa en los distintos cambios que les darán la oportunidad de ascender en la escala social y nacional. Vemos hasta qué punto no hay paz entre los partidos, entre los pueblos. Incluso dentro de una familia, en todas y cada una de las familias hay guerras, aunque no sean como entre países o ejércitos.

La visión en la que el mundo entero se sienta como una familia solo podrá ser adquirida a través de una educación larga y especial que debemos implementar en el mundo. Vemos que todas las organizaciones existentes, tales como la ONU, la UNESCO y otras, supuestamente son capaces de informar y frenar a la raza humana cuando se necesita, pero no pueden ni quieren hacer nada.

Lo que hay en todas estas organizaciones no es más que una guerra entre todos, dentro de las organizaciones mismas sobre quién gobernará, quién decidirá. Por eso, todavía no hemos encontrado la forma adecuada para que existan organizaciones internacionales que puedan atraer o empujar a toda la raza humana hacia la paz, a la perfección, de modo que estemos seguros de que el problema de la guerra desaparezca.

Hoy por hoy, no hay nadie que pueda asumir el papel de padre, de madre de la humanidad, que por un lado educa y por otro abraza al mundo entero como una familia. No veo ningún grupo en la raza humana, entre los países, dentro de cada país, que esté luchando, en el buen sentido, para que no haya más guerras. Yo no lo veo. Y por eso, cada vez que hablamos de paz solo nos acercamos más rápido a la guerra.

Parece que, para alcanzar la paz, en principio, lo que se necesita es una figura conciliadora como la de la madre, la madre en la humanidad, para alcanzar la paz. Habiendo estudiado y enseñado la Sabiduría de la Cabalá durante muchos años, de hecho, toda mi vida, creo que no existe otro método que pueda acercar a la humanidad y unir a las personas, brindándoles la educación y la infraestructura adecuadas para llegar a un estado en el que todas las guerras terminen.

La Sabiduría de la Cabalá habla de ello, nos explica, apoya que la paz reine en todo el mundo. Esperemos que algún día lleguemos a realizarlo, mientras tanto, es muy difícil. La naturaleza de los seres humanos es muy egoísta, muy mala. Así, por el momento, año tras año, generación tras generación, se desvanecen las esperanzas de alcanzar la paz. Sin embargo, estoy seguro de que sucederá algún día.

Quizás todavía no en nuestra generación, pero sí en la próxima cuando veamos a los cabalistas en todo el mundo llegar a un acuerdo, a una situación donde no nos quede más remedio que dejar de hacer guerras. Aun si llegamos a este convencimiento por la fuerza, al sentir que no tenemos otra alternativa, en todo caso, debemos llegar al punto en que todos tengan un lugar en el mundo donde puedan estar tranquilos y seguros de que nadie se enfrentará a ellos.

Para llegar a la paz, Israel es el primero llamado a dar el ejemplo. Israel necesita explicarle al mundo cuál es realmente el método de corrección, de qué habla realmente la Torá, este libro que más o menos es aceptado por toda la raza humana.

Debemos desarrollar el método sobre cómo llegar a todas y cada una de las personas, sin importar en qué país, en qué sociedad, ni qué religión profese, que existe un método especial que es la Sabiduría de la Cabalá, la cual nos explica cómo podemos alcanzar el nivel general de paz permanente en el mundo. Y esto se debe a que la Sabiduría de la Cabalá nos permite elevarnos por encima de nuestra naturaleza egoísta y alcanzar un estado en el que nadie deseará dañar al otro, sino todo lo contrario, desearemos conectarnos, acercarnos, garantizar la paz a todos.

Necesitamos explicarle al mundo, como dice Baal HaSulam, que las guerras no tienen fin, pero que eventualmente alcanzaremos la paz, la perfección, un estado en el que entenderemos que de otra manera no podremos sostenernos, ya que solo estamos causando odio y sufrimiento a todos, de generación en generación.

Así, solo tenemos un camino: acercarnos unos a otros, entender que nuestra naturaleza innata es maligna y cómo transformarla para bien. Debemos explicar a todos y cada uno que solo a través de la paz podremos lograr un buen legado para nuestros hijos y nietos.

Necesitamos buscar en el mundo con quién conectarnos para desarrollar junto a ellos un nuevo sistema educativo que eduque a todos solo para el logro de la paz.

Israel en el exilio

En su artículo *Exilio y redención*, Baal HaSulam escribe:

> «El Creador nos mostrará que, evidentemente, Israel no puede existir en el exilio ni encontrará descanso, así como los otros pueblos que se mezclaron entre las naciones y encontraron descanso, hasta que se asimilaron entre ellas, con lo cual no quedó de ellos memoria. No es así con la casa de Israel. Esta nación no encontrará descanso entre las naciones hasta que no se cumpla en ella lo que está escrito:
> "Si buscas desde allí al Creador vuestro Dios, entonces, lo hallarás, si lo buscas con todo tu corazón y con toda tu alma". (Deuteronomio 4:29)».[66]

En pocas palabras se puede decir que el exilio es el pueblo de Israel que se encuentra fuera de la Tierra de Israel, a eso se le llama exilio. Es decir, a lo largo de la historia nos ubicamos entre las naciones del mundo en diversos países, territorios, siendo esta una situación que prevalece hasta hoy día, aunque ya hayamos experimentado una especie de comienzo de la redención.

En su texto, Baal HaSulam nos dice que mientras el pueblo de Israel permanezca en el exilio no conocerá la paz, siempre querrá regresar del exilio a su lugar, a su país, a la Tierra de Israel.

El último exilio comenzó a principios del siglo I y II, cuando venimos de Egipto y nos establecimos aquí en la Tierra de Israel como nos prometió el Creador. Sin embargo, todavía no éramos dignos de la Tierra de Israel y, por lo tanto, de nuevo salimos al exilio y, durante muchos años, podemos decir dos mil años, un poco menos, nos encontramos en el exilio.

Israel no es como todas las demás naciones que pueden deambular de un lugar a otro y establecerse en cualquier sitio que sea bueno para ellos y, hemos sido testigos de esta situación a lo largo de la historia. Por el contrario, muchas personas, todos los pueblos, no se puede decir que simplemente nacieron, se desarrollaron y permanecieron en el mismo lugar de origen hasta el día de hoy.

Sin embargo, el pueblo de Israel disperso no sintió desde el principio que estaba en su lugar, sintió que no era su país, su tierra, y todas sus esperanzas eran solo sobre el tiempo en el que todos pudieran regresar a este lugar que es llamado «La Tierra de Israel», porque en la Torá está escrito que el Creador nos dio precisamente esta tierra y aquí específicamente es donde debemos estar.

Cada nación tiene su propio lugar, pero las naciones no sienten que pertenecen a un pedazo de tierra especial, sino que también pueden desarrollarse y continuar en otros lugares. No obstante, el pueblo de Israel está conectado a la Tierra de Israel de manera espiritual y es imposible ir en contra de eso, simplemente esta tierra no tolerará ningún trato distinto por nuestra parte. Y por eso, puesto que no tenemos otra alternativa, por medio de las naciones del mundo, por medio de la Fuerza Superior o por nosotros mismos, nosotros siempre somos atraídos por la fuerza a este lugar, a este territorio.

Solo nos queda esperar que, al final de cuentas, regresemos a la Tierra de Israel, nos asentemos en ella de manera completa y definitiva y así todo el mundo llegue a su corrección y se calme.

La verdad es que no hay nada qué hacer ni nada qué decir, excepto una cosa: que el pueblo de Israel debe saber que no tendrá descanso y no podrá establecerse en ningún otro lugar en el extranjero salvo solo como una especie de residencia transitoria y luego regresará a la Tierra de Israel.

Pero si no es apto para estar en la Tierra de Israel según sus cualidades internas, entonces deberá salir de nuevo al exilio donde volverá a recibir dificultades, problemas, golpes y tormentos, hasta que pueda regresar a la Tierra de Israel. Entonces podrá demostrarse a sí mismo y al Creador que ya pertenece a la Tierra de Israel y está listo para vivir en ella de acuerdo con la compatibilidad entre la Tierra de Israel y el pueblo de Israel. Hasta ahora esto no ha sucedido, pero tenemos muchas esperanzas de que ocurra.

El establecimiento del Estado de Israel ciertamente significa el fin del exilio, pero cuando este exilio alcance la redención tendremos que descubrirlo y ganarlo por nosotros mismos.

Israel está en todas partes del mundo, siempre en continuo movimiento para regresar a la Tierra de Israel. Esto sucede porque no nos complementamos, no nos adaptamos a la Tierra de Israel. Y tampoco somos aptos para las fuerzas que operan en cualquier otro lugar, suelo o territorio en este mundo. Únicamente podemos estar en la Tierra de Israel y ser el pueblo de Israel. Es una ley, ya sucedió hace miles de años y realmente espero que esto se revele en nuestro tiempo.

Sin embargo, estamos construidos de tal manera interna que no podemos vivir y ser aceptados en todo el mundo espiritual y físico, sino solo cuando internamente seamos el pueblo de Israel y entonces descubriremos que efectivamente podemos estar en la Tierra de Israel física.

El pueblo judío ha tenido que pasar por sufrimiento y persecución durante miles de años en el exilio para poder adaptarse a la Tierra de Israel, este es un suelo especial, y no es por la tierra, porque vemos que aquí la tierra no es una gran cosa, sino que hay aquí una raíz espiritual.

Y cada tierra, cada país, cada zona del mundo tiene una raíz espiritual. Por ejemplo, si tenemos 70 naciones en el mundo también hay 70 fuentes espirituales que influyen en la tierra de este mundo.

Y así, al final de todo el pueblo de Israel debe descubrir dónde está la Tierra de Israel. Recibieron este territorio después del exilio de Egipto y realmente sufrieron mucho para recibirlo. Salieron de Egipto y atravesaron el Mar Rojo, enfrentándose a todo tipo de problemas grandes y prolongados, hasta llegar al punto donde cruzaron el Jordán y entraron en la Tierra de Israel.

El Creador prometió que esta tierra sería suya, y entonces se regocijaron y aceptaron la Tierra de Israel. Pero aquí empezó otra cuestión, el hecho que fueran aptos no solo de manera superficial para estar en la Tierra de Israel; es decir, que fueran el pueblo de Israel y la Tierra de Israel como está escrito en algunos documentos, sino que debían pertenecer al pueblo y a la Tierra de Israel de manera espiritual, y aprender su significado.

Por lo tanto, se nos explica en la Torá y en general, en muchas escrituras que, sí podemos estar en esta tierra, en este suelo, en este territorio, porque efectivamente nos pertenece. Y todas las naciones del mundo lo descubrirán y lo aceptarán, pero será con la condición de que estemos conectados internamente y que mediante esta construcción interior pertenezcamos a la llamada «Tierra de Israel». Así se le llama al lugar donde se descubre al Creador, como está escrito, «Es una tierra que el Señor tu Dios cuida; los ojos del Señor tu Dios están siempre sobre ella, desde el principio hasta el fin del año».[67]

Es un enigma para el mundo qué es y qué aporta esta nación esparcida por todo el mundo que durante tantos años de exilio ha estado errante. El pueblo de Israel es un pueblo especial del que habla la Torá y todas las naciones lo han escuchado y, por un lado, de alguna manera más o menos lo han aceptado, pero por el otro, cuando llega a habitar la Tierra de Israel, el pueblo de Israel debe corregirse y ser como está escrito.

Es decir, deben ser devotos de la tierra, devotos de la Tierra de Israel, para ser como el pueblo de Israel. Entonces todos en el mundo sentirán que la calma finalmente llega al mundo, que no hay guerras ni conflictos y que todos están en el lugar que deben estar. Finalmente, el pueblo de Israel encontrará la Tierra de Israel y se establecerá en ella para beneficio de todos.

En el discurso para la finalización del *Zóhar*, Baal HaSulam escribe:

> «El Creador liberó nuestra santa tierra de la autoridad de los extranjeros y nos la ha devuelto. No obstante, todavía no hemos recibido la tierra bajo nuestra autoridad» Y la cita continúa: «[...] La señal es que nadie está emocionado con la redención, en absoluto, como debería estarlo con el tiempo de la redención después de dos milenios. Y no solo que quienes están en la Diáspora no están impresionados para venir hacia nosotros y deleitarse en la redención, sino una gran parte de aquellos que ya han sido redimidos, y están sentados entre nosotros, están esperando con ansia deshacerse de esta redención y retornar a los distintos países de los cuales vinieron. Entonces, aun cuando el Creador ha librado la tierra de manos de las naciones y nos la ha dado a nosotros, a pesar de todo esto, nosotros todavía no la hemos recibido. Y no disfrutamos esto».[68]

Para poder estar en nuestro lugar, en la Tierra de Israel, primero que nada, debemos entender que en ningún sitio del mundo viviremos normalmente, con tranquilidad, con el acuerdo de todas las naciones del mundo de que este pedazo de tierra nos pertenece. A cada pueblo, a cada territorio y a cada país, a todos les darán el aval, salvo a nosotros. No recibiremos la aprobación y el consentimiento de todas las naciones del mundo para poder vivir en la Tierra de Israel.

Es una realidad que este suelo en sí es el peor, no hay nada, no es fértil; sin embargo, si nosotros nos encontramos en esta tierra, en este suelo, tenemos la capacidad de sacar de él todo tipo de cosas buenas y creativas. Eso, por un lado, por el otro, podemos agregar que nuestra historia también revela que no conoceremos calma, tranquilidad y paz, a menos que emprendamos la guerra por la Tierra de Israel, que lleguemos a establecernos en este territorio, y que lo aceptemos como nuestro y no que una vez más corramos a buscar en otros países dónde se encuentra nuestro origen.

Por lo tanto, se puede decir que en la actualidad tanto la Tierra de Israel como el pueblo de Israel están seguros, solo que tenemos que conectar a ambos, de manera que el pueblo de Israel esté en la Tierra de Israel. Con respecto a esto la mayoría de la gente en el mundo no está de acuerdo y nosotros mismos, en nuestro interior, se puede decir que tampoco queremos tanto esta tierra como para luchar por ella, vivir aquí y literalmente sacrificarnos para recibirla.

De hecho, durante dos mil años, el pueblo judío anheló regresar a la Tierra de Israel y lo vio como la salvación. Pero desde la creación del Estado, este anhelo ha dividido a la gente: algunos quieren venir y otros desean quedarse en sus lugares de residencia. No en todos surge el deseo de llegar a Israel como patria ancestral, como raíz espiritual del pueblo judío. Esto siempre sucede con el pueblo de Israel, ya que cuando reciben algo que antes querían encarecidamente, en cierto momento surge un fenómeno que no lo quieren más. Se trata de una especie de carácter judío, vemos que es así como sucede.

Por eso solo quiero hacer énfasis en que debemos esperar, tenemos que mantenernos firmes a la fuerza y declarar que es nuestro territorio y que no nos moveremos de aquí. Y sea lo que sea, este es nuestro suelo y nuestra tierra prometida; el Creador nos habla de ello, tal como está escrito en la Torá. Todos pueden escuchar y leerlo que así es como está escrito. Todo el mundo lo ha escuchado y ciertamente ha sido el medio por el cual la Fuerza Superior ha transmitido a todos que este es nuestro lugar y que está destinado únicamente al pueblo de Israel.

En *Los escritos de la Última Generación*, Baal HaSulam se refiere al papel del pueblo judío y dice:

> «El judaísmo debe dar algo nuevo a las naciones. ¡Eso es lo que esperan del retorno de Israel a su tierra! [...] se trata de la sabiduría de la religión, la justicia y la paz. En esto, la mayoría de las naciones son nuestras discípulas, y esta sabiduría se nos atribuye solo a nosotros».[69]

He escuchado que hay quienes creen que esta visión que señala Baal HaSulam es elitista y arrogante. Esto no es así. No importa cómo se retuerzan las cosas, de todas maneras, seguimos siendo un pueblo especial. Recibimos la Torá desde Arriba y la abrimos a todas las naciones del mundo, construimos en la Tierra de Israel, el Primer y Segundo Templo y todo el legado histórico de este lugar. Es decir, esto es irrefutable, hay un consenso.

Sin embargo, ciertamente solo necesitamos entender que, para enfrentar el odio de las naciones del mundo hacia nosotros, para luchar por la Tierra de Israel ante todos, solo es posible bajo la condición de que nosotros mismos nos sintamos que pertenecemos a este suelo, a este territorio. Entonces, no tendremos miedo de ser expulsados como desgraciadamente ya pasó en la historia y que no nos pasará nada malo, sino que estaremos seguros en el pueblo de Israel en la Tierra de Israel.

Es bien sabido que el pueblo judío es un pueblo testarudo. Hay un ejemplo bien conocido de dos judíos que tienen tres sinagogas. ¿Por qué tres? Porque a la tercera es a la que nunca asistirán por nada del mundo. A pesar de esta mentalidad el pueblo de Israel ha logrado sobrevivir a lo largo de la historia y yo diría que no es porque sea especial al saber cómo superar todas las vicisitudes que ha enfrentado a lo largo de la historia, sino porque el Creador estableció la Tierra de Israel y el pueblo de Israel como un punto muy especial en la tierra y nos lo entregó. Lo tomamos y nos comprometimos a preservarlo, por lo que no hay otra opción, estamos atados a esta tierra y tenemos que sostenernos de tal manera que este lugar siga siendo nuestro para siempre.

En el subconsciente del pueblo judío hay una conexión entre este y el Creador aun si la mitad o la mayor parte de la nación no quiere tanto aceptar al Creador como el Poder Supremo que nos gobierna. Y esta es la conexión entre el pueblo judío y las naciones del mundo, la cual es eterna y, en de cualquier modo, nosotros tendremos que llevar a todos, tanto a nosotros mismos como a todas las naciones, al estado del Tercer Templo, es decir, un lugar, un hogar para todas las naciones. Y eso es lo que al final de cuentas queremos que suceda ya en nuestra época. Esperemos tener éxito.

Israel está siempre en el centro de la atención mundial como si no hubiera otros conflictos. La razón de esto es que Israel es una nación especial, un lugar especial, un territorio especial, un país especial. Por lo tanto, debemos entender que el mundo entero depende de nuestro comportamiento, y que si nos comportamos con todos como debiéramos, el mundo llegará a la corrección deseada y todos estarán bien.

Baal HaSulam dice que la solución de todos los conflictos depende de la unión del pueblo de Israel. Esto se refiere a ser como un solo hombre, un solo pueblo, junto con el Creador como uno solo. Y de esta manera, llegamos a la unión en la que el Creador more dentro de nosotros y permanezcamos así para siempre.

La redención de Israel debería ser la prioridad, por encima de cualquier otra cosa. Tenemos que regresar a *la Tierra de Israel*, es decir, sentir cuánto somos un solo pueblo, cuánto estamos juntos y nos aceptamos unos a otros que venimos de setenta naciones del mundo a nuestro lugar. Pero todo esto debería suceder ya en nuestro tiempo.

CAPÍTULO 4

LAS BASES DE LA NACIÓN

El ser humano, por naturaleza, es un ser social cuya existencia depende de la colaboración y el apoyo mutuo. Desde tiempos antiguos, las personas se han unido en comunidades y naciones para satisfacer sus necesidades, estableciendo sistemas de cooperación basados en la división del trabajo y el intercambio de bienes.

Sin embargo, la mera coexistencia no garantiza la estabilidad de una sociedad; para que una nación prospere, es esencial que sus miembros actúen en armonía, como los órganos de un cuerpo humano que trabajan juntos para mantener la vida.

En este capítulo exploraremos las bases de la nación según Baal HaSulam, analizando cómo estos principios pueden aplicarse para construir una sociedad sólida y unida.

La nación

El concepto generalizado de una nación se refiere a personas que sienten que pertenecen a una ideología, un estilo de vida y un objetivo determinados y, por lo tanto, están conectadas entre sí de manera interna. Esto no se refiere necesariamente a una condición innata que no puede moldearse con el tiempo y que debe continuar invariable en el individuo dentro de la misma sociedad, nación o nacionalidad.

Baal HaSulam trata el tema de una manera diferente. Cuando escribe acerca de «la nación» se refiere a la nación israelí. Entiende que este concepto es diferente al que normalmente conocemos ya que más bien hace referencia a una nación espiritual.

Esta definición no significa que pertenezcamos a ningún ADN específico que debe ser investigado para comprobar constantemente quiénes somos, qué somos, a quién se le llama israelí, puesto que todas estas pruebas en realidad no hablan de la interioridad nacional, de los cimientos de la nación, del hecho que la nación israelí no es como cualquier otra nación en la que el vínculo está basado solamente en el linaje paterno o materno que se comparte de generación en generación.

Toda la nación de Israel fue fundada por nuestro patriarca Abraham. Él es, de hecho, el primer judío, y por consiguiente, el grupo de personas que salieron de Babilonia y lo siguieron se les llama «judíos», porque él les enseñó cómo conectarse por medio del amor mutuo bajo el precepto de «Amarás a tu prójimo como a ti mismo»,[70] que constituye en su totalidad el reglamento y la ley de esta nación. Quien cumple esta ley pertenece a la nación israelí, independientemente de su raza u origen, no hay en absoluto ninguna diferencia entre ellos. En el momento que hay una relación con los fundamentos de la nación, con la sociedad misma, las diferencias desaparecen.

Aquellos que se basan en la máxima de «Amarás a tu prójimo como a ti mismo»[71] y ven su desarrollo como algo necesario para conectarse «como un solo hombre con un solo corazón»[72], pertenecen a esta nación, pertenecen a Israel. De hecho, la palabra *Israel* significa *Yashar-Él* (directo al Creador),[73] con relación al anhelo colectivo de conectarse para alcanzar la unión con el Creador. Por lo tanto, esta idea de nación no toma en cuenta las diferencias humanas o nacionales, menos aún la influencia o las costumbres que compartían otros pueblos en la antigüedad.

Israel nació en Babilonia, tal como relatan la Torá y los cabalistas. El estado de unidad que se alcanzó en Babilonia bajo la guía de nuestro patriarca Abraham, es la que determina que todos somos hermanos al tener el deseo de adherirnos a la misma ideología de «Amarás a tu prójimo como a ti mismo»[74]. Como está escrito, «Son hijos del Señor vuestro Dios»[75], todos pertenecemos a una sola nación. Es decir, la definición de la nación israelí no se establece de acuerdo con la genética o a los hábitos de nuestros antepasados, sino por todos y cada uno de aquellos que se unen a la misma ideología de estar cerca uno del otro, todos ellos forman parte del mismo grupo llamado «pueblo de Israel».

El resto de las naciones se han desarrollado según su naturaleza materialista, mientras que el pueblo de Israel se desarrolla únicamente de acuerdo con el grado de conexión entre sus miembros, con el propósito de revelar al Creador. Por eso su historia es muy diferente, y en general, lo que le sucede es muy distinto a lo que experimentan otros pueblos.

En su periódico *La Nación*:

> «El amor a la nación debe estar presente en todos los individuos de la nación, no menos que el amor egoísta individual para sus necesidades personales, es decir, en la justa cantidad para poder perpetuar la existencia de la nación como tal, para que pueda sostenerse. Y el excedente de esa mínima medida pueda dirigirse al bienestar de la humanidad, de toda ella, sin hacer distinciones entre pueblos o razas».[76]

En este texto, Baal HaSulam afirma que el amor a la nación es una medida correcta y justa, algo positivo y deseable. La sensación es como la de una familia, como cualquier grupo de personas que han convivido y que tienen hábitos en común, además de tener conexiones genéticas según sus antecedentes históricos. Por este motivo sienten que se entienden mejor, que están cerca unos de otros, lo cual sucede con cada pueblo y nación.

Como ya se mencionó, las naciones en general tienen historia, geografía, cultura, educación, un idioma en común, antepasados y una superficie territorial. Sin embargo, en el caso de la nación israelí estas son cosas secundarias, sin ninguna relevancia. Solo una cosa es importante: la actitud de una persona hacia los demás, eso es todo.

Por lo tanto, en vez de tratarse de un nacionalismo que se encierra en sí mismo, el concepto de Israel como nación debe ser el más abierto, porque no hay ninguna condición para pertenecer a ella, excepto el cumplimiento de la regla de alcanzar el amor hacia todos.

La Sabiduría de la Cabalá nos enseña que amar a los demás es una ley general que debe seguirse de manera gradual. Eso no significa que transfiramos algunos grados de generación en generación como ocurre en otras naciones, donde según la familia donde nacieron los hijos obtienen cierto estatus en la sociedad.

En el pueblo de Israel no existe tal cosa, sino que la gradualidad se refiere al avance espiritual que la propia persona siente, logra, descubre y, de acuerdo con esto, siente que el Creador forma parte de la sociedad.

Abraham unió al grupo de habitantes de Babilonia, los llamó y luego los llevó a lo que ahora conocemos como el Estado de Israel. Este grupo, que conforma el pueblo de Israel, fue separado de los demás, por lo que tenemos que cuidar primero que todo de su supervivencia. Así, es primordial amar a todos los que pertenecen a este grupo porque así nos conservamos.

Sin embargo, de ninguna manera eso significa que debamos odiar, rechazar o alejarnos de otros, sino que necesitamos no solo poner en práctica la máxima de «Amarás a tu prójimo como a ti mismo»[77], sino también cuidar y encargarnos de toda la humanidad hasta que todos lleguen finalmente a implementar esa misma ley del amor.

Esto incluye reglas sobre cómo debemos comportarnos, de manera que no estemos predispuestos de tal manera que haya quienes sean más cercanos a nosotros y otros más lejanos. Sin importar la raza, color, género o antecedentes, todos deberán recibir un buen trato que sea equitativo. Y para todos los que quieran acercarse a ese grupo llamado *Yashar-Él*, Israel, cuya ley de existencia es solo el amor y la conexión entre ellos, podrán unirse a él.

En todo caso, el amor a la nación no debe convertirse en algo excesivo, extremo, tal como está escrito en el periódico «La Nación», de Baal HaSulam:

> «Por el contrario, sentimos un profundo rechazo por el egoísmo nacional desmedido comenzando con las naciones que no sienten ninguna consideración por el bienestar de otros, y hasta aquellos que roban y asesinan a otras naciones para complacerse a sí mismos, eso lo llamamos "chovinismo"».[78]

La razón del nacionalismo extremo es el ego que existe en todos y cada uno de los individuos. Lo que sucede es que en la base de nuestra naturaleza en general se encuentra una tendencia llamada «egoísmo», que nos lleva a preocuparnos únicamente por nosotros mismos. Y este es un aspecto tan intrínsecamente imbuido en todos y cada uno de nosotros que lo cuidamos de forma natural e instintiva.

En consecuencia, nos resulta extremadamente difícil trascender del nivel egoísta al nivel de la «nación israelí», porque ese nivel, llamado «israelí», no puede alcanzarse de manera natural. Para lograrlo, es necesario trabajar en nuestro interior y desear desprendernos de la materialidad de este mundo, elevándonos, mediante un esfuerzo consciente, a lo que denominamos «un nivel espiritual de existencia». Este nivel se alcanza cuando logramos desarrollar el amor hacia los demás.

Por lo tanto, es importante recalcar que Baal HaSulam se refiere a la nación israelí como algo espiritual, no necesariamente geográfico, sino como una definición de un concepto espiritual. No hay vinculación con el cuerpo físico sino a la tendencia, al deseo de pertenencia de todos aquellos que desean adherirse a la existencia en amor mutuo. Así todos, sin distinción, pueden unirse a la nación israelí. Nadie tiene una condición diferente a la del otro, únicamente prevalece el amor al prójimo como el aspecto supremo e indispensable.

Entonces el amor nacional, en este contexto, se refiere al amor a los demás, no al amor a la bandera o a un equipo nacional de alguna disciplina. No existen tales connotaciones cuando hablamos de la nación israelí, donde todo debe basarse en el amor de una persona hacia otra. Tampoco significa una cuestión de religión o creencia, lo cual ha marcado diferencias entre los pueblos durante los miles de años de historia en los que se han desarrollado, generando odio entre las personas.

Eso no debería existir en Israel, pero hoy vemos las grandes corrupciones, tales como el odio infundado, que le sucedieron al pueblo de Israel antes de unirse y salir de Babilonia bajo la autoridad de Abraham.

A medida que este grupo pasó durante miles de años por el exilio egipcio, la fragilidad y las guerras, también experimentó muchos cambios. Hoy en día, de alguna manera es muy similar a todo tipo de grupos y pueblos que lo presionan y le exigen que acepte el mismo formato y las mismas costumbres como cualquier otro pueblo o nación, pero esto es totalmente incorrecto según los cimientos de la nación israelí.

A lo largo de la historia nos mezclamos entre todas las naciones. Hubo personas que entraron en el marco de Israel, es decir, trataron de seguir la regla de amar al prójimo como a ellos mismos, pero fracasaron porque todo nuestro mundo físico está en contra de esta condición. Luego, la sociedad misma comenzó a dividirse en todo tipo de niveles con respecto a esa regla.

Así, la realidad que enfrentamos actualmente es que no somos la nación israelí que debería existir y ser. Por lo tanto, si consideramos nuestro fundamento verdadero como pueblo que es la unión, no tenemos ni nación, ni sociedad, ni Estado.

Además del deterioro de nuestra conexión como pueblo, también existe un resquebrajamiento en el terreno de las relaciones interpersonales, entre las naciones del mundo y por nuestra parte hacia ellas. Por esa razón la nación israelí se desmorona, cuando se aleja en absoluto de «Amarás a tu prójimo como a ti mismo»,[79] como lo indica nuestra ley fundamental, basada en el amor, la conexión y la cercanía.

El núcleo de una nación debería ser «Amarás a tu prójimo como a ti mismo».[80] Esta es la ley principal y todo lo demás es causa o resultado de dicha ley, por lo que debemos valorar a las personas únicamente según el cumplimiento de esta regla. El que esté más conectado a ese principio, que sea más devoto en su implementación será considerado «más grande», «más fuerte», «más confiable». En caso contrario, será evaluado como el más débil. Esto significa que el amor a la nación debe reflejarse como el amor al ser humano.

Baal HaSulam aclara también el polo contrario al nacionalismo, lo que él llama «cosmopolitismo». Dice en el mismo texto de *La Nación*:

> «Por eso, aquellos que, por motivos humanitarios y altruistas se alejan por completo del nacionalismo y se convierten al cosmopolitismo, están equivocados en su fundamento, porque el nacionalismo y el humanitarismo no son términos contradictorios».[81]

Esto quiere decir que deberíamos tratar a todos como seres humanos, como ciudadanos del mundo, sin distinción entre ellos.

Ya no hay humanismo e igualdad por lo que necesitamos enseñar, convencer y educar a todas y cada una de las personas sobre la faz de la Tierra de que todos somos iguales y que sólo hay una ley ante nosotros: el amor a los demás.

Creo que la humanidad ya ha evolucionado y sufrido lo suficiente como para comprender que debe haber un enfoque correcto, distinto al que prevalece actualmente. La visión debería ser que todos somos iguales, que todos estamos dispuestos a apoyarnos unos a otros, a organizarnos.

Debemos reconocer que existe algún tipo de contradicción entre lo que ha desarrollado la sociedad israelí, con su religión, el judaísmo, con todo tipo de formas, modos, direcciones y niveles, y la sabiduría de la Cabalá que, como ya hemos discutido hasta ahora, únicamente se basa en «Amarás a tu prójimo como a ti mismo».[82] En esto debería fundamentarse toda la educación israelí ya que todo lo demás no pertenece al judaísmo verdadero.

Todavía hay mucho espacio para corregirnos, educarnos y unirnos más, en el sentido de que aún debemos transmitir a todas las naciones, por más difícil que sea y siendo un ejemplo de lo que decimos, que nuestro enfoque debe centrarse únicamente en la conexión, la unificación, la igualdad y el amor.

Debemos entender que lo que aprendemos de la Sabiduría de la Cabalá es que al final todas las naciones descubrirán cuán equivocado fue su desarrollo y cuánto tendrán que encaminarse hacia una sola dirección, la del amor al prójimo. Es cierto que incluso Baal HaSulam, el mismo hombre que tanto desea que esto suceda, escribe sobre el hecho de que podría ser incluso después de la guerra mundial atómica, en la que quién sabe cuántos morirán y cuántos seguiremos vivos, pero al final dice que la humanidad comprenderá que la condición de amor al prójimo es la que debe regir a todos los seres humanos en la Tierra.

Baal HaSulam nos explica en sus escritos cuánto somos todos iguales y cuánto somos todos egoístas debido a la ley del ego impuesta por la naturaleza, siendo la naturaleza la Fuerza Superior. Él no se refiere al concepto de Dios como en todo tipo de creencias y religiones, sino que habla de *Elokim* (Dios), que en gematría tiene el mismo valor numérico que *Ha-Teva* (La naturaleza), como la fuerza que nos controla a todos y que al final, con su presión sobre nosotros, nos obligará a desarrollarnos hasta llegar al conocimiento general de la humanidad, a la forma en que debe alcanzar su desarrollo.

Dice Baal HaSulam en Los escritos de la Última Generación:

> «Si al individuo se le prohíbe explotar a sus amigos, ¿por qué se le permite a una nación explotar a otras naciones? ¿Qué derecho justifica que una nación aporte a la Tierra más que otras naciones?».[83]

La pregunta que surge aquí es: ¿es posible que los países más fuertes no se aprovechen de los más débiles y tal vez incluso los ayuden a prosperar?

No me cabe duda de que al final de nuestro desarrollo los países más fuertes no se aprovecharán de los más débiles sino que incluso les ayudarán a prosperar y no habrá más esclavos ni amos. Vemos que este enfoque se está gestando lentamente, pero llegaremos a una situación en la que la ley general de la sociedad humana será relativamente igualitaria para todos.

El pueblo judío, la nación de Israel que existe hoy son los primeros llamados a escuchar y poner en práctica la visión que nos legó Baal HaSulam basada en el amor al prójimo. Tenemos un deseo egoísta mucho mayor que el resto de las naciones del mundo por lo que el meollo del asunto es tratar de implementar esta ley, aunque por un lado parezca cercana y por el otro nos sea difícil de aceptar.

Esta regla es cercana porque nosotros, de acuerdo con nuestra historia, según todas nuestras inclinaciones, nos identificamos con el amor al prójimo, pero por otro lado, somos una «nación testaruda»,[84] nuestro ego es muy grande y diría despiadado, tanto que aún nos queda mucho por aprender.

Sin embargo, espero que ya hayamos pasado por el periodo más crítico de la historia, por lo que ahora solo nos queda aprender de sus resultados y enseñar al pueblo de Israel, así como al resto de las naciones del mundo en qué consisten las relaciones armoniosas entre las personas, grupos y pueblos. Estas son etapas que todavía debemos desarrollar.

Al respecto, Baal HaSulam añade en el periódico *La Nación*:

> «Por tanto, es una condición obligatoria para cada nación el estar fuertemente unida en su interioridad, y que todos los individuos que la componen tengan un fuerte vínculo de amor instintivo entre ellos. Es más, cada individuo debería sentir su felicidad personal en la felicidad de la nación, y su propia decadencia en la decadencia de la nación. Uno también debería estar dispuesto a dar todo su ser en beneficio de su nación, en tiempos de necesidad. De lo contrario, su derecho a existir como nación en el mundo está destinado al fracaso desde el principio».[85]

Esto significa que debemos entender que nuestro desarrollo, después de todo, debería llevarnos a la igualdad. Y no una igualdad relacionada con dinero, respeto, bienes o algún otro elemento material de nuestra existencia, sino igualdad en el sentido de que cada uno simplemente abra su corazón a todos, al pueblo de Israel. Y quienquiera que esté entre el pueblo de Israel deberá sentir que todos y cada uno de ellos están dispuestos a aceptarlo en su corazón. Esto es lo que tenemos por delante. He trabajado durante décadas difundiendo este mensaje y todavía tengo muchas esperanzas de que suceda pronto.

Lo que me llena de optimismo es observar los pasos que la humanidad está dando, ya que cada vez siente con mayor intensidad la necesidad de conexión, participación, colaboración e igualdad. Este deseo inevitablemente llegará al pueblo de Israel, y las naciones del mundo lo impulsarán a cumplir con su papel.

A través de la presión ejercida sobre Israel para revelar y enseñar el sistema de relaciones armoniosas y pacíficas entre todos, seremos testigos de la corrección general del mundo.

Por el momento, estamos en el proceso de clarificación en el que aún prevalecen las guerras. Todavía hay factores relacionados con tiempo, movimiento, geografía, religión, aunados a otros aspectos que aún están en proceso de evolución y declive en la sociedad humana.

Sin embargo, eso tendrá que terminar pronto hasta ver que la humanidad esté realmente avergonzada y contra la pared por no poder visualizar el futuro de manera correcta y positiva para sí misma. Entonces reconocerá la condición de «Amarás a tu prójimo como a ti mismo»[86] como una necesidad apremiante.

Así, veremos el desarrollo humano de manera correcta y gradual, mediante etapas a las que la naturaleza nos exige avanzar.

Conexión

La conexión espiritual, según la Sabiduría de la Cabalá, es un concepto profundo y esencial que guía el propósito de la existencia humana. Esta implica unir los deseos de las personas en un solo deseo compartido, trascendiendo diferencias individuales. Este tipo de conexión se extiende no sólo entre los seres humanos, sino también hacia toda la creación, incluyendo lo inanimado, vegetal y animal.

Baal HaSulam escribe en su *Carta 47*, acerca de este tema:

> «Por eso, retírense de sus ocupaciones imaginarias y dediquen su corazón a pensar pensamientos e ingeniar inventos apropiados para unir sus corazones en un único corazón y así se realizará en ustedes el verso: "Ama a tu prójimo como a ti mismo" literalmente, pues el verso no llega más allá de lo literal y estarán limpios del pensamiento de amor que cubra todas las transgresiones. Pónganme a prueba en esto y comiencen a conectarse en amor en un grado verdadero y entonces verán que "el paladar probará" y ninguna criatura se interpondrá entre nosotros».[87]

La conexión espiritual trasciende lo físico y se basa en la apertura de deseos y pensamientos, creando una comunicación sin límites ni egoísmo. En contraste, las conexiones terrenales suelen ser más limitadas y basadas en la proximidad física o relaciones familiares.

El primer paso hacia la conexión es superar el ego, que separa a las personas. Es esencial abrirse a la conexión mutua, lo que requiere humildad, sacrificio y un deseo genuino de unidad. Proporciona una percepción más amplia y profunda de la realidad, superando las limitaciones del ego.

A través de esta conexión, se experimenta una felicidad y plenitud superiores al conectarse con el propósito de la creación. Según la Cabalá, la Luz Superior es un poder transformador que ayuda a reformar al individuo, permitiendo superar el ego y alcanzar la conexión auténtica.

Los pueblos latinoamericanos tienen características únicas, como su calidez, alegría y amor por la unión, que los hacen especialmente receptivos a los principios de la conexión espiritual. La alegría actúa como un catalizador para la conexión, facilitando que las personas se acerquen y mantengan relaciones cercanas y significativas.

Estos atributos posicionan a los latinoamericanos como pioneros en este camino, sirviendo como inspiración para que otras naciones también abracen este ideal, mostrando cómo la conexión puede generar alegría y seguridad en la vida.

Baal HaSulam en la *Introducción al Prefacio de la Sabiduría de la Cabalá*, plantea:

> «Y hay que saber que la unión y separación que existe entre las (entidades) espirituales, existe solamente en términos de la igualdad y la diferencia de atributos, ya que si dos (entidades) espirituales tienen la misma forma, entonces se dice que están conectadas; y que son uno, y no dos. Porque no hay nada que las separe a una de la otra».[88]

El punto de conexión entre las personas, incluso aquellas con diferencias o naturalezas opuestas, es la capacidad de descubrir un objetivo común, un tercer elemento que los une. Este punto trasciende las diferencias individuales y permite que todos se conecten «como un solo hombre con un solo corazón».[89] Este proceso culmina en una unión global e indivisible de la humanidad.

A medida que las personas se conectan espiritualmente, cada individuo, grupo, nación y pueblo experimenta un profundo sentido de unidad. Esta conexión permite a la humanidad reconocer un poder superior que gobierna la creación, impulsando un sentido de interdependencia y cooperación.

La conexión profunda transforma a las personas, llevándolas a un estado en el que perciben y sienten los corazones de los demás como propios.

El crecimiento del ego y las fuerzas del mal en el mundo generan conflictos y separaciones. Sin embargo, este mismo egoísmo actúa como un catalizador que empuja a la humanidad hacia la necesidad de unirse. Superar el ego es clave para alcanzar un estado en el que las personas puedan cubrirse unas a otras con amor y apoyo, logrando así un mundo basado en la bondad.

La actual generación, conocida como la «Última Generación», tiene la responsabilidad y el privilegio de avanzar hacia este objetivo espiritual. Este es un tiempo de oportunidad única, en el que la humanidad está comenzando a comprender y sentir su verdadero propósito.

El potencial especial de los pueblos sudamericanos, gracias a su calidez, disposición para la unión y apertura hacia el cambio, haría posible que Sudamérica lidere este proceso de transformación global, mostrando al mundo cómo avanzar hacia una realidad de conexión y bondad.

La visión final es un mundo en el que las personas elijan conectarse, abrazarse y unirse en un único propósito, creando un mundo lleno de bondad y armonía. Este estado es inevitable, ya que forma parte del plan natural de la creación, y su realización depende de la acción consciente de cada individuo para trascender el ego.

En conclusión, el camino hacia la conexión espiritual está claro: trascender el ego, descubrir el punto de unión común y avanzar hacia un estado de unidad global. Esta es la misión de nuestra generación, y los primeros pasos están siendo liderados por regiones como Sudamérica, donde la calidez y el deseo de unión están allanando el camino para que la humanidad alcance su propósito final.

Interdependencia y garantía mutua

En nuestra época, la era de la globalización, vemos que somos completamente interdependientes y que nos afecta cualquier suceso que ocurre en los confines del mundo. Sobre esto, Baal HaSulam en su artículo *La paz en el mundo*, explica lo siguiente:

> «Cada individuo de la sociedad es como un engranaje, encajado entre muchos engranajes, formando una máquina, en la cual el engranaje individual no tiene libertad de movimiento, en relación a su individualidad y por sí mismo, sino que sigue el movimiento general de todos los engranajes en una dirección conocida, para que toda la máquina pueda completar su función general. Si uno de los engranajes se rompe, no es considerado como el daño de un engranaje particular, sino que es estimado desde el punto de vista de su rol y servicio con respecto a la máquina en su conjunto».[90]

La interdependencia mutua es un sistema cerrado en el que todos somos responsables del destino de los demás. No existe un individuo completamente libre, ya que cada acción y decisión personal afecta al conjunto. Este mecanismo se traduce en una red de conexiones en la que el bienestar de uno depende directamente de las acciones de todos.

Cada individuo tiende a creer que es libre e independiente, lo que dificulta reconocer la influencia mutua. La conexión subyacente entre todas las personas no es evidente para nuestros sentidos, lo que complica su comprensión. El deseo egoísta de priorizar intereses personales sobre los colectivos impide aceptar esta responsabilidad compartida.

La Sabiduría de la Cabalá enseña que todas las almas están interconectadas como partes de una única «alma general». Aunque esta red de conexiones no es visible, afecta profundamente nuestras relaciones, decisiones y el equilibrio global.

Cada pensamiento, palabra y acción impacta a los demás y, a su vez, todos influyen en uno. Este sistema exige considerar el impacto colectivo de nuestras elecciones. La máxima «Amarás a tu prójimo como a ti mismo»[91] resume el ideal de tratar a los demás con respeto, empatía y cuidado.

Tomaremos decisiones basadas en la interdependencia cuando estudiemos y comprendamos la red de conexiones que une a la humanidad. Debemos desarrollar la capacidad de sentir lo que otros experimentan y actuar con responsabilidad hacia ellos. Aunque amar al prójimo es el ideal, el primer paso es no causar daño, tratando a todos con consideración y respeto.

Actuamos de manera integral si desarrollamos empatía para sentir lo que otros sienten y entendemos las consecuencias de nuestras acciones sobre ellos. Para ello es importante aprender las reglas y principios de la conexión mutua según la Sabiduría de la Cabalá, de manera que nuestras acciones tengan intenciones positivas, contribuyendo al bienestar colectivo y fortaleciendo las conexiones humanas.

Por lo tanto, la interdependencia no es un obstáculo, sino una oportunidad para descubrir un sistema perfecto de unidad y armonía. A través de la práctica de los principios de la sabiduría de la Cabalá, la humanidad puede alcanzar un estado de bienestar universal en el que todos los individuos contribuyan al beneficio mutuo.

Baal HaSulam en el artículo *La paz en el mundo*, escribe:

«El bien del conjunto es el bien de cada uno de los individuos. El que daña al conjunto, toma su parte del daño. El que beneficia al conjunto, toma su parte del beneficio, dado que los individuos son partes del conjunto y el conjunto no tiene valor o agregado alguno más que el total de sus individuos».[92]

La Sabiduría de la Cabalá nos enseña que todos estamos conectados, no a través de redes salariales, de seguros o similares, sino mediante el alma. Todos formamos parte de una única alma, llamada Adán, el primer hombre (*Adam*, del hebreo *Domé*, parecido al Creador). En este sistema, cada uno de nosotros influye en los demás, queramos o no, con cada acción que realizamos. Estas acciones, aunque no las percibamos de inmediato, cambian la red en su totalidad y los efectos se manifiestan más tarde, tras varias interacciones de este tipo.

No somos conscientes del daño o del beneficio que provocamos con nuestras acciones en relación al impacto final que generan. Tampoco percibimos claramente las consecuencias inmediatas. ¿Existe un sistema superior que mida nuestros actos?

El mismo sistema de comunicación entre las almas se ve influido por nuestras acciones. Según nuestra participación en el sistema, generamos una influencia positiva o negativa que afecta nuestro destino.

Somos juzgados por el daño que hacemos, pero también recibimos recompensas cuando actuamos para el beneficio mutuo. El bien común consiste en lograr las mejores condiciones dentro del sistema de las almas. Esto significa que todas las almas se conecten de manera armoniosa, bella y mutua, avanzando juntas hacia el bien y la corrección. Ese estado es lo que denominamos bien común.

En esencia, eso es lo que todos deseamos en nuestras vidas, aunque no sepamos cómo alcanzarlo. La Sabiduría de la Cabalá nos guía en este proceso, enseñándonos cómo lograrlo y mantenerlo.

Ya que solemos medir todo en términos de beneficio individual, es fundamental convencernos de que el bien común también nos beneficia a largo plazo. Debemos aprender a respetar las leyes de la sociedad y aspirar a ser «como un solo hombre con un solo corazón»,[93] orientados hacia el Creador. Debemos llegar al estado denominado «el primer Adán», en el que todas las almas del mundo se unifican. Solo entonces podremos vivir en plenitud, y habrá un bienestar común.

El sistema nos juzga según nuestras acciones, aunque no siempre somos conscientes del daño que causamos. Si el castigo o la recompensa dependen de ello, podemos ser más conscientes de nuestras acciones al profundizar en la Sabiduría de la Cabalá, la cual nos revela las leyes de la naturaleza y del sistema espiritual.

Nos enseña cómo debemos relacionarnos de manera positiva unos con otros y alcanzar un estado ideal de conexión. Cuando comprendemos estas leyes, podemos establecer relaciones basadas en el bien común y construir un entorno donde prevalezca la armonía y el respeto mutuo.

En el artículo *La garantía mutua (Arvut)*, Baal HaSulam escribe:

> «El Taná (Rabí Shimon Bar Yojai) nos explica el asunto de la garantía mutua (Arvut) diciéndonos que se asemeja a dos hombres que se encontraban en un bote, cuando uno de ellos comenzó a hacer un agujero debajo de él, en el bote, su amigo le preguntó: "¿Por qué haces ese agujero?" Su amigo le respondió: "¿Qué te importa?, yo estoy agujereando debajo mío, no debajo de ti", a lo que el otro replicó: "¡Tonto!, los dos nos hundiremos juntos en el bote"».[94]

Baal HaSulam desea que observemos la ley general de la naturaleza, un sistema vasto y uniforme donde todos los elementos se influyen mutuamente. Nos llama a mantener este sistema de manera armoniosa y correcta, de modo que podamos percibir esta ley general. Aunque no podamos escapar de ella, descubriremos hasta qué punto podemos soportar sus consecuencias.

La garantía mutua significa que cada uno de nosotros es un elemento único dentro del sistema. Debemos comprender que nuestro bienestar personal está intrínsecamente ligado al bienestar del sistema en su conjunto. En la medida en que una persona contribuye al beneficio general, también se beneficia a sí misma.

Si analizamos el mundo moderno, muchas personas parecen simpatizar con aquellos que «hacen un agujero en el barco». El ser humano encuentra satisfacción en lo destructivo debido a su naturaleza, conocida como «inclinación al mal». A lo largo de miles de años, hemos aceptado que nacemos con esta inclinación y que no podemos evitarla. Pero esta naturaleza no es un error; su propósito es permitirnos reconocer nuestra maldad, a pesar del sufrimiento que nos causa.

Así podemos transformar nuestras relaciones del mal al bien. Al hacerlo, revelamos la Luz Superior, que trae conexión y paz al mundo. Necesitamos entender cuándo estamos causando bien o mal al mundo y esforzarnos por conducirlo hacia un estado positivo. La clave está en conectarnos con amor y comprensión entre todos. Aunque no sea fácil, ya que nacemos y vivimos en relaciones egoístas, este cambio es fundamental.

Hasta ahora, hemos evolucionado impulsados por el egoísmo, lo que ha definido nuestras relaciones. Sin embargo, necesitamos reconocer cuánto daño nos causa este enfoque y aprender a descubrir lo bueno entre nosotros. Este es el momento crucial para avanzar hacia una relación basada en el otorgamiento. Solo así construiremos un mundo mejor, donde predomine la bondad.

Según la Sabiduría de la Cabalá, contamos con un método para establecer estas buenas relaciones y evitar recaer en el egoísmo y el sufrimiento. Nacemos con el deseo de recibir únicamente para nosotros mismos, actuando de manera egoísta incluso a expensas de los demás. No podemos escapar de esta naturaleza.

Por ello, necesitamos escuchar a los cabalistas, quienes durante miles de años nos han advertido sobre la necesidad de corregirnos y reorganizarnos para mejorar nuestras relaciones. Solo así alcanzaremos un estado de bienestar mutuo.

La garantía mutua surge del entendimiento, proporcionado por la sabiduría de la Cabalá, de cómo funciona el sistema general. Este sistema agrupa las almas en pequeños grupos, y estos grupos se integran en uno mayor, hasta formar un alma completa llamada Adán, «el primer hombre».

Este aprendizaje nos permite comprender nuestras relaciones actuales y transformarlas en relaciones de bien mutuo y amor. En ese estado, todos estaremos incluidos en un amor general, y todo el mal desaparecerá de la realidad.

La cantidad mínima de personas necesaria para activar la garantía mutua es un grupo inicial de al menos diez personas que se relacionan entre sí de manera amistosa y positiva. Poco a poco, este modelo se expande. Hoy en día, el mundo entero está comenzando a despertar a preguntas fundamentales: ¿Cuál es el sentido de la vida? ¿Cómo evitar las guerras y el sufrimiento? Este es el momento para explicar a toda la humanidad su propósito y el camino para alcanzarlo.

Diferencia entre solidaridad y garantía mutua

En tiempos de crisis, vemos que las personas se solidarizan masivamente para ayudar a los necesitados. Aunque a menudo se usan como sinónimos, la garantía mutua va más allá de la solidaridad temporal. Representa un estado ideal en el que las relaciones humanas alcanzan una corrección general, abarcando las almas de todas las personas. Este es el nivel al que debemos aspirar: una relación de amor y apoyo mutuo que trascienda los momentos de crisis.

En su artículo *La garantía mutua (Arvut)*, Baal HaSulam dice así:

> «"Todo Israel son garantes los unos por los otros", (Sanhedrín, 27:72) Esto es el asunto de la garantía mutua (Arvut), cuando todo Israel se hizo garante los unos por los otros, ya que no se les entregó la Torá sin antes preguntarles a cada miembro de Israel, si estaba de acuerdo en asumir el precepto de amor al prójimo, en el grado del escrito "Ama a tu prójimo como a ti mismo", en toda su extensión [...]. Es decir, que cada miembro de Israel asumirá la responsabilidad de preocuparse y trabajar por cada miembro de la nación y satisfacer todas sus necesidades, no menos de lo que el hombre se preocuparía, naturalmente, por sus propias necesidades».[95]

La garantía mutua implica que cada persona esté dispuesta a hacer todo por los demás: uno para otro y otro para uno. De este modo, transformamos nuestros vínculos, alejándonos de la competencia y acercándonos a una relación de apoyo mutuo. Cuando esto suceda, el mundo alcanzará su corrección.

Según el texto, «cada miembro de Israel se encargará de cuidar y trabajar para cada miembro de la nación»[96], esto debe establecerse como una regla fundamental, una ley en la sociedad humana: que todos se cuidan unos a otros.

Es necesario construir muchas sociedades dentro de nuestro país, hasta llegar a un estado en el que todo el territorio esté cubierto por grupos que vivan bajo el principio de la garantía mutua. Estos grupos deberán practicarla y mantenerla hasta que alcancemos un estado donde el Creador, la Fuerza Superior, se revele entre nosotros, de acuerdo con la ley de igualdad de forma. Al lograr esto, disfrutaremos de un mundo pleno y armonioso.

CAPÍTULO 5

HACIA UNA SOCIEDAD JUSTA

Una sociedad justa debe basarse en principios que fomenten la unidad y el bienestar colectivo. Cada individuo debe sentirse responsable del bienestar de los demás, asegurando que todas las necesidades básicas sean cubiertas sin explotación ni desigualdad.

La distribución de los recursos y oportunidades dependerá de las necesidades de cada persona, trascendiendo los intereses materiales y políticos. La sociedad debe garantizar que cada miembro tenga acceso a una vida digna. Para ello, es indispensable educar a los miembros de una sociedad sobre los valores de altruismo, cooperación y amor al prójimo. Solo a través de una transformación en la conciencia de las personas se puede lograr una convivencia armoniosa.

La sociedad debe fomentar la unión entre sus miembros, eliminando el individualismo extremo y promoviendo la cooperación. La verdadera justicia se alcanza cuando las personas se ven a sí mismas como partes de un todo y trabajan juntas en armonía.

Igualdad

En la época actual el término «igualdad» es recurrente en el léxico de la sociedad: igualdad de derechos, igualdad de oportunidades, de género, de acceso a los recursos, entre otros.

Baal HaSulam aborda este tema en *La sabiduría de la Cabalá y la filosofía*. Menciona lo siguiente:

«Porque en la ley del amor no hay más grande o más pequeño, porque dos que se aman de verdad deben sentir igualdad entre ellos».[97]

La igualdad consiste en que nadie es más que el otro y nadie es menos que el otro. Ambos se sienten iguales en todo, y así, entre ellos existe la posibilidad de llegar al amor mutuo.

Como seres humanos, está claro que cada uno de nosotros es diferente según sus propias características, de acuerdo con nuestros hábitos. En cambio, cuando queremos llegar a una cercanía entre nosotros incluso hasta el amor, tenemos que sentirnos realmente iguales en todo, que ninguna diferencia entre nosotros nos aleje y, de este acercamiento, llegaremos al amor.

Si bien es cierto que la igualdad es el estado deseado, en los últimos siglos se ha puesto más énfasis en la individualidad. El no recibir una educación adecuada para la igualdad constituye un gran problema para toda la humanidad, especialmente en nuestra época, cuando pensamos en lo que nos ha dejado la historia después de la Primera y Segunda Guerra Mundial.

Veremos entonces que no hay nada mejor que la igualdad. Hemos girado en todo tipo de direcciones, solo para evitar acercarnos el uno al otro y luego pagar las consecuencias de nuestra separación.

Baal HaSulam nos dice que todos somos iguales, que todos nacemos y debemos desarrollarnos en igualdad. Si analizamos nuestra realidad bajo ese criterio, ciertamente sentimos que el camino de nuestro desarrollo, el de la sociedad, del país y del mundo en general, no es el correcto. Tendremos que hacer un balance y organizarnos de una manera distinta para poder arreglar esta situación torcida y llegar a la igualdad.

Sobre este tema, Baal HaSulam plantea en *Los escritos de la Última Generación*, lo siguiente:

«La igualdad de la sociedad no significa igualar el nivel de los talentosos y exitosos al nivel de los negligentes y oprimidos. Esto arruinaría completamente a la sociedad. Más bien, significa permitir a cada persona de la sociedad el nivel de vida de la clase media. Así, los negligentes también tendrían tanta libertad en su vida como la clase media».[98]

Esto significa que la igualdad pública se convierte en destructiva si antes no corregimos nuestra naturaleza egoísta. De manera innata, cada uno quiere ser más que los demás y está en desacuerdo con la igualdad. Solo una educación adecuada y una presión social equilibrada pueden llevarnos a la igualdad, a leyes que nos hagan respetar unos a otros, en las que cada uno sienta que el otro es igual a él.

Esto parecería como una búsqueda constante por escalar una pirámide. Según nuestra naturaleza siempre será así hasta que culminemos una educación correcta, la educación que nos lleve a la igualdad. Pero esto llevará mucho tiempo y, mientras tanto, tenemos que estar preparados para el logro de ese objetivo.

Toda estructura política, económica o social se basa en alguna jerarquía. En realidad, la jerarquía y la igualdad son opuestas entre sí, pero si analizamos el estado actual de nuestra sociedad, de la humanidad, de lo que está sucediendo y lo que tenemos por delante, nos daremos cuenta de que no tendremos una vida más correcta y más feliz, ni un futuro prometedor para nosotros y para nuestros hijos si no aspiramos a la igualdad.

Por eso la humanidad de vez en cuando se levanta y destruye la situación actual en la que se encuentra y comienza nuevamente a luchar por la igualdad. Todas las revoluciones desde la conocida Revolución Francesa en adelante y todas las guerras son en realidad la suma total del querer acercarnos a la igualdad, pero nunca se da porque según nuestra educación, no estamos preparados para ello, por lo tanto, el problema está en la educación.

Necesitamos comenzar a educar a los niños desde la edad más temprana posible y durante toda su vida en las escuelas, universidades, en la familia, en todas partes, sobre el hecho que no hay nada más iluminado, más elevado, más grande que la igualdad. Solo si sentimos que todos somos iguales y nadie tiene más posibilidad, oportunidad de poder estar por encima de los demás, podremos garantizar un mundo bueno, en igualdad para todos.

Es indispensable formar una nueva generación de educadores que estudien lo que enseña la Sabiduría de la Cabalá acerca de la naturaleza humana y social. Esta sabiduría subraya la necesidad de establecer una sociedad equilibrada y sostenible como única forma viable de vivir. De lo contrario, seguiremos atrapados en un ciclo interminable de decepciones, conflictos, guerras y disputas a todos los niveles: dentro de las comunidades, entre los países y en la sociedad en general.

En una sociedad igualitaria, aunque todos sean iguales en esencia, alguien debe asumir la responsabilidad de liderar. No todos pueden ocupar ese rol. Por lo tanto, las personas que estén profundamente comprometidas con la igualdad social serán las más aptas y merecedoras de dirigir. Su liderazgo debe centrarse en elevar, fortalecer y profundizar esa igualdad.

Más importante que las cualidades personales de los educadores será la educación que reciban. Estos líderes tienen que ser formados con una perspectiva que enfatice la igualdad como un principio fundamental e inquebrantable. Deben entender que no hay diferencias que justifiquen divisiones, ya sea en apariencia, color de piel o cualquier otra característica. La educación debe moldearlos con este ideal para que actúen como ejemplos de equidad.

La igualdad tiene el propósito de guiar y estructurar a la sociedad bajo este principio, incluso si es necesario aplicar medidas firmes para lograrlo. En una sociedad igualitaria, las leyes de la igualdad serán aceptadas como la norma suprema.

La igualdad es el pilar más sólido para una sociedad humana, cuya naturaleza es egoísta. Todo individuo, en el fondo, desea igualdad. Por lo tanto, el cambio depende principalmente de la educación. Es esencial promover, enseñar y reforzar este principio todo el tiempo. Las leyes de cada país y las relaciones sociales deben alinearse con este ideal.

En una sociedad igualitaria, la principal motivación sería la responsabilidad mutua. Nadie buscaría su propio beneficio a expensas de los demás, sino que trabajaría por el bienestar colectivo. En este escenario, las personas vivirán sin miedo a ser perjudicadas, y todos podrán sentirse tranquilos y seguros, confiando en un futuro estable para todos.

En su artículo *La paz en el mundo*, en contraste con la igualdad, Baal HaSulam se refiere al tema de la singularidad y menciona que esta:

> «Se encuentra en la naturaleza de cada persona, no será condenada ni alabada, ya que es una realidad natural y tiene derecho a existir como todos los elementos de la realidad. Y no hay ninguna esperanza de erradicarla del mundo o incluso de difuminar ligeramente su forma, así como tampoco hay esperanza de erradicar a toda la raza humana de la Tierra.
>
> Por lo tanto, no mentiremos en absoluto si dijéramos sobre esta ley que es "la verdad absoluta".
>
> Dado que es indudable que es así, ¿cómo podemos siquiera intentar tranquilizar la razón del individuo prometiéndole igualdad junto con todas las personas de la sociedad? Nada está más lejos de la naturaleza

humana que esto, mientras que la única tendencia del individuo es elevarse más alto, por encima de todos los integrantes de la sociedad».[99]

La idea de la igualdad, sin duda, va en contra de nuestra naturaleza, por lo que nos resulta problemática. Sin embargo, no tenemos otra opción. Al observar el desarrollo de la humanidad vemos cómo, generación tras generación, se amplían las oportunidades para satisfacer los deseos egoístas.

A medida que esto ocurre, inevitablemente llegaremos a un punto en el que no tendremos más remedio que establecer la igualdad como ley suprema. Será necesario que todos se inclinen ante esta ley y la respeten.

Aunque en nuestra sociedad existen logros en cuanto a igualdad de género o igualdad ante la ley, esto no es suficiente para avanzar hacia el verdadero desarrollo humano. En la actualidad, incluso quienes aceptan las leyes de igualdad lo hacen más por imposición —ya sea por la presión social, las leyes del estado u otras circunstancias externas — que por una verdadera voluntad.

Debemos llevar a las personas a un nivel de educación en el que cada individuo defienda la igualdad desde un entendimiento profundo y genuino, reconociendo que el trato hacia los demás debe ser igual para todos. Sin importar las diferencias —de edad, género, habilidades o cualquier otra característica—, todos debemos tratar a los demás con igualdad.

Cada persona es única, especial en sus capacidades, cualidades y logros. Esto es algo que reconocemos y valoramos. Sin embargo, esa unicidad no debe ser un motivo de separación, división o jerarquización entre nosotros.

Aunque todos somos diferentes en sabiduría, ciencia, talentos o circunstancias de vida, debemos priorizar la igualdad por encima de todo. No importa cuán sobresaliente pueda ser alguien en un área específica; como seres humanos, todos somos iguales.

Asimismo, es posible combinar la unicidad y la igualdad de manera que las características únicas no se pierdan y prevalezca un sentido de comunidad. Todo se reduce a la educación. Las personas que se sienten más inteligentes, especiales o destacadas necesitan ser educadas para desarrollar una fuerza interior que les permita reducir su ego y verse como iguales a los demás.

Este principio debe aplicarse a hombres, mujeres, niños, adultos y a cualquier grupo social. Cada uno debe sentir que tiene el mismo derecho a existir y recibir el mismo respeto de la sociedad. De esta manera, la unicidad de cada individuo no se elimina, sino que se armoniza con el principio de igualdad.

La cuestión de la igualdad desde el punto de vista espiritual es descrita por Baal HaSulam en su artículo *600.000 almas*:

> «Dijeron que hay 600.000 almas, y que cada alma se divide en varias chispas. Hay que entender, ¿cómo es posible que lo espiritual se divida?, ya que desde un principio no fue creada más que una sola alma - el alma de *Adam HaRishón*. Y, de acuerdo con mi humilde opinión, de verdad no hay en el mundo más que una sola alma».[100]

Esta única alma está dividida en muchas almas individuales que, en general, no perciben que forman parte de una estructura única, una sola alma. Sin embargo, esta es la realidad. Cuando cada persona se desarrolla espiritualmente de manera correcta y junto a los demás, busca alcanzar la igualdad. En ese proceso, siente que está entrando en un estado donde todos son iguales.

La igualdad entre las almas se manifiesta en el hecho de que no hay diferencias entre las almas. No importa si es un alma grande o pequeña, si pertenece a un hombre o a una mujer, a un niño o a un adulto. Todos tienen los mismos derechos y el mismo valor.

No existe jerarquía entre las almas, no hay diferencia esencial entre ellas. Todos somos partes de una sola alma, el alma de Adán, el primer hombre, del hebreo *Adam* (*Domé*, o parecido al Creador). Aunque esa alma se ha fragmentado en muchas almas individuales y chispas, al final todas alcanzan un estado de igualdad.

Aunque es cierto que hay diferencias en el desarrollo espiritual y que algunas personas, incluso desde su nacimiento, parecen estar en una posición más elevada según su raíz espiritual, esto no significa nada en términos de igualdad esencial. Cada alma tiene los mismos derechos y posibilidades de alcanzar su corrección y de contribuir a la sociedad humana en formas únicas que nadie más puede reemplazar.

En el caso de los cabalistas, podría pensarse que el alma de un maestro espiritual es distinta de la de sus alumnos. Puede parecer diferente en función de su nivel de desarrollo y su rol en la enseñanza, pero en esencia, cada alma tiene los mismos derechos y responsabilidades. Un maestro guía a sus alumnos, quienes a su vez guiarán a otros, generación tras generación. A pesar de estas diferencias aparentes, todos tienen la misma responsabilidad por el bienestar del mundo.

Hay una frase común que dice que «todos somos iguales ante Dios». En ese sentido, hay quienes cuestionan la noción de Israel como pueblo elegido. Israel es llamado el «pueblo elegido»[101] porque tiene la responsabilidad de transmitir las leyes supremas de la naturaleza al resto del mundo. Su tarea es explicar y difundir estas leyes para el beneficio de toda la humanidad. No es un privilegio que eleva a Israel por encima de los demás, sino una carga que le obliga a cumplir un papel especial. La historia de Israel muestra cuán compleja y desafiante es esta responsabilidad.

Por otro lado, la Providencia Divina no es igual para todos. Aquellos que nacen dentro del pueblo judío y reciben una educación judía tienen la tarea de transmitir el método de corrección que se encuentra en la Sabiduría de la Cabalá. Este método está empezando a revelarse en nuestros días, y pasará tiempo antes de que se difunda plenamente y sea aceptado por toda la humanidad.

Sin embargo, llegará a todo el mundo porque la humanidad comprenderá que no queda otra alternativa más que observar las leyes que la Cabalá revela para lograr un mundo renovado. Esta sabiduría nos enseña que todos somos iguales, independientemente del género, nacionalidad o cualquier otra característica. Al final, debemos conectarnos y alcanzar un estado donde, como está escrito: «Mi casa será llamada casa de oración para todas las naciones».[102]

Justicia social

Partiendo de la premisa de que en realidad no hay justicia en este mundo, tenemos que perseguir la justicia superior. Para lograrlo, es importante profundizar en el pensamiento de Baal HaSulam sobre este tema. En su artículo *La paz en el mundo*, escribe:

> «Y además, la paz contradice la justicia, porque para lograr la paz en la sociedad las condiciones existentes deben continuar, las cuales dan garantía a los ágiles y perspicaces, que invierten su energía e intelecto en enriquecerse, y a los negligentes e ingenuos a mantenerse pobres. Así, el diligente toma su parte y la de su amigo negligente, y disfruta de una vida óptima, hasta que a los negligentes y a los ingenuos ya no les queda nada, ni siquiera lo indispensable

para vivir, y por lo tanto, quedan despojados y desamparados en muchos ámbitos.

Y ciertamente es injusto castigar a los negligentes e ingenuos con tanto rigor por no haber hecho ningún mal, porque ¿cuál es su pecado y cuál es el crimen de esos desafortunados, si la Providencia no les concedió agilidad y perspicacia, siendo castigados con tormentos más duros que la muerte? Por lo tanto, no hay justicia alguna en condiciones de paz, y la paz contradice la justicia».[103]

Según esta descripción, no hay justicia. Algunos nacen con fuerza e inteligencia, y sus padres les brindan la oportunidad de estudiar en la universidad y asegurarse una buena vida. Por otro lado, por falta de recursos, hay personas que no pueden terminar la escuela ni acceder a la universidad.

Se convierten en trabajadores sin la formación necesaria para asegurar un sustento estable y, con el tiempo, a medida que envejecen, sus medios de vida van disminuyendo cada vez más. Los jóvenes que enfrentan esta situación, al convertirse en padres de familia sienten la dificultad para ayudar a sus hijos a obtener una educación superior y alcanzar el éxito.

Por lo tanto, Baal HaSulam plantea una pregunta esencial: ¿qué debemos hacer? ¿Cómo podemos garantizar que cada persona nacida en este mundo, sin importar su origen, los padres de los que proviene o el país en el que nació, tenga la oportunidad de crecer en igualdad de condiciones? ¿Por qué no lo hacemos? El hecho de que la naturaleza nos haga desiguales no tiene por qué ser determinante. ¿Por qué no somos capaces de corregir esta disparidad? Esa es la cuestión que debemos responder.

En este contexto, muchos se preguntan, ¿por qué en el mundo algunos son pobres y otros ricos? ¿Qué hay de justo en eso? No hay justicia en esta situación.

Las desigualdades económicas no son más que una consecuencia de un sistema roto, donde no hemos implementado las correcciones necesarias para garantizar que todos tengan acceso a las mismas oportunidades.

Hoy, más que nunca, sentimos estas desigualdades porque vivimos en un mundo globalmente conectado. Antes, nuestras perspectivas eran locales; no sabíamos cómo vivían las personas en otros continentes. Ahora, vemos claramente las enormes diferencias entre regiones y comunidades, desde países altamente desarrollados hasta lugares donde las condiciones de vida no han cambiado en siglos. Esta visión global nos obliga a confrontar la falta de justicia en nuestra sociedad y a buscar formas de corregirla.

Esta situación refleja las diferencias naturales que existen entre las personas. Sin embargo, hoy en día, gran parte de lo que define el futuro de una persona depende de las oportunidades que tiene para estudiar, acceder a la educación superior y desarrollarse. Aquellos que reciben apoyo de su familia, sus padres o la sociedad para avanzar en la educación superior pueden garantizarse un futuro mejor.

Por el contrario, quienes carecen de ese apoyo o estímulo suelen quedarse en su nivel y, generalmente, transmiten esta situación a sus hijos. Este es un problema fundamental que debemos abordar como sociedad.

En *Los escritos de la Última Generación*, Baal HaSulam dice:

> «Es la opinión de los dañinos que controla a la sociedad. Así, incluso los ideales que fueron santificados en el mundo no son más que demonios y ángeles malhechores para la mayoría de la sociedad. No solo la religión sino también la justicia está favoreciendo solo a los ricos, más aún la ética y los ideales».[104]

Según Baal HaSulam, los que dañan son aquellos que perpetúan sistemas e ideales que no buscan el beneficio común, sino que favorecen a unos pocos, generalmente a los ricos o a los poderosos. A lo largo de la historia, las desigualdades han persistido porque las estructuras sociales han sido diseñadas para mantenerlas.

Aunque hemos avanzado significativamente en aspectos como la comunicación, la medicina y el acceso a ciertos recursos, aún hay lugares donde las personas sufren hambre, injusticias e inseguridades extremas.

El problema radica en que muchos ideales, incluso aquellos considerados nobles, pueden convertirse en destructivos si no están dirigidos hacia la igualdad y el bienestar colectivo.

La clave para identificar ideales justos es observar sus resultados. Si los ideales contribuyen al desarrollo y bienestar de las personas, especialmente de las generaciones más jóvenes, y fomentan la igualdad y la oportunidad, entonces son justos. Por ejemplo, si una sociedad logra que sus jóvenes accedan a la educación superior, encuentren empleos dignos y se conviertan en ciudadanos productivos que educan a sus propios hijos con esos mismos valores, podemos decir que esos ideales son justos.

Sin embargo, si las generaciones más jóvenes no tienen acceso a estas oportunidades, si la educación y el desarrollo no son prioridades, o si las desigualdades se perpetúan, entonces esos ideales son erróneos o insuficientes.

Nuestro trabajo no solo debe centrarse en educar a las generaciones jóvenes, sino también en trabajar con sus padres y madres. Muchas veces, los adultos no valoran la educación porque no crecieron en un entorno que promoviera su importancia. Por lo tanto, es esencial educar a ambas generaciones simultáneamente, mostrando a los padres cuánto pueden desarrollarse sus hijos si se les ofrecen las herramientas adecuadas.

Este es un desafío que requiere un enfoque integral, no solo para preparar a los jóvenes, sino para cambiar la mentalidad de toda la sociedad. Solo así podremos romper el ciclo de desigualdad y garantizar un futuro mejor para todos.

En la cita antes mencionada se explica que todo el sistema social, religioso y de justicia favorece a los ricos. Así ha sido, así es ahora y así seguirá siendo. Hasta que no se forme una sociedad verdaderamente humana, no se podrán equilibrar estos niveles. Por sí solo, esto no sucederá.

La justicia social debería garantizar que cada niño que nazca tenga las mismas oportunidades que todos los de su edad: acceso a la universidad, elección de la profesión que desee y posibilidades de desarrollo en la vida. Debemos abordar esta situación, porque sin esfuerzo, no cambiará.

No se trata de limitar la riqueza, sino de crear un sistema que garantice que todos tengan igualdad de oportunidades. Un paso inicial sería fomentar que los ricos contribuyan significativamente a la sociedad, no solo en forma de impuestos, sino también en apoyo a iniciativas que promuevan la educación, el desarrollo y la igualdad. Reconocer públicamente a quienes contribuyen puede ser una forma de incentivar una participación más activa en la construcción de una sociedad más justa.

Sobre cuál es el camino para procurar justicia y evitar favorecer solo a los ricos, como sugiere Baal HaSulam, no hay una respuesta definitiva, porque, además del dinero, existe algo llamado suerte, que es un factor muy importante. Nadie puede afirmar con certeza: «Tengo suerte porque lo merezco, mientras que otros no».

Necesitamos estructurar una sociedad en la que todos tengan realmente la oportunidad de ascender en la escala del éxito, independientemente de su riqueza o del entorno familiar en el que nacieron.

Es evidente que muchos que han alcanzado un nivel especial en sus vidas no estarán de acuerdo con esto, ya que querrán dar a sus hijos todas las ventajas posibles. Sin embargo, debería establecerse algún tipo de impuesto especial o un sistema de apoyo social que garantice que aquellos cuyas familias no puedan ofrecerles una educación tengan la posibilidad de acceder a estudios superiores financiados por la sociedad.

Creo que deberíamos comenzar desde una edad temprana en las escuelas, ofreciendo cursos que preparen a los niños para ingresar a la universidad y a la educación superior. Estos cursos podrían estar orientados según las profesiones deseadas, como medicina, ingeniería u otras disciplinas. De esta manera, los niños podrían empezar a construir sus caminos desde pequeños, con el apoyo adecuado para avanzar correctamente.

En su periódico *La Nación*, Baal HaSulam sostiene que:

«Las mismas palabras, "división justa", contienen una percepción altruista pura y están completamente desprovistas del marco del egoísmo. Porque el egoísmo aspira a utilizar al otro por completo en beneficio propio. Con respecto a uno mismo, en la realidad no hay justicia en absoluto en la medida en que esta no le sirva en beneficio propio. La misma palabra, "justicia", significa "relación mutua justa", que es un concepto a favor del prójimo. Y en la misma medida en que reconoce el derecho del otro, necesariamente pierde su propio derecho egoísta».[105]

Según esta idea, no existe justicia en absoluto dentro del egoísmo. La palabra *justicia* implica una «relación recíproca ecuánime», que defiende el derecho del otro. En la medida en que uno reconoce el derecho del otro, necesariamente pierde parte del suyo. Así, una distribución justa, según este concepto, se basa en el reconocimiento mutuo y la reciprocidad.

Significa que cada individuo, grupo o nación está dispuesto a ceder parte de su derecho para garantizar el derecho del otro. Esto no ocurre dentro del marco del egoísmo, ya que el egoísta busca únicamente su propio beneficio, incluso a costa de los demás.

La verdadera justicia consiste en un equilibrio en el que nadie explote a otro y todos contribuyan al bienestar colectivo según sus capacidades y necesidades. En este sentido, una «distribución justa» no solo busca satisfacer intereses individuales, sino también crear un sistema que fomente la igualdad, el respeto mutuo y la cohesión social.

Para alcanzar este ideal, debemos enseñar y promover valores altruistas que trasciendan el egoísmo, porque solo así podremos construir una sociedad verdaderamente justa y equitativa. Definir qué significa esto depende de la realidad en la que vivimos y en qué época nos situemos. Si hablamos de nuestro mundo aquí y ahora, estamos todavía muy lejos de alcanzar la justicia y un tribunal verdaderamente justo.

No podemos sentirnos orgullosos de lo que hemos logrado hasta ahora. Aunque hemos avanzado en ciertos aspectos, como asegurar que la mayoría de los niños tengan acceso a la escuela o que los pacientes encuentren una plaza en los hospitales, estos logros están aún en un estado inicial y muy precario.

Espero sinceramente que lleguemos a un punto en el que organizaciones como las Naciones Unidas y otras internacionales puedan obligar a todos los países, sin excepción, a cumplir con leyes justas y universales. Si logramos esto, el mundo podría avanzar lentamente y, en unas décadas, alcanzar un nivel elevado.

Podríamos llegar a un estado donde todos los seres humanos tengan la oportunidad de matricularse en la universidad, y al menos la mitad de ellos logren completarla. Esto no es solo cuestión de educación, sino de elevar a las personas hacia una inteligencia y una comprensión correctas, lo que nos llevaría a otro nivel de existencia, a otro mundo.

Baal HaSulam no escribe directamente sobre un sistema de justicia ideal, pero en todos sus textos queda claro cuánto le preocupa la enorme diferencia entre la sociedad humana tal como es hoy y lo que debería ser según la Sabiduría de la Cabalá. Él percibe una brecha dolorosa.

Espero que, al menos, podamos transmitir estas enseñanzas a los estudiantes y a las generaciones más jóvenes. Si lo logramos, dentro de unos años habrá muchas personas en el planeta que sabrán qué es la justicia, cómo alcanzarla y cómo vivir de acuerdo con las leyes de la justicia suprema.

La idea principal es que todos estamos unidos en la esperanza y en la tendencia de ver un mundo corregido: un mundo que funcione como un único sistema. Una humanidad que comprenda, sienta y viva bajo una sola ley: la de «Uno para todos».

Así como la naturaleza nos guía desde arriba con una relación inclusiva, uno a uno con todos, también debemos alcanzar un estado en el que cada uno de nosotros nos relacionemos con los demás y con la naturaleza bajo una única ley, la ley del amor. Esta es la clave para construir una sociedad verdaderamente justa y armoniosa.

Justicia divina

La falta de justicia terrenal genera consecuencias espirituales, lo que refuerza nuestra responsabilidad de construir una sociedad más justa y equitativa. Al respecto, Rabí Najman de Breslev dijo:

«Cuando una persona no se juzga y no se sentencia a sí misma, entonces es juzgada y sentenciada arriba, porque si no hay juicio abajo, hay juicio arriba».[106]

En efecto, existen dos sistemas legales. El sistema terrenal, que está en manos de los humanos, y el sistema superior, que opera en un nivel espiritual. Si no establecemos justicia aquí abajo, en nuestro mundo físico, el juicio provendrá desde arriba. Este principio nos recuerda que no podemos ignorar la importancia de actuar con justicia en nuestro entorno inmediato.

Vemos que, a nivel nacional, en este mundo, tenemos leyes y normas con las que intentamos gestionar la sociedad siguiendo el principio de «Justicia, justicia perseguirás»,[107] como está escrito. Es cierto que solo está escrito y que las personas tienden a corromperlo, pero si se aplica en toda la nación, en cada país, podríamos aprender unos de otros y avanzar hacia una situación en la que exista un juicio verdaderamente justo.

Sobre esta cuestión, habrá quienes se pregunten si, ¿puede el sistema de justicia terrenal contradecir al espiritual o viceversa? Por ejemplo, ¿podría ser que un delincuente que salga inocente en este mundo sea condenado en el Mundo Superior? Hablamos de dos sistemas legales: uno terrenal, a nivel nacional, y otro espiritual. El sistema jurídico nacional puede, en efecto, contradecir al espiritual, ya que funcionan bajo leyes diferentes.

El mundo espiritual opera según la verdadera justicia, que está basada en principios más elevados y universales. Lo que hacemos en este mundo queda registrado, pero al final es el Tribunal Supremo, el «cielo», el que resuelve las cuentas con cada persona. Es decir, aunque alguien pueda eludir la justicia terrenal, no escapará de la justicia espiritual. Así es como funciona este equilibrio entre ambos sistemas.

Hay esperanza de que logremos una mayor justicia en este mundo. Últimamente observo que la conexión entre las personas, las naciones, los partidos políticos y los gobiernos es cada vez más estrecha. Esto puede generar una influencia mutua que, con el tiempo, traerá más justicia al mundo. Si logramos fomentar esta interdependencia de manera positiva, podríamos acercarnos a un estado más justo y equilibrado.

En su artículo *La paz en el mundo, Baal HaSulam escribe:*

> «Una vez que conocemos bien la medida de bondad esperada: "A Su imagen y semejanza", debemos examinar las cosas y los medios a nuestra disposición para acelerar el deleite y felicidad.
> Se proporcionan cuatro atributos para ese propósito: bondad, verdad, justicia y paz».[108]

Baal HaSulam describe cuatro valores fundamentales que nos guían hacia un grado superior de existencia: bondad, verdad, justicia y paz. Estos valores no solo ordenan nuestra realidad, sino que también nos muestran cómo podemos elevarnos en relación con el Creador. Para comprender la justicia, en particular, debemos desarrollarla conscientemente dentro de nosotros y gestionarla de tal manera que podamos sentir cómo nos trata el Creador y cómo podemos alinearnos con Él.

La justicia, y en especial su búsqueda, es algo complejo, porque por naturaleza es un concepto amorfo y no del todo claro. No es algo que podamos establecer de forma definitiva, sino una meta hacia la cual debemos movernos en cada momento de nuestras vidas.

Entonces, ¿cómo podemos obtener los elementos necesarios para evaluar lo que está bien y lo que está mal, considerando que hoy tenemos una visión distorsionada de la realidad? La instrucción de «Justicia, justicia perseguirás»[109] nos dirige a tener una intención constante de acercarnos al atributo de justicia.

Pero primero debemos preguntarnos, ¿dónde podemos encontrar esta justicia? Claramente, no la vemos en nuestras vidas actuales. Para hallarla, debemos dirigirnos al Creador, exigirle, pedirle que nos muestre el camino y que nos guíe hacia la verdadera justicia.

Valores como justicia, caridad, paz y bondad no son innatos en nosotros. Son atributos que debemos desarrollar activamente. Esto requiere que nos volvamos al Creador y trabajemos en nosotros mismos para incorporar estos valores en nuestras acciones y pensamientos. Solo a través de este proceso consciente y constante de buscar, pedir y esforzarnos, podemos avanzar hacia una vida justa y alineada con las leyes de la creación.

Baal HaSulam, en la *Carta 53* escribe:

> «El profeta pregunta y responde: "¿Qué exige el Señor de ti? Solo hacer justicia, amar la bondad y caminar humildemente con tu Dios". Estas palabras son muy profundas, ¿quién las hallará?»
> Y el texto continúa, «Es como está escrito: "La justicia y la ley son el fundamento de Tu trono". También está escrito: "Ábreme las puertas de la justicia", y se sabe que la justicia se convierte en Deidad para ti, como la palabra de Dios, etc.».[110]

La justicia es fundamental porque sin ella no podemos entender el propósito de nuestra existencia, hacia dónde nos dirigimos como humanidad ni el objetivo final de la creación. Necesitamos un fundamento sólido sobre el cual construir nuestras vidas, y ese fundamento solo puede encontrarse en la justicia. Por eso se nos dice: «Perseguir la justicia»; es el principio y el fin —el alfa y el omega— de nuestro desarrollo espiritual y humano.

Precisamente porque somos injustos, el Creador nos da esta tarea. Él quiere que reconozcamos nuestra carencia y le exijamos los fundamentos necesarios para desarrollar la justicia dentro de nosotros. Al hacerlo, empezamos a construir el camino hacia la corrección y el propósito de nuestra existencia.

Baal HaSulam, cuando dice que la justicia se convierte en deidad, se refiere a que la justicia es el medio por el cual transformamos nuestro deseo egoísta de recibir en un deseo altruista de otorgar, que es la cualidad del Creador. A través de la justicia, avanzamos hacia la meta final de la creación: alcanzar la semejanza con el Creador. La justicia, entonces, se convierte en el valor supremo que nos guía hacia el propósito de la vida y la creación.

Muchos se cuestionan, ¿si el Creador es amor y justicia, y todo proviene de Él, por qué vivimos en un mundo tan injusto y carente de amor? Vivimos en un mundo roto, en el que faltan todas las buenas cualidades que deberíamos poseer. Este mundo está diseñado para que sintamos esas carencias y, al hacerlo, nos impulsemos a pedir, exigir y luchar por alcanzarlas.

Este proceso es esencial para preparar a la humanidad y establecer buenas relaciones entre las personas, basadas en la justicia, el amor y la conexión. Solo al reconocer nuestras deficiencias y trabajar activamente para superarlas podremos transformar nuestro mundo en un lugar justo y lleno de amor, reflejando las cualidades del Creador.

Baal HaSulam, en la *Introducción al Talmud Eser HaSefirot*, ítem 42 se refiere a la justicia divina, y dice:

«La causa de que estemos tan propensos a transgredir Su voluntad es una sola. La misma se ha convertido en la fuente de todo tormento y sufrimiento que padecemos y de todas las malicias y errores que cometemos.

Claramente, removiendo esa causa nos libraremos al instante de cualquier lamento y dolor, [...] Yo te digo que esa causa primaria no es otra más que "nuestra poca comprensión de Su Providencia sobre Sus criaturas". Que nosotros no Lo comprendamos apropiadamente».[111]

No es posible entender al Creador directamente. Primero debemos esforzarnos por alcanzar la justicia. A través de esta cualidad, podremos comprender las acciones del Creador y, con el tiempo, construir una imagen correcta y suprema de Él. Este es el único camino.

Sentimos que la justicia divina está en nuestra contra porque nuestra percepción de justicia está moldeada por nuestro deseo egoísta de recibir. Consideramos justo lo que satisface nuestras necesidades, y cuando no ocurre según nuestras expectativas, lo percibimos como injusto. Esta visión limitada genera conflictos internos y externos, porque nuestra «justicia» es subjetiva y no corresponde a la verdadera justicia universal.

La perspectiva de la justicia divina es incomprensible cuando parecería que los malvados triunfan y los justos sufren. No vemos que haya justicia en absoluto. Incluso los *tzadikim* (justos) no ven que nuestro mundo sea justo, sino que solo por el hecho de saber que el Creador tiene que manifestarse de manera contraria a su esencia, entienden que sus acciones son perfectas, aunque no siempre se revelen de inmediato.

Pero en realidad, no hay justicia ni verdad en el mundo, para nada. La justicia y la verdad son cualidades que no se manifiestan en nuestro mundo por sí solas; debemos esforzarnos por perseguirlas y transformarlas en una realidad tangible.

Si no estamos de acuerdo con el veredicto de la justicia divina, podemos dirigirnos al Creador, orarle y pedirle orientación para entender Su justicia. Esto requiere esfuerzo constante para buscar la justicia y ajustar nuestras percepciones y acciones a las cualidades divinas. A través de este proceso, podemos descubrir cómo la justicia divina opera y cómo alinearnos con ella.

Complacemos al Creador cuando nos esforzamos por vivir según los principios de justicia, honestidad, amor y conexión mutua. Si desarrollamos una relación igualitaria y sincera con los demás, reflejando las cualidades del Creador, logramos darle agrado. La clave es trabajar en nuestra conexión con la sociedad y buscar activamente la justicia.

El destino de una persona está intrínsecamente ligado a su conexión con la justicia divina. Como está escrito: «Justicia, justicia perseguirás».[112] Si nos esforzamos por alcanzar esta cualidad en nuestras vidas y en la sociedad, nos alineamos con el propósito del Creador y encontramos el camino correcto hacia nuestro desarrollo espiritual.

Es posible cambiar nuestro destino a través de la justicia. Cuando reconocemos que nuestra naturaleza inicial es opuesta a la justicia y trabajamos para transformarla, podemos cambiar nuestro destino. Esto requiere construir una sociedad donde la justicia sea un valor central, apoyándonos mutuamente para desarrollarla y descubrirla. A través de este esfuerzo colectivo, la justicia puede gobernar nuestras vidas y transformarnos.

Para lograr la justicia la clave radica en construir una sociedad adecuada donde las personas trabajen juntas para aprender y practicar la justicia. Esto implica ejercicios colectivos, discusiones y una búsqueda constante de lo que está a favor y en contra de la justicia. Este proceso nos permite avanzar y desarrollar esta cualidad dentro de nosotros.

Para los justos, la justicia es el objetivo supremo. Su trabajo es crear una sociedad basada en ella, explicando cómo alcanzarla y ayudando a los demás a desarrollarla. Los justos no solo buscan justicia para ellos mismos, sino que se convierten en modelos de rectitud y elevan a la humanidad hacia niveles más altos de conciencia. En última instancia, el justo y la justicia se convierten en uno solo, reflejando plenamente las cualidades del Creador.

Para ser justos es fundamental justificar al Creador en todas Sus acciones. Donde no entendemos Su justicia, debemos cambiar nuestra percepción y actitud hacia nosotros mismos y nuestro destino. Este esfuerzo nos permite pasar de buscar la justicia a experimentarla plenamente, alcanzando un estado de armonía con el propósito divino.

Acerca de la justicia Baal HaSulam le atribuye un rol primordial al mesías y lo define de esta manera en *Los escritos de la Última Generación*:

«"Y él juzgará entre muchos pueblos", refiriéndose al mesías que les enseñará el trabajo de Dios por medio de la equivalencia de forma, que es la enseñanza y la ley del mesías».[113]

Y también en *Joshen Mishpat* está escrito:

«Necesitamos la corrección del juicio que será por medio del mesías»,[114] y sigue: «Lo principal del juicio justo es por medio del discernimiento del Rey mesías».[115]

Generalmente, llamamos al mesías «el mesías nuestro justo» porque representa la fuerza que nos guía hacia la justicia en todas sus dimensiones. Esto incluye las relaciones entre las personas, y entre nosotros y toda la creación, abarcando desde el nivel más pequeño de lo inanimado, vegetal, animado y hablante, hasta la totalidad de la creación. Como enseñaron Baal HaSulam y otros sabios, perseguir la justicia es esencial. Sin justicia, no estamos en el camino correcto.

Así como enseñamos a caminar a un niño pequeño, primero lo sostenemos y lo guiamos hasta que puede avanzar por sí mismo, de la misma manera debemos actuar con la humanidad. Debemos sostenernos mutuamente, ayudarnos a dar los primeros pasos hacia la justicia y luego observar cómo avanzamos en esta dirección.

Hoy, vivimos en un tiempo especial, un período en el que finalmente comenzamos a entender que sin justicia no podremos protegernos ni avanzar. Sin justicia, tampoco podremos alcanzar al mesías nuestro justo, porque estaremos en oposición tanto a él como a nosotros mismos. La justicia es el atributo que nos conecta con el Creador y nos permite experimentarlo en su forma completa.

En *La paz en el mundo*, Baal HaSulam retoma el salmo 85 que dice:

> «La bondad y la verdad se encuentran, la justicia y la paz se besan. La verdad brotará de la tierra y en los cielos se verá la justicia. También, el Señor dará el bien y nuestra tierra su cosecha dará».[116]

Este versículo es muy profundo y necesitaríamos más de una lección para explicarlo completamente. Sin embargo, lo esencial es entender que, tras todas nuestras búsquedas y esfuerzos por corregirnos, el objetivo final es lograr la justicia que el Creador nos concede.

La bondad, la verdad, la justicia y la paz son los pilares sobre los que se construye la sociedad ideal. Nuestra meta es establecer una sociedad donde prevalezca la justicia social, donde todos vivamos como una gran familia. Esto significa relaciones justas y amorosas entre todas las personas y entre todas las naciones, alcanzando una justicia universal.

La libertad

Baal HaSulam trató profundamente el tema de la libertad; así, en su artículo *La libertad*, afirma:

> «Desde un punto de vista general, consideramos que la libertad es una ley natural, que se aplica a todo lo que está vivo. Así podemos ver que los animales que caen en cautiverio mueren cuando se les niega la libertad. Y es un testimonio verdadero que la providencia no acepta la esclavitud de ninguna criatura. No en vano la humanidad ha luchado durante los siglos pasados para lograr cierta cantidad de libertad para el individuo.
>
> Aun así, el concepto expresado en la palabra "libertad" no queda claro. Y si profundizamos en el corazón de la palabra misma, no quedará casi nada. Esto se debe a que antes de ir tras ella, se debe asumir que este atributo que llamamos "libertad" es poseído por todo individuo intrínsecamente. O sea que puede actuar según su propio libre albedrío».[117]

Según Baal HaSulam, la libertad es una tendencia inherente a todo organismo vivo y está directamente relacionada con su nivel de desarrollo general. Por esta razón, el ser humano, al ser el más desarrollado, es quien siente con mayor intensidad la falta de libertad.

A lo largo de miles de años, a medida que la humanidad ha avanzado en su desarrollo, este sentimiento de carencia de libertad se ha intensificado. Incluso hoy en día, observamos que hay pueblos primitivos que pueden ser conquistados y sometidos fácilmente, obligados a vivir sin libertad.

En cambio, los pueblos más desarrollados son mucho más difíciles de someter; luchan por su libertad y están dispuestos a sacrificar sus vidas por ella, especialmente en los últimos cien años.

Con el desarrollo de la humanidad no es que haya menos libertad, sino que hay un menor sentimiento de libertad. Cada nación, en la medida en que se desarrolla, sufre más intensamente la falta de libertad y está dispuesta a luchar para alcanzarla.

Hoy somos, sin duda, más libres que hace doscientos, trescientos o quinientos años. Sin embargo, nuestra percepción de la libertad se ha vuelto mucho más sensible. Estamos dispuestos a luchar con mayor determinación, rechazando cualquier forma de esclavitud o medidas que limiten nuestra libertad.

El libre albedrío representa el nivel de libertad que cada persona tiene. Es algo que debe medirse en relación con el desarrollo de una nación en particular. Hay naciones que no sienten que estén siendo utilizadas como esclavas, mientras que otras apenas perciben o no reconocen del todo esta falta de libertad. Estas diferencias entre las naciones son muy evidentes en nuestro tiempo.

La libertad y el libre albedrío están estrechamente vinculados. Aunque a veces parecen conceptos distintos, vemos cómo ciertas partes de la humanidad se levantan en guerras y luchas para alcanzar la libertad. Esto demuestra que, aunque existen condiciones predeterminadas, también hay espacio para el cambio y el avance hacia una mayor libertad.

Baal HaSulam describe una sociedad en la que las personas ya no se conforman con formas parciales de libertad. En lugar de ello, desean ser completamente libres, disfrutando de toda la libertad que les corresponde como seres humanos. Actualmente, vemos cómo cada vez más personas y naciones se levantan exigiendo libertad total, rechazando cualquier tipo de limitación.

Todos nos estamos desarrollando juntos en la Tierra como una sola humanidad. Es cierto que aún existen lugares donde persisten formas de esclavitud, ya sea absoluta o relativa, pero parece que, en un futuro cercano, toda la humanidad será libre. Si no lo logramos, la humanidad exigirá la libertad con todas sus fuerzas.

En la sociedad futura, cada persona comprenderá, gracias a su educación, desarrollo y relación con los demás, que no es posible exigir más de lo que la sociedad puede proporcionar a cada uno. Aunque pueda parecer que alguien merece más que los demás, en esta sociedad todos exigirán y recibirán de forma equitativa.

No creo que en esa sociedad exista confusión sobre lo que corresponde a cada uno. Más bien, cada persona recibirá de acuerdo con lo que merece, exigirá lo que le corresponde y, al final, todos quedarán satisfechos con su posición en la sociedad.

La libertad en esa sociedad se logrará porque cada persona sabrá que recibe lo que merece en función de su desarrollo y su contribución a la sociedad. Esto eliminará el deseo de exigir más de lo que ya se tiene, creando un equilibrio natural.

El límite de la libertad de cada persona se establecerá en función de su aporte a la sociedad. Cada individuo recibirá de acuerdo con lo que haya dado y contribuido, de manera proporcional a su esfuerzo y dedicación.

Será imposible avanzar hacia esta sociedad de forma sencilla o lineal. Al igual que hoy, habrá momentos de conflicto y lucha en las relaciones entre las personas. Sin embargo, llegará el momento en que todos entenderemos, colectivamente, que la igualdad de condiciones es fundamental. Cada uno, según lo que invierta en la sociedad, recibirá lo que le corresponde como resultado.

Entonces, ¿hasta qué punto podrá la sociedad interferir en la expansión o limitación de la libertad individual? En el futuro, la sociedad tendrá la capacidad de hacerlo plenamente, y no habrá objeción por parte de sus miembros. Todos comprenderán que las decisiones se toman en función de la mayoría y aceptarán el sistema como justo.

En su artículo *La paz en el mundo*, Baal HaSulam escribe:

> «El colectivo y el individuo son uno y lo mismo. No hay nada negativo en el hecho de que un individuo esté subordinado al colectivo, porque también la libertad del individuo y la libertad del colectivo son una misma cosa. Así como se reparten el bien, también se reparten entre ellos la libertad. Porque las cualidades buenas y malas, y las acciones buenas y malas únicamente son evaluadas de acuerdo con su utilidad al colectivo».[118]

En el futuro, creo que alcanzaremos un estado en el que lo individual y lo general serán equivalentes. No habrá diferencias entre la libertad del individuo y la del colectivo. Gestionaremos nuestras relaciones de tal manera que nadie pueda reclamar que recibe menos que los demás o que está en condiciones que le afectan más que al resto. Este equilibrio garantizará que las necesidades individuales y colectivas estén en armonía.

Pero, ¿cómo alcanzará el individuo el mismo conocimiento y la misma importancia que los demás? Esto será posible a través de la educación. A medida que avancemos, implementaremos un sistema educativo más general e igualitario, que abarque a todos por igual. Sin esta educación uniforme y compartida, sería imposible lograr ese nivel de entendimiento común.

Para alcanzar la libertad compartida, será necesario que cada persona acepte ciertas responsabilidades hacia la sociedad. Esto incluirá la construcción de liderazgos y relaciones que definan en qué medida todos pueden disfrutar de la libertad colectiva a través de la libertad de la población.

En el futuro, una persona podrá sentirse limitada en cierto grado, pero al mismo tiempo comprenderá la importancia de contribuir al bien común. Esto requerirá la participación activa de cada miembro de la sociedad, quien deberá dar algo a la comunidad.

En general, cada persona tiene la sensación de que tiene libertad para elegir y decidir sobre todos los aspectos de su vida. Sin embargo, según la Cabalá, aprendemos que esto no es así y que el hombre está condicionado por muchos factores.

Entonces, ¿por qué tenemos esta sensación de libre albedrío? Sentimos que nuestras decisiones son propias porque no percibimos que todo nos llega de la naturaleza, de un desarrollo necesario y predeterminado.

Esto nos lleva a creer que nuestras elecciones son libres, cuando en realidad estamos profundamente condicionados por influencias externas, sociales y naturales. Es difícil aceptar que nuestras decisiones están regidas por leyes superiores de la naturaleza y no por nuestra voluntad individual.

La naturaleza busca educar a cada miembro de la sociedad para que aprenda a comportarse adecuadamente con los demás. Este proceso está diseñado para desarrollarnos y llevarnos a un entendimiento superior.

Somos completamente cautivos de la naturaleza y de la Fuerza Superior. Vivimos bajo la condición de que entendamos lo que la naturaleza y el desarrollo social esperan de nosotros. Este entendimiento es lo que nos permite alinearnos con su propósito.

Así, una persona puede tomar decisiones y cambiar el curso de su vida dependiendo de su nivel de desarrollo. Por eso es fundamental enseñar a todas las personas, desde la edad más temprana, lo que significa el libre albedrío.

Debemos educar a la sociedad para que evolucione desde una situación de falta de libertad hacia una sociedad verdaderamente libre. Una sociedad en la que cada persona comprenda, sienta y acepte su papel, contribuyendo al bienestar colectivo y experimentando la libertad en ese contexto.

El libre albedrío cambiará en la sociedad futura en comparación con la situación actual. Gracias a la educación, cada individuo en la sociedad futura sentirá que vive en un entorno verdaderamente libre. Las restricciones que existan serán aceptadas como necesarias y correctas. Estas restricciones, lejos de ser una carga, serán deseadas porque garantizarán la libertad y el bienestar de toda la sociedad.

En *Los escritos de La Última Generación*», Baal HaSulam escribe:

> «No hay, en verdad, una sensación de libertad absoluta sino en aquel que está sometido únicamente al Creador y a ninguna otra criatura en el mundo».[119]

En la sociedad futura alcanzaremos un nivel de desarrollo tal que nuestra necesidad de contribuir a la sociedad ya no será percibida como una obligación impuesta o una presión externa. En lugar de eso, la aceptaremos naturalmente, entendiendo que es la única forma de vivir plenamente. De este modo, cada persona podrá disfrutar de la sociedad en su totalidad.

Realmente, el logro de este objetivo depende únicamente de nuestra conciencia. Cuando comprendamos que esta es la forma en la que debemos vivir, entonces todos podremos experimentar verdaderamente lo que significa «saborear el paraíso».

El Creador representa la fuerza general de la naturaleza. Si nos comprometemos a cumplir con esta ley universal, a respetarla y a gestionarla de manera adecuada, seremos capaces de superar todas las limitaciones y sentiremos que vivimos en verdadera libertad. Este servicio no será una imposición, sino una expresión de nuestro libre albedrío.

No es posible alcanzar el servicio al Creador sin antes cumplir con el servicio a la nación y a toda la humanidad. Al final, comprenderemos que el servicio mutuo es esencial para alcanzar un estado ideal. En este proceso, nos daremos cuenta de que ninguna sociedad será más abierta, equitativa y libre que la que logremos construir en este ideal. Es entonces cuando alcanzaremos la forma perfecta para toda la humanidad.

En ese mismo artículo, Baal HaSulam añade:

> «Se debe preservar la libertad del individuo si no es perjudicial para la mayoría de la población. No hay que apiadarse en absoluto de aquellos que perjudican. Hay que volverlos inofensivos».[120]

Cualquier acción individual que no considere el equilibrio entre cuánto recibe una persona del entorno y cuánto aporta a él podría perjudicar a la población. Solo cuando el recibir y el dar estén equilibrados podrá una persona sentirse verdaderamente libre. Por eso tenemos grandes esperanzas de que la educación que promovemos ayude a toda la humanidad a alcanzar este alto nivel, como indica Baal HaSulam.

En la sociedad del futuro, si una persona realiza una acción que no beneficia a la sociedad, ¿cómo podrá el sistema impedir que lleve a cabo esa acción? Esto se gestionará de acuerdo con las leyes de la sociedad.

Una persona que actúe en contra del bien común enfrentará castigos, presiones sociales e incluso, en algunos casos, podría ser encarcelada. Al final, todos comprenderán que las leyes de la sociedad no son arbitrarias; son leyes que provienen de la naturaleza, de un orden superior. Respetarlas y mantenernos unidos, sin excepciones, será fundamental para vivir en armonía.

En cuanto al tema de la libertad, creo que estamos avanzando rápidamente hacia una comprensión más profunda de la libertad individual, la libertad de

las naciones y la libertad colectiva. Este proceso nos
llevará, pronto, a entender y aclarar completamente su
significado. Lo lograremos con nuestra mejor voluntad
y esfuerzo.

CAPÍTULO 6

LOS TRES PILARES DE LA DOCTRINA DE BAAL HASULAM

En un mundo marcado por la división y la crisis, las enseñanzas de Baal HaSulam proponen una solución realista para superar las barreras que separan a las personas y construir una sociedad basada en el amor al prójimo y la interconexión.

En su doctrina, Baal HaSulam identificó tres pilares fundamentales que sostienen la estructura de una sociedad equilibrada y justa: opinión pública, educación y religión. En este capítulo, exploraremos cómo estos pilares pueden aplicarse de manera práctica en la sociedad moderna como un modelo viable de transformación social.

Opinión pública

En sus escritos acerca de la sociedad futura, Baal HaSulam le da mucha importancia al manejo de la opinión pública en el contexto del desarrollo social, uno de los aspectos a los que ha dedicado gran parte de sus escritos. En *Los escritos de la Última Generación*, escribe:

> «Hay un intelecto común para todo el colectivo, donde se copian las acciones beneficiosas y perjudiciales para la sociedad. La opinión pública clasifica las que son buenas para ella, elogia a los que las realizan y condena a los que hacen lo contrario. De aquí surgen los idealistas, las costumbres, las leyes, conductas, las opiniones y preferencias del colectivo».[121]

Necesitamos aprender y tratar de analizar cuánto el colectivo crece, cambia, se desarrolla y llega a situaciones que sean mejores a las experimentadas tanto en el pasado como en la actualidad.

El término «intelecto común» que se menciona en el texto, se refiere al hecho que afectamos unos a otros. A través de la convivencia e interacción recibimos todo tipo de principios comunes entre nosotros y así nos influenciamos mutuamente. La opinión pública, por lo tanto, es el resultado de lo que recibimos, lo que realizamos, lo que influenciamos unos a otros.

Entonces, con el tiempo vemos hasta qué punto una determinada opinión pública se convierte en opinión nacional, en opinión de los países. Por eso es necesario pensar y discutir en qué medida la opinión pública nos afecta, nos construye y nos conduce hacia el futuro.

En cuanto a la correlación o correspondencia entre la mente individual y la mente común colectiva podemos decir que, ciertamente, todos y cada uno tiene una mente individual, nacemos siendo individualistas, manejados por nuestro propio ego, con un deseo de recibir propio, lo cual es determinado por la educación que recibimos y la forma en que nos relacionamos con todo a nuestro alrededor, dependiendo de los padres que nos engendraron, de la familia en la que nos criamos.

Y después de eso, nos encontramos y comenzamos a influenciarnos unos a otros desde la infancia en adelante. Así, vemos que la opinión pública es el resultado de la opinión y del desarrollo de todos y cada uno de nosotros, de la influencia general de unos a otros a nivel colectivo, de la nación, del país. Pero al final, aunque seamos tan diferentes, tendremos que aprender de qué manera, a través de la influencia mutua, podamos construir relaciones y vínculos que nos hagan una nación sólida.

No podemos liberarnos completamente de la opinión pública porque nacemos y luego en nuestra infancia nos criamos dentro de pequeños grupos en los que recibimos una educación determinada a través de nuestros maestros, quienes se han ocupado de nosotros y han forjado nuestra visión fundamental del futuro, básicamente para toda nuestra vida. No es que no seamos capaces de cambiarla, sin embargo, nos afecta enormemente durante toda la vida.

Por lo tanto, es muy difícil que una persona acepte valores diferentes a los que ya han sido establecidos por la opinión pública. La mayoría de la población no acepta ningún cambio, sino que tal como nació y se educó así continúa desarrollándose. Aun cuando las personas sean diferentes, de todas maneras, comparten cierta perspectiva común con la cual son formados.

Por otro lado, hay líderes innatos que se desarrollan entre nosotros como personas especiales que quieren llevar a la opinión pública a adoptar una forma determinada y a través de su influencia, hacen que la sociedad cambie y adopte nuevas maneras.

Debido a que todos y cada uno de nosotros somos egoístas por naturaleza, cambiamos constantemente según nuestro ego, el cual determina qué pasos vamos a tomar dependiendo de las ganancias y del éxito que obtendremos.

Hay leyes que pertenecen al desarrollo individual de cada uno y existen leyes que desarrolla el colectivo mediante la influencia mutua de unos sobre otros. Hay leyes de la sociedad y leyes estatales. Esto tiene muchas consecuencias para todos los sectores de la sociedad.

Y al final, vemos que, en todo el mundo, en cada país, en cada nación, tenemos nuestras propias leyes, condiciones y costumbres, pero seguramente también hay algo que es común entre todos ellos, especialmente en nuestra época, porque estamos en una generación en la que estamos conectados, incluidos unos con otros,

En cada generación, en cada etapa, estamos bajo la influencia de los medios de comunicación, la prensa, la televisión, y las redes sociales en general; las escuelas y demás instituciones educativas. Prácticamente no tenemos posibilidad de cambiar la opinión pública ya que esta es determinada por la manera en que el individuo ha sido formado. Solo cambia en función de la población en general, de los países y de las sociedades.

Y aunque somos muy diferentes como pueblos y países, estos intentan tomar sus principios y valores del mundo, de modo que su población se desarrolle y logre una mejor comprensión de los demás. De lo contrario, nos resultaría difícil progresar, sobrevivir y desarrollarnos en nuestro pequeño mundo.

Cada uno tiene una visión particular de la realidad, por lo que tener una realidad compartida es muy difícil. Más bien, es parecido a cuando dos individuos están en conflicto ante una situación en común, pero cada uno quiere dominar al otro.

Vemos lo difícil que nos resulta salir adelante, incluso cuando estamos construyendo familias y amistades. Las personas que están en nuestro mundo, en una sociedad moderna, deberían haber recibido cierto desarrollo uniforme en todos los países, para saber cómo acercarnos unos a otros, cómo entendernos más. Lamentablemente, nuestro ego nos diferencia, nos separa, nos distancia. Y así, nosotros, a medida que evolucionamos, aunque entendamos que es importante hacerlo juntos, vemos cuán lejos estamos de acercarnos unos a otros.

Por lo tanto, la valoración que podemos hacer acerca de la opinión pública en la sociedad moderna es de aprecio y de desprecio. Por un lado, entendemos que la opinión pública puede influir en las elecciones y en los líderes de la mayoría de los países, por lo que de alguna manera podemos avanzar en armonía unos con otros.

Esto ocurre relativamente en países democráticos. Por otro lado, el hecho es que nos desarrollamos de tal manera que cada uno quiere controlar al otro según su ego. Dependemos unos de otros, pero no queremos escucharnos unos a otros. Así, transitamos nuestra vida con una dualidad: a favor y en contra de la conexión y el acercamiento mutuo.

Es indispensable preocuparnos de que la opinión pública tenga un efecto positivo en la sociedad contemporánea. Esto debe ser inculcado desde nuestra niñez, desde la edad preescolar, sobre cómo jugar unos con otros, de manera que tengamos una base sobre cómo comunicarnos unos con otros, cómo estar conectados en una relación correcta y hermosa de acuerdo con el entendimiento mutuo, tomando en consideración los deseos, opiniones e inclinaciones de cada uno.

No tenemos otra opción, por lo que llegaremos al pleno convencimiento sobre la necesidad de cuidar de toda la humanidad, de todos los pueblos y países, por lo que la educación será cada vez más similar. Las cosas cambian por ahora, pero a través y fracasos, por lo que estamos acorralados en un callejón del que podremos salir a través de una educación que nos acerque unos a otros.

El sistema educativo debe ser casi uniforme en todo el mundo. Necesitamos construir sistemas que sean similares en todos los países, como el esfuerzo global que hace la UNESCO y otras organizaciones similares, el problema es que por ahora el mundo no parece estar preparado para aceptar las recomendaciones formuladas para una educación más uniforme.

Un ejemplo histórico importante relacionado con la opinión pública es el de la Revolución Francesa que comenzó en 1789 y duró unos diez años. La mayoría de los historiadores consideran que esta revolución es un acontecimiento social y político que marcó el comienzo de la era actual en Europa, cuyos principios se difundieron por todo el mundo.

Las causas de la revolución fueron la falta de libertad individual, la extrema pobreza y la desigualdad en Francia durante el reinado de Luis XVI y María Antonieta. Pero el clero y la aristocracia, a quienes Baal HaSulam se refiere como «asertivos», también gobernaron con poder dictatorial.

Precisamente sobre la transición de las monarquías a la democracia, Baal HaSulam escribe en *Los escritos de La Última Generación:*

> «Hasta ahora la opinión pública evolucionó y se construyó de acuerdo con la parte poderosa de la sociedad, es decir, la asertiva. Es solo recientemente que las masas evolucionaron a través de la religión y del conocimiento y los revolucionarios, y captaron el método de la democracia y el socialismo».

Y añade:

> «Cuando las masas abrieron los ojos para tomar el destino en sus manos, tuvieron que revocar todas las correcciones y leyes de los asertivos, las cuales son la religión y la ley de la paz y la política, que eran solo acordes al espíritu de los asertivos, de acuerdo con su desarrollo y en beneficio propio. Por lo tanto, tuvieron que construir el mundo de nuevo».[122]

Cuando evaluamos las consecuencias para la humanidad del cambio en la opinión pública que, en lugar de estar determinada por los fuertes y las élites, fue creada por las masas, podemos concluir que esta transformación fue la base de una revolución a nivel cultural, educativo y humano.

Desde la época de la Revolución Francesa hasta hoy, el mundo se ha transformado de manera significativa. Esperemos que esto continúe, pero con nuevos matices, que veamos un mundo que va tomando cada vez más forma hacia la conexión entre las personas y hacia una educación adecuada para todas las edades.

Hay esperanza de que esto suceda porque vemos cómo, al darse cuenta de que no es posible seguir en el estado actual de desconexión, la población acepta los cambios. No vivimos más como en la época de los nobles franceses y alemanes, pero todavía tenemos que ver de qué manera construimos una sociedad general que sea más igualitaria.

Recuerdo mi infancia y adolescencia, cómo nos educaron en comparación a lo que tenemos hoy día, los medios a disposición y los maestros. Debemos utilizar los recursos con los que contamos en la actualidad para crear una nueva forma de educación, para todas las edades, para las diversas sociedades y países, con el fin de que después de todas las turbulencias que pasamos vivamos en un mundo donde tengamos una sociedad que funciona como un todo integral, conectados entre sí e interdependientes. Tenemos que preparar a las nuevas generaciones, a los que hoy son todavía niños, para que cuando crezcan, sientan que viven en un mundo que es uno.

Hoy en día, cualquier persona con acceso a las redes sociales puede convertirse en líder de opinión, por lo que en términos relativos podemos decir que la opinión pública está hoy en manos de las masas. Sin embargo, en los sistemas electorales vemos que se generan todo tipo de acuerdos según el público al que se dirigen y, por consiguiente, cada público influye en un entorno mayor, en el país donde vive. Asimismo, de manera inversa, aquellos que quieran ser elegidos líderes también deben tomar en cuenta la opinión del público.

En *Los escritos de la Última Generación*, Baal HaSulam recalca que la opinión pública puede ser manipulada, como lo fue el caso de Hitler quien contó con el apoyo de las masas a través de una campaña propagandística metódica y bien orquestada por Goebbels, bajo la engañosa premisa de la unidad nacional alemana. Dice así:

> «Ya tenemos una amarga experiencia al respecto en la historia, cómo aquel malvado que convirtió a un pueblo bien educado como los alemanes, y los transformó en animales de presa mediante sus discursos diarios. Y fue entonces que una educación de varios siglos explotó como una burbuja de jabón. Y todo esto ocurrió porque cambió la opinión pública, y la educación ya no tenía nada en qué basarse. Porque la educación no puede sostenerse sin el apoyo de la opinión pública».[123]

La educación no puede existir sin el apoyo de la opinión pública, porque la educación retorna a través de los líderes de ese público y los influye, los construye, los educa. Por lo tanto, en última instancia, no hay educación que no dependa, no esté relacionada o no surja de la opinión pública.

Así, con el apoyo de la opinión pública, a lo largo de la historia surgieron figuras como Hitler, Goebbels en Alemania y otros, como Lenin, Stalin en Rusia. Incluso hoy en día prevalecen ejemplos de líderes para quienes lo principal es dominar a los demás y cambiar la opinión pública en la dirección que consideran conveniente para ellos.

Existen diversos factores que influyen en la opinión pública, tales como tiempo, movimiento, lugar, relaciones internacionales e interpersonales, así como la forma en que percibimos las guerras entre las personas, y las relaciones entre las personas entre las guerras, lo que cambia enormemente la opinión pública. Así que quizás aquí es donde debemos prestar atención, para que lo que ocurrió en el pasado no vuelva a suceder en el futuro. Por eso tengo muchas esperanzas de que ya estemos al final de este proceso histórico y aprendamos junto a la historia, cómo debemos tratarnos unos a otros.

Podremos evitar que los hechos provocados por regímenes totalitarios vuelvan a suceder si los medios de comunicación forjan la opinión pública hacia la conexión entre nosotros. Necesitamos dar a conocer el método de Baal HaSulam en el mundo, en la sociedad humana, con énfasis en la educación, en la libertad individual y colectiva.

Nadie pensó que Hitler podría lograr cambiar la mentalidad del pueblo alemán, tan desarrollado, tan especial, ubicado en el centro de la Europa libre, ni con qué facilidad y rapidez podría lograrlo. Por eso no podemos pensar que no sucederá de nuevo, puede ocurrir en cualquier parte del mundo, en todos los tiempos y con todos los pueblos. Por lo tanto, debemos prevenir que esto suceda y dar una respuesta correcta y rígida a los regímenes tiránicos.

Baal HaSulam dice en *Los escritos de la Última Generación*:

> «La opinión pública condenará a quien reclame algo para sí mismo, tratándolo como grosero y sinvergüenza, como se hace con el ladrón de hoy en día. Por lo tanto, los pensamientos de todos serán solo para otorgar al prójimo». Y también «La opinión pública, que condena el egoísmo, condenará al culpable por explotar la rectitud de su amigo».[124]

El proceso por el que debe pasar la sociedad de manera que la opinión pública condene el egoísmo es simplemente ver dónde estamos, en comparación con lo que fue y lo que podría ser. Estar siempre en guardia, vigilando para que no resurjan grupos como los nazis, los fascistas de todo tipo, que quieran y logren controlar la sociedad.

Realmente debería ser una gran preocupación general de todo el pueblo para que se permita que ningún partido o parte de la nación llegue al poder por medio de ideas totalitarias. Más bien, habría que tratar de establecer leyes y relaciones tales que siempre haya públicos diversos a la cabeza de los estados.

Simplemente necesitamos estudiar constantemente lo que nos escribe Baal HaSulam, y el resto de los cabalistas. Por otro lado, es importante aprender de las lecciones que nos dejan los errores que cometemos como sociedad y así seguir adelante avanzando hacia el buen futuro.

Así como contamos con una gran diversidad de personas, también tenemos una amplia variedad de opiniones. No podemos subestimar estas opiniones en comparación con otras, ya que hacerlo limita nuestro margen de desarrollo. Por ello, debemos esforzarnos continuamente por evolucionar de manera amplia y constante.

Fomentar y registrar en la opinión pública los valores altruistas como factores legítimos y deseables en la vida cotidiana depende fundamentalmente de la educación, especialmente en edades tempranas. En el caso de los niños, los estudiantes y las escuelas, todo lo que aprendamos y organicemos en ese entorno permitirá que las generaciones jóvenes continúen desarrollándose de forma más adecuada con el tiempo.

Es fundamental aprender del pasado, como lo hizo Adenauer en Alemania, mostrando ejemplos que lograron transformar una nación y cambiar su perspectiva colectiva de manera radical en una generación.

Si invirtiéramos en una campaña destinada a influir en la opinión pública, en definitiva, esta debería estar dirigida a la educación, desde el nacimiento hasta el final de la vida. La educación debe ofrecer explicaciones claras sobre lo que es bueno y lo que es malo, y el por qué detrás de cada afirmación, promoviendo siempre la posibilidad de expresar opiniones y aceptar las de los demás.

Tal campaña también tendría que reunir a un grupo amplio de científicos que trabajen en conjunto en el ámbito educativo para guiar a la población y a la nación hacia adelante de manera correcta, haciendo siempre referencia a las lecciones que nos ha dejado la historia.

Es decir, el cambio positivo tendría que surgir de un proceso más amplio que simplemente llevar a cabo una campaña para cambiar opiniones. No podemos limitarnos a hablar de una campaña específica porque estamos enfrentándonos a la necesidad de educar a millones de personas.

Es indispensable explicarles en qué estado nos encontramos, qué es el mundo, cuáles son las leyes de la naturaleza, las leyes que rigen el mundo y las de la sociedad humana, entre otros aspectos. Este no es un proceso rápido ni único, sino uno que requiere dedicación.

Por otro lado, es imposible alcanzar una opinión pública global que trascienda los intereses culturales o nacionales de cada país. Cada grupo, como nos lo ha mostrado la historia, debe atravesar un proceso y ciertas etapas de desarrollo para llegar a un estado en el que puedan decirle a su ego: «Basta». A partir de ahí, es posible enfocarse en desarrollar a las personas y a la nación de manera adecuada. No hay alternativas rápidas. Es un proceso que exige tiempo, inversión y energía.

Baal HaSulam comenta en su diario *La Nación*:

«Debemos establecer tal propaganda, de forma científica y práctica, que sea confiable para arraigar en la opinión pública que cualquier miembro que no sobresalga en la cualidad del altruismo, es como un depredador que no es apto para estar entre los humanos, hasta que se sienta a sí mismo dentro de la sociedad como un asesino y un ladrón.

Si nos ocupáramos de este asunto con una propaganda adecuada y de forma metódica, no requerirá un proceso tan extenso. El hitlerismo demuestra que, en un corto período de tiempo, todo un país se ha revolucionado a través de la propaganda y ha aceptado su extraña idea».[125]

Cuando Baal HaSulam habla de hacer propaganda de forma metódica significa que debemos desarrollar la educación desde el momento en que una persona nace, e incluso antes, trabajando con los padres. Cuando un hombre y una mujer traen un hijo al mundo, ya debemos ocuparnos de ellos, y luego, de ese niño.

No se debe abandonar a nadie en ningún momento de su vida. Es necesario acompañar a cada individuo durante toda su existencia. Para ello, debemos establecer organizaciones y formar terapeutas que guíen al pueblo en el camino correcto hacia el propósito de la vida y de la creación, asegurándonos de que nunca pierda esa dirección.

Si bien es cierto que es mucho más difícil propagar el amor que ideologías como el nazismo, el fascismo y otros movimientos basados en el egoísmo. Sin embargo, debemos entender que, del mismo modo en que estas ideas equivocadas pueden desarrollarse en la sociedad humana, también pueden florecer ideas positivas y altruistas. Todo depende del nivel de educación y de cuánto logremos abrirnos al público en general.

No tenemos otra alternativa: debemos reconocer que la humanidad se encuentra en un punto crítico, sin más caminos a seguir. Podemos dirigirnos hacia una dirección distinta, pero para lograrlo es imprescindible educar a las generaciones que están surgiendo. Si no cuidamos de ellas, nuestros hijos, nietos y bisnietos sufrirán consecuencias cada vez más graves.

Todo depende de la opinión pública; todo depende de la educación. Estas deben considerarse como las prioridades. Solo de este modo podremos asegurarnos de que la humanidad no repita lo sucedido durante la Segunda Guerra Mundial. Hoy, como señala Baal HaSulam, las cosas podrían ser mucho peores, con la amenaza de bombardeos atómicos e incluso bombas de hidrógeno. Podríamos enfrentarnos a desafíos extremadamente difíciles si no actuamos ahora.

No tenemos otra opción. Debemos centrarnos en la educación, explicar la importancia de la conexión entre todos los seres humanos y atraer a cada persona a este entendimiento. Es fundamental enseñar y transmitir esta necesidad de unidad a todos. Solo así lograremos construir una sociedad más conectada y altruista.

Educación

La educación debe acompañar a una persona desde el primer momento de su vida y también la de sus padres, hasta el final, hasta el último momento, porque no hay nada más importante para una persona que la educación.

En este principio basa Baal HaSulam la mayor parte de sus escritos. La educación es lo más importante que la persona puede tener para su formación y el resto solo depende de su destino.

No hay nada más grande, más importante para una persona que la educación, porque una buena educación ordena nuestra vida y, por lo tanto, nos libra de preocupaciones. Si la educación es buena y correcta entonces está claro que una persona vivirá bien y la educación le acompañará correctamente durante todos los años de su vida.

Si tenemos una buena educación contamos con una base para construir correctamente nuestra vida, la de las personas cercanas a nosotros y para todo el entorno en general. Por lo tanto, todo está condicionado por la educación y no tenemos nada más importante en qué

invertir. Si la educación falla, la vida de los niños, de
todas las personas se echa a perder.

Primero que nada, necesitamos explicarle a nuestra
generación qué significa ser una persona, de dónde
viene, para qué vive, cuál es el propósito de su vida,
cómo debemos manejar nuestras vidas, cómo debemos
mejorarlas para que estén llenas de cosas significativas.

Al prepararnos correctamente en la vida, preparamos
a las nuevas generaciones un entorno, una cultura, una
educación adecuados, de manera que estas continúen
esa misma línea y tengan una vida plena y feliz.

No puede haber corrección si no es a través de la
educación. Es decir, tenemos que educar a las nuevas
generaciones a través de las diferentes etapas: niñez,
adolescencia y adultez, hasta el último momento de sus
vidas, de tal manera que sepan dónde están, quiénes son
y qué deben hacer, qué es bueno y qué es malo, cómo
tratarse unos a otros, niños y padres, cómo construir
sus vidas de forma que vean un futuro esperanzador y
tengan una vida llena de propósito. Y esto pasará de hijos
a nietos y a todo el entorno.

El punto principal de una educación correcta es la
actitud hacia los demás, el amor al prójimo. Si educamos
a la generación para lograr ese tipo de relación entre una
persona y otra, seguramente lograremos una generación
que alcance todo lo bueno.

Sin embargo, está claro que no es fácil educar a una
sociedad para que abandone el egoísmo y coloque el
bien de los demás por encima del bien propio. Todos
lo entienden, pero también sabemos que, si logramos el
éxito en este tipo de educación de amor a los demás,
lo habremos logrado todo y tendremos una generación
entera delante de nosotros que será buena y feliz.

Si no lo logramos, cuanto más progresemos, más pobre,
infeliz y atrasada será cada generación. Por eso creo que

no tenemos un problema mayor al que se enfrenta la humanidad excepto el problema de la educación, cómo desarrollarla y hacerla realidad, cómo aplicarla a todas y cada una de las generaciones venideras.

Para llegar a esa comprensión necesitamos inculcar que el bien general en última instancia también será el bien de la persona misma, del individuo. Tenemos que empezar desde hoy en adelante, ya que estamos atrasados en la educación de la próxima generación. Debemos ocuparnos de ellos y explicarles que no hay nada más importante que la actitud de una persona hacia los demás. Sólo así educamos a las personas para que tengan relaciones positivas al punto de amar a los demás. Así, podremos cambiar a la humanidad y estar seguros de que habrá paz en la Tierra.

Los valores que se deben inculcar a una persona a través de la educación pueden resumirse en el amor al prójimo. Aunque la frase es comprensible y común, parece que no hay nada más difícil que tratar bien a los demás. Por eso debemos ponerlo a la vanguardia de la educación para todas las edades, en la cultura, en nuestro trabajo.

Necesitamos impulsar todo en esa dirección, el desarrollo del cine, la música y el teatro, todo lo que forma parte de nuestra vida. Tenemos que conversar acerca de ejemplos positivos como producto de una buena educación y, lo contrario, lo que resulta de una mala educación. Enseñar constantemente a las personas que solo mediante una buena educación podremos garantizar un futuro adecuado.

Una buena educación es aquella en la que se fomenta en la persona el no hacer daño a los demás y que esto se convierta en una costumbre, en una actitud recurrente en todos los aspectos de la vida en los que se desenvuelve.

Como resultado de esta educación el individuo verá a la humanidad en una buena relación interna entre todos, y lo tomará como algo normal, natural, como parte de su vida y de su entorno familiar, laboral. Un entorno con el que constantemente quiere construir y establecer relaciones en armonía.

Por supuesto que esto va en contra de nuestra naturaleza egoísta, pero si adoptamos estos principios y los implementamos de manera constante, tratando a los demás de manera positiva, poco a poco, incluso nuestras fuerzas internas, que inicialmente se opusieron, darán un giro, cambiarán de forma significativa. Solo entonces podremos construir una relación con los demás, basada en vínculos de amor.

Los aspectos incluidos en una buena educación pueden ser tomado de la biología, la zoología, todo tipo de ciencias sociales y ciencias naturales, porque todo en la naturaleza funciona en equilibrio. De igual manera, nuestras relaciones interpersonales también deben ser balanceadas. Necesitamos conocer los ejemplos de la forma armónica en que funciona la naturaleza y ver cómo los aplicamos en nuestra vida social de acuerdo con esas mismas condiciones.

En otras palabras, una educación adecuada no es necesariamente cuánto sabe una persona sino qué pasa con sus relaciones con los demás. No se trata de ser el más listo sino de desear que la relación de amor al prójimo sea implementada en nuestra sociedad, y que sea lo que gobierne a todos.

Baal HaSulam, en *Los escritos de la Última Generación*, menciona:

«No debemos dudar de su suficiencia, como tampoco se creía que fuera posible educar a los niños con explicaciones, sino solo mediante el castigo. Sin embargo, hoy en día, la mayor parte de la civilización ha aceptado no golpear a los niños, y esta educación es más exitosa que el método anterior».[126]

Efectivamente, es por eso que se está dando esta transición donde se deja de castigar a los niños, y se opta por dar explicaciones. Estamos en un proceso de cambio, comprendiendo cada vez más que la persuasión y un enfoque educativo son más beneficiosos para transformar a la persona que el uso de castigos.

En el pasado, los métodos se basaban exclusivamente en sanciones: golpes, encierros o reprimendas severas. Sin embargo, hoy entendemos que hablar, dialogar y educar representan el enfoque correcto, la actitud adecuada para elevar a la humanidad desde las profundidades en las que se encuentra hasta las alturas donde debería estar.

Ya no es socialmente aceptado el reprender a los niños mediante castigos físicos. El hecho de que algo relacionado con la educación sea aceptado o rechazado por la sociedad depende de lo que sucede internamente en una persona con el paso de los años.

Evolucionamos de generación en generación, año tras año. Nos volvemos más inteligentes, más comprensivos, y empezamos a percibir las conexiones entre diferentes aspectos del mundo que se desarrollan frente a nosotros. Esto nos lleva a cambiar nuestra actitud hacia el mundo, hacia nosotros mismos, y también hacia los seres inanimados, vegetales, animales y, especialmente, hacia los humanos.

Es evidente que necesitamos hablar más, explicar más y educar mejor. Esto implica la necesidad de más maestros, educadores y personas capacitadas que sepan guiar a cada individuo desde sus primeros días en el mundo hasta la adultez, ofreciéndoles una orientación adecuada y enseñándoles a relacionarse correctamente con los demás. Este enfoque es lo que aún nos falta. No contamos con sistemas que realmente cumplan con esta función.

Además, no consideramos la educación como un proceso integral que debería incluir medios de comunicación como la radio, la televisión, la prensa y otros canales. Desde el jardín de infantes hasta las escuelas y más allá, no entendemos dónde está el papel de la familia, la escuela y otros sistemas en la formación de las personas. Nadie asume esta responsabilidad de manera adecuada. Por lo tanto, queda claro que necesitamos un cambio general en la educación de la sociedad, y este cambio depende de cada uno de nosotros.

Medir el éxito en la educación no es una tarea fácil, pero creo que los resultados en la sociedad pueden ofrecer un indicador. Podríamos observar cuántos niños terminan en problemas con la policía, enfrentando juicios o sanciones legales. Esto nos daría una medida relativa. Aunque claro, por mucho que lo intentemos, estos indicadores no nos satisfarán. Lo importante es empezar a cambiar la actitud misma hacia la educación.

La educación debe ser una responsabilidad colectiva: del pueblo, de la nación, del Estado, e incluso de toda la comunidad internacional. Este tema debería estar en la agenda de organismos como las Naciones Unidas y otros foros internacionales, donde se promueva su importancia y se motive a cada país a asumir esta tarea de forma seria. Solo entonces podremos comenzar a avanzar desde un sistema basado en castigos hacia uno que fomente mejores relaciones entre las personas.

Baal HaSulam en su artículo *La libertad* menciona:

«Quien continuamente se esfuerza en su vida, y elige cada vez un mejor entorno es digno de alabanza y recompensa. Y esto también, no debido a sus buenas acciones o pensamientos, que le llegan necesariamente, sin haberlos elegido, sino debido a su esfuerzo por adquirir un entorno bueno, que lo lleve a estos buenos pensamientos y acciones».[127]

Para Baal HaSulam el entorno lo es todo. A través de él la persona aprende los ejemplos correctos para desarrollarse en la sociedad humana, porque nuestras relaciones determinan todo para nosotros.

Por lo tanto, la educación en sí, que nos parece algo propio de una escuela o de una guardería, en realidad forma parte de nuestra vida en conjunto, desde que inicia hasta su fin. Por eso debemos empezar a hablar de la actitud hacia la educación como el método para colocar a las personas en el lugar correcto, en el que todos y cada uno de nosotros sepamos en qué mundo vivimos y cómo podemos alcanzar una vida feliz y saludable.

Luego de ocuparnos del entorno, del medio ambiente en que nos desarrollamos, entenderemos la forma que debemos alcanzar. Entonces podremos exigir del entorno un cambio de actitud para bien.

El entorno es un factor tan decisivo en las acciones y pensamientos del individuo porque no tenemos un individuo sin un entorno. En la medida en que el medio ambiente educa, dirige, cambia a la persona en su vida, de esta forma se estabilizará, se comprenderá a sí misma y encontrará su lugar en el entorno.

Por lo tanto, esto es lo principal que se requiere. Los educadores deben unirse alrededor de este objetivo y actuar de manera conjunta, viéndose a sí mismos en el centro de la sociedad, dirigiéndose a ellos mismos y a la sociedad para que vaya ascendiendo paso a paso. Todo depende únicamente de la voluntad de la sociedad.

Hay un famoso refrán que dice: «Dime con quién andas, y te diré quién eres» o «Dime quiénes son tus amigos y te diré quién eres», entonces, ¿cómo podemos elegir correctamente a nuestros amigos?

Nuestros amigos deberían ser los educadores, aquellos que a lo largo de los años dan a la nación en particular y a las naciones en general, un nuevo color, una nueva forma de sociedad humana, más comprensiva y balanceada.

Esto es lo que necesitamos para preparar a la generación que podrá ser guía de toda la humanidad. Por lo tanto, tal como lo mencioné antes, las organizaciones internacionales, tales como las Naciones Unidas, la UNESCO y otras similares, recibirán un estatus más alto. Tendrán que incluir educadores de todos los países que difundan el nuevo método de educación a través del cual se forme al ser humano y se fomente el amor al prójimo para toda la humanidad por igual.

Por ahora, luego de haber sostenido reuniones con líderes de Naciones Unidas y la UNESCO para presentar la propuesta de una educación novedosa en la que se transforme al ser humano e impulse relaciones interpersonales armoniosas, la cual fue recibida con entusiasmo, en la práctica no logró ser implementada.

A la luz de esta experiencia, me desanima el pensar que no hay realmente una voluntad de realizar cambios mediante estas organizaciones internacionales. Pero aún así, no podemos desistir porque el problema que debemos resolver persiste, crece, por lo que no podemos simplemente tratar de ignorarlo.

Es decir, no podemos dejar la transformación educativa que se necesita en manos de la próxima generación. Aun si tenemos que continuar por ahora con el sistema educativo de la generación anterior, es indispensable continuar difundiendo la educación correcta basada en la máxima universal, «Amarás a tu prójimo como a ti mismo».[128] Tal como escribieron los cabalistas, no tenemos otra opción más que seguir adelante en esa dirección.

La educación sigue siendo y siempre será el mayor problema de la humanidad. Si no llevamos a la humanidad a la conexión y al amor entre las personas, no resolveremos ninguno de los problemas del mundo.

Baal HaSulam, en *Los escritos de la Última Generación* menciona:

«Quizás dirás que mediante la educación y la opinión pública se puede invertir la naturaleza de las masas en altruista. Este también es un gran error, porque la educación no es capaz de producir más que una opinión pública, o sea que la opinión pública respetará el altruismo y denigrará a los egoístas, y la educación surtirá efecto cuando la opinión pública mantenga el altruismo mediante el honor y la denigración. Pero llegado el caso de algún orador profesional y exitoso, capaz de dar discursos en contra de la opinión pública a diario, este podrá cambiar la opinión pública a su voluntad, sin ninguna duda.

Ya tenemos una amarga experiencia al respecto en la historia, cómo aquel malvado que convirtió a un pueblo bien educado como los alemanes, y los transformó en animales de presa mediante sus discursos diarios. Y fue entonces que una educación de varios siglos explotó como una burbuja de jabón. Y todo esto ocurrió porque cambió la opinión pública, y la educación ya no tenía nada en qué basarse. Porque la educación no puede sostenerse sin el apoyo de la opinión pública».[129]

De este texto se podría deducir que, según Baal HaSulam, la educación por sí sola no es suficiente para arreglar a la humanidad. La razón es que la educación puede inspirar a la sociedad a cambiar, pero luego se necesita que esa transformación ocurra de hecho de manera gradual e involucre cada vez más personas. Debe llegarse a un punto en que la mayoría de la población participe en impulsar nuevas relaciones interpersonales. Entonces, podremos ver los cambios en la sociedad humana en su conjunto.

Para comprender cómo construir la sociedad futura, es fundamental analizar el sistema educativo actual y su origen histórico. Este sistema nació durante la Revolución Industrial, que tuvo lugar entre 1760 y 1840, marcando la transición de una economía basada en la agricultura y la producción artesanal a una economía centrada en la producción industrial.

El objetivo principal del sistema educativo en ese contexto era formar y disciplinar a la mayor cantidad posible de personas para integrarlas en la vida social y el trabajo productivo. Sin embargo, este enfoque no consideraba las necesidades, intereses ni las condiciones particulares de los estudiantes. En su lugar, se priorizó la estandarización de procesos y recursos, buscando uniformidad en lugar de individualidad.

Si bien la educación ha evolucionado desde entonces, todavía no responde a los intereses de la generación actual. Así, una nueva educación tendría que adaptarse a nuestra generación. Constituye un gran problema el hecho de que hayamos dejado a la educación en el abandono. Más bien hemos dirigido a toda la generación actual, y a varias generaciones pasadas hacia el desarrollo tecnológico, técnico, sin importar lo que hagamos ni la forma en que nos comportemos. Lo importante ha sido desarrollarnos lo más posible en avances tecnológicos. De esto resulta que evaluamos a una persona según su inteligencia técnica, según sus capacidades tecnológicas y no de acuerdo con su actitud hacia los demás.

¿Por qué es tan importante para nosotros el que hoy día estemos rodeados de máquinas, programas y dispositivos, de todo tipo de artefactos, si tenemos miedo de que todo este desarrollo pueda enterrarnos? En ese sentido, necesitamos pensar seriamente y comprender que no es el desarrollo tecnológico, sino el desarrollo humano, la relación correcta entre las personas, lo que debería ayudarnos a salir de lo que hoy nos parece un callejón sin salida en el que nos encontramos.

Creo que ya estamos en el ciclo de transición de la situación actual a un modelo educativo acorde a las necesidades de nuestra época. Ya comenzamos a apreciar más la relación entre los humanos en comparación con todo tipo de éxitos materiales o tecnológicos.

Parecería que en un futuro cercano comprenderemos cada vez más que lo principal no son las máquinas que construiremos, sino las relaciones positivas que podemos construir entre nosotros. Sin elevar a la humanidad a un nuevo nivel de relaciones entre las personas no podremos construir un mejor futuro.

Un buen educador debería primero que todo estudiar los escritos de Rav Yehuda Ashlag (Baal HaSulam) y de su hijo, Rav Baruj Ashlag, porque sin este aprendizaje sería imposible formarse a sí mismo y tener las bases necesarias para impartir esta nueva educación a esta y las generaciones futuras.

Por otro lado, si el paradigma educativo actual no cambia, será imposible ofrecerles a los jóvenes de hoy el estar satisfechos consigo mismos y la vida que les ha tocado vivir, con su desarrollo. Al contrario, veremos un declive aún mayor de la humanidad, por lo que no tenemos mucho tiempo, necesitamos comprender cada vez más de qué depende nuestro buen futuro: simplemente de una educación adecuada. Así, tendríamos que ser muy cuidadosos en no llevar la tecnología a un nuevo nivel antes de llevar la educación a un nuevo nivel.

Incluso los precursores de la alta tecnología admiten que corremos peligro con el uso de la inteligencia artificial porque sienten que faltan valores para que estos avances no se salgan de control. Para evitar que esto suceda, debemos publicar más las opiniones de quienes cuentan con una educación espiritual en todo el mundo, más allá del plano básico material. Una educación que forme a un ser humano integral que no se conforme con el éxito material, sino que también se ocupe de su desarrollo espiritual.

Internet y las redes sociales son el entorno central de esta generación, el factor más influyente entre las fuentes

de la educación actual. Podemos utilizarlos e influir por
medio de ellos de manera positiva si los encaminamos
hacia la unión entre las personas tomando en cuenta las
sensibilidades del individuo.

Sin educar a las personas de la manera más amplia,
no podremos garantizar que la próxima generación no
se degenere en más guerras. Hoy día, tanto los países
como los partidos políticos, los gobiernos y el pueblo en
su conjunto, entienden que nuestro futuro promisorio
depende de una buena relación entre nosotros.

• Tecnología

La visión social de Baal HaSulam, establece que
cualquier cambio positivo en la humanidad depende de
la educación. En la actualidad, vemos cómo la sociedad
está profundamente influenciada por la tecnología. Por
ello, es fundamental indagar cómo podemos crear y
utilizar la tecnología para educar adecuadamente a la
sociedad.

Disponemos de muchas opciones para desarrollar
tecnología y herramientas que podrían mejorar la
forma en que llegamos a los estudiantes, distribuimos
conocimiento y facilitamos el aprendizaje. Sin embargo,
creo que la humanidad no está preparada para este
avance. La tecnología progresa rápidamente, pero los
seres humanos no han evolucionado al mismo ritmo. A
menudo subestimamos estas innovaciones y no sabemos
usarlas correctamente.

Tenemos ejemplos claros de ello: bombas, armas y
otras tecnologías que han caído en manos de personas
incapaces de utilizarlas de manera responsable. El
resultado es que estas herramientas avanzadas, en lugar
de mejorar la vida, se convierten en medios para la lucha,
la opresión y el sufrimiento.

Elon Musk, uno de los pioneros de la tecnología, ha
dicho que «la inteligencia artificial es más peligrosa que

las bombas nucleares».[130] Yo estoy completamente de acuerdo con esa afirmación. Con las nuevas tecnologías, un solo clic podría colapsar las herramientas y sistemas de comunicación del mundo, transformando nuestra vida en algo terrible.

Espero que, junto con los avances tecnológicos, la humanidad adquiera también una educación renovada que fomente la unión y la comprensión mutua. Solo así podremos evitar que la tecnología sea un obstáculo para una vida buena y pacífica.

Si Elon Musk u otros líderes tecnológicos pidieran consejo sobre cómo utilizar la tecnología para servir verdaderamente a la humanidad, les sugeriría invertir mucho más en educación, en acercar a las personas y fomentar un entendimiento más profundo ya que el éxito en la vida no depende de la tecnología ni de los armamentos, sino del desarrollo humano. Necesitamos formar personas que comprendan que el futuro del mundo depende del entendimiento mutuo y de la colaboración.

La tecnología podría mejorar nuestra vida, pero actualmente parece que ocurre lo contrario. Deberíamos asegurarnos de que las tecnologías que se hacen públicas sean únicamente aquellas que beneficien a toda la humanidad, no a unas pocas personas que buscan poder o riqueza.

Es necesario reflexionar sobre cómo construir un futuro justo y hermoso para todos, invirtiendo más en educación y salud. Estas deberían ser nuestras prioridades, en lugar de fomentar desigualdades o perpetuar la pobreza que vemos en muchas partes del mundo.

Por lo tanto, para garantizar un desarrollo tecnológico que no sea perjudicial deberíamos elegir a personas y gobiernos comprometidos con priorizar el desarrollo cultural, tecnológico y médico por encima de las armas y la fuerza. La tecnología debe estar al servicio de mantener relaciones cálidas y respetuosas entre las personas, y no ser utilizada como una herramienta para el control o la opresión.

Para que la tecnología verdaderamente esté al servicio de la educación resulta primordial orientar nuestro desarrollo hacia el bien común y evitar que herramientas peligrosas se extiendan. Esto requiere un control cuidadoso, porque actualmente vemos que personas con grandes recursos financieros y poder político pueden influir en los gobiernos y llevar al mundo a situaciones catastróficas.

Baal HaSulam, en *Los escritos de la Última Generación*, advierte:

> «Dios le dio la técnica a los hombres hasta que descubrieron la bomba atómica y la bomba de hidrógeno, y si aún el mundo no tiene claro la destrucción general que están por traer al mundo, esperarán a llegar a la tercera o cuarta guerra mundial».[131]

Podríamos cuestionar por qué el Creador nos da tecnologías avanzadas que no podemos afrontar de manera positiva. En realidad, el Creador nos ha dado razón, sentimientos y medios de comunicación que nos permiten entender dónde estamos y hacia dónde podríamos dirigirnos, incluso hacia lugares peligrosos. Esto significa que también nos ha dado la capacidad de reflexionar y asegurarnos de que nuestro desarrollo sea correcto. Durante mucho tiempo, el desarrollo tecnológico fue lento, y solo ahora tenemos este avance rápido y masivo.

Sin embargo, esta oportunidad plantea un gran problema: con un solo botón, literalmente podemos destruir todo el planeta. Esto nos obliga a pensar detenidamente en cada paso que damos y en la dirección que tomamos con nuestro desarrollo.

Si bien es cierto que el Creador nos ha dado inteligencia para discernir entre el bien y el mal, no la usamos correctamente ya que estamos dominados por nuestro instinto egoísta, nuestro mal instinto.

El ego nos controla y nos impulsa a avanzar sin consideración, incluso cuando sabemos que nuestras acciones pueden ser destructivas. Nos hemos desarrollado principalmente a través de guerras, y nunca antes en la historia de la humanidad habíamos tenido la capacidad de matarnos entre nosotros en cantidades tan enormes.

Por eso, el primer paso es centrarnos en la educación. Mientras tanto, deberíamos restringir el desarrollo tecnológico hasta que estemos preparados para usarlo correctamente.

La educación debe tener como principal objetivo el formar mejores personas, fomentar la paz. Necesitamos una educación que nos enseñe a pensar antes de actuar:

1. ¿Por qué estamos impulsando este desarrollo tecnológico?
2. ¿Hacia dónde nos lleva?
3. ¿Es un desarrollo bueno y correcto?

Deberíamos aceptar y promover solo aquellos avances tecnológicos que sean beneficiosos y positivos para todos los países y la humanidad en su conjunto.

La dualidad en la tecnología, la cual puede ser constructiva y destructiva al mismo tiempo, existe para que podamos reflexionar profundamente sobre nuestras acciones, monitorearnos y comprender el impacto de nuestras decisiones. Es una oportunidad para ver qué tenemos en nuestras manos y cómo podemos cuidar de nuestro futuro. Si no tomamos esta responsabilidad en serio, podríamos destruir el planeta, y esto es algo que ya preocupa a muchas personas.

Baal HaSulam escribe en *La Última Generación*:

«Una vez que la verdad y la falsedad han sido despojadas de los cuerpos y se convierten en conceptos abstractos, pierden lo principal de su significado... [...] es posible que el evaluador elogie la verdad incluso cuando cause un gran daño al colectivo o al individuo, y condene ... la mentira incluso cuando sea extremadamente beneficiosa para el individuo o para la sociedad».[132]

La humanidad debe adoptar la idea de desarrollar tecnologías solo cuando estas no causen daño. Si no lo hacemos, corremos el riesgo de llegar a la aniquilación mutua.

Recientemente, se han hecho intentos por regular la inteligencia artificial, como en su momento se hizo con las bombas atómicas. Es posible que se logre una cierta moderación, sin embargo, no estoy seguro de que nos permitan vivir en paz absoluta.

La tecnología da un poder enorme sin exigir responsabilidad inmediata. La Providencia lo permite para otorgar al ser humano más opciones y libertad para decidir sobre su presente y futuro, como explica Baal HaSulam. Esperemos que esta libertad impulse a las personas a buscar una educación adecuada y a desarrollar la capacidad de detenerse a reflexionar antes de actuar.

Dado que la vida actual depende tanto de la tecnología, hay quienes añoran volver a una vida más sencilla, como la de los pueblos en el pasado, pero no creo que eso sea posible ni deseable. La tecnología continuará desarrollándose, y no podemos ni debemos detenerla. Lo importante es establecer límites claros, particularmente en áreas donde puede convertirse en un arma o tener efectos destructivos. La clave está en usar el desarrollo tecnológico para el bienestar de todos y, al mismo tiempo, prevenir que nos lleve al colapso.

Está escrito en Eclesiastés: «Quien aumenta el conocimiento, aumenta el dolor».[133]

La relación entre conocimiento y dolor, según este enfoque, radica en cómo la humanidad utiliza el conocimiento en función de su naturaleza interna, dominada por el ego.

Es fundamental educar a las personas para que desarrollen un entendimiento profundo de cómo usar el conocimiento de manera constructiva y no destructiva. Se deben limitar las fuerzas y desarrollos que puedan llevar al mal uso del conocimiento, como las armas y tecnologías peligrosas. Así, el desarrollo tecnológico y científico debe orientarse hacia el beneficio colectivo, dejando en segundo plano cualquier intención egoísta o dañina.

Por lo tanto, la esperanza de que la humanidad logre un equilibrio entre el avance del conocimiento y el fortalecimiento de valores éticos, asegura un desarrollo que no solo sea sostenible, sino que también evite sufrimiento innecesario.

En la *Introducción al Libro del Zóhar*, Baal HaSulam escribe:

> «Ven y ve, que cuando todas las personas del mundo estén de acuerdo de forma unánime, en abolir y erradicar el deseo de recibir para sí mismos, que se encuentra dentro de ellos, y no tener otro deseo más que el de otorgar a sus amigos, entonces se anularían todas las preocupaciones y todos los peligros en la Tierra. Y cada uno estaría seguro, con una vida saludable y completa, ya que para cada uno de nosotros habría un gran mundo preocupado por su bienestar, y listo para satisfacer sus necesidades».[134]

La clave está en la intención. El desafío central de la humanidad no es el desarrollo tecnológico en sí, sino el propósito detrás de su uso. La tecnología debe orientarse hacia el bienestar colectivo, no hacia el control o el daño. El desarrollo debe estar guiado por la intención de beneficiar a todos y fomentar la conexión entre los seres humanos.

La humanidad tiene una inclinación egoísta, que lleva a utilizar el conocimiento y la tecnología para el beneficio personal o destructivo. Es necesario «sujetar las riendas» de este ego y garantizar que cualquier avance esté regulado y guiado por un propósito positivo.

Antes de introducir tecnologías avanzadas, es esencial educar a las personas sobre cómo usarlas responsablemente. La educación debe enfocarse en desarrollar la conciencia, el amor y la conexión entre las personas, contrarrestando el instinto maligno del ego.

La tecnología ha permitido que la Sabiduría de la Cabalá se difunda a nivel global, conectando a personas de diferentes culturas e idiomas. Este avance es positivo, pero aún hay mucho por hacer para garantizar que esta herramienta impulse la unidad y el amor entre las personas.

Es imperativo establecer leyes y sistemas que monitoreen el uso de tecnologías peligrosas. Antes de introducir nuevas herramientas a la sociedad, debemos asegurarnos de que serán utilizadas de manera segura y para el beneficio colectivo.

Aunque la tecnología puede facilitar la conexión entre las personas, el verdadero avance dependerá de un cambio interno en la humanidad. Si se fomenta el desarrollo espiritual y la búsqueda de un propósito superior, la tecnología se convertirá en una herramienta para un futuro más seguro y placentero.

El desarrollo tecnológico debe ir de la mano con el desarrollo ético y espiritual de la humanidad. Sólo a través de la educación adecuada y la responsabilidad colectiva, podremos garantizar que las tecnologías sirvan para mejorar nuestras vidas y fomentar la paz en lugar de ponernos en peligro.

Religión

En *Los escritos de la Última Generación*, Baal HaSulam escribe:

> «Hasta que la religión no se expandió en el mundo en gran medida, el mundo entero era bárbaro, sin el mínimo atisbo de moralidad. Sólo después de que los siervos del Creador se expandieron, los descendientes de los agnósticos se volvieron personas idealistas».[135]

Según Baal HaSulam, la religión es lo que las personas piensan sobre el Creador, sobre la Fuerza Superior, pero tal como lo explican los sabios de la Cabalá, este entendimiento se alcanza a través de la revelación de la Fuerza Superior en el ser humano, quien siente y está en contacto con Él.

En otras palabras, la diferencia entre la visión de la religión según Baal HaSulam y el concepto que conocemos de manera general es muy grande. Según Baal HaSulam y los cabalistas, la religión está vinculada a la experiencia personal de sentir al Creador, comprenderlo y alcanzarlo, algo que depende del nivel espiritual de la persona y de su alcance espiritual. Para la gente común, que no estudia la Sabiduría de la Cabalá, la religión se basa en lo que leen o les enseñan, lo que llaman «preceptos», «mandamientos». Así, existe una marcada diferencia entre la visión cabalista de la religión y la perspectiva general.

Cada nación, grupo o civilización que alcanzó algún progreso buscó comprender a la Fuerza Superior, al Creador y con este propósito surgieron las religiones. En su afán por investigar qué es y qué representa dicha fuerza, construyeron sus propias ideas y sistemas a los que llamaron religión.

Los cabalistas, por otro lado, basaron su conocimiento únicamente en sus alcances espirituales, ya que aquello que no se alcanza no puede describirse ni comprenderse completamente. Por eso existe una gran diferencia entre la percepción cabalista del Creador y la visión de la gente común.

El papel de la religión en nuestra generación es crucial, ya que las personas necesitan descubrir la esencia y el propósito de la vida. Deben entender por qué y para qué existen, y cómo pueden crecer espiritualmente para alcanzar una conexión con la Fuerza Superior y avanzar hacia un reconocimiento mutuo pleno.

Antes de la religión, las personas no sabían cómo relacionarse con la Fuerza Superior, la vida o su propósito. Fue a través de la religión que comenzaron a acercarse al concepto del Creador y la creación, lo que marcó un avance significativo para la humanidad.

La función de la religión es permitirnos alcanzar al Creador, lograr una comprensión clara de la Fuerza Superior y entrar en una relación mutua con Él. Esto implica avanzar hacia el estado de «Yo soy para Él (mi amado) como Él (mi amado) es para mí»[136] y, a través de este proceso, todos los seres humanos progresan en el conocimiento de la divinidad.

En todas las religiones monoteístas se habla del «amor al prójimo» como idea central, pero en la práctica esto no ocurre. Para lograrlo hace falta el conocimiento de la divinidad y un camino claro para alcanzarla. Las personas aún no sienten esa carencia profundamente, pero llegará un momento en que experimenten la necesidad de alcanzar la divinidad.

Como está escrito: «Conoce al Dios de tu padre y sírvele»,[137] debemos conocerlo, reconocerlo y sentirlo tan cerca como el administrador de nuestras vidas.

El principio fundamental que debe inculcar la religión en la sociedad es «Amarás a tu prójimo como a ti mismo»;[138] esta es la gran regla. A partir de este amor hacia los demás, se puede avanzar hacia el amor al Creador. Estos dos pasos son esenciales según la religión.

A lo largo de la historia, todas las civilizaciones han practicado alguna forma de religión. La religión se volvió necesaria para todas las naciones porque las personas se dieron cuenta de que el mundo y la naturaleza no pueden existir sin un plan y un poder superior que los guíe. Sintieron que esta fuerza esperaba una respuesta y reconocimiento por parte de ellas. Así, la religión surgió como un intento de conectarse con esa fuerza y encontrar un propósito.

Una sociedad sin religión carece de estabilidad y de fundamentos sólidos. Necesita una base común que le permita avanzar hacia un propósito claro. Sin la idea de la Fuerza Superior, resulta difícil unir a las personas o proporcionarles un objetivo significativo.

En el siglo XIX, las personas se alejaron de la religión porque no encontraban principios estables en ella. Con el desarrollo de la ciencia, filosofía e historia, creyeron que podían vivir sin religión. Sin embargo, con el tiempo se dieron cuenta de que la ausencia del concepto de Dios dificultaba la comprensión completa de la naturaleza y la vida, lo que las llevó a reconsiderar su postura.

Por otro lado, la religión provocó actitudes de coerción y guerras a lo largo de la historia. Esto tiene que ver con la naturaleza egoísta del ser humano. Las religiones, al no basarse en la exploración de la naturaleza ni en el conocimiento del espíritu de Dios, entraron en conflicto entre sí. Este egoísmo condujo a guerras, odio y sufrimiento.

Si cada uno progresa en su fe respetando las creencias de los demás, la coexistencia será posible. Aunque este sea un desafío complejo, esperamos que se concrete.

En *Los escritos de la Última Generación*, Baal HaSulam añade:

> «El egoísmo natural no se quebrará con medios artificiales como la opinión pública y la educación. Para eso no hay cura, excepto una religión que sea natural».[139]

Baal HaSulam, al referirse a que la religión es natural, explica que esta se fundamenta en el estudio y la comprensión de la naturaleza como manifestación del Creador, el poder supremo que rige todas las cosas. Al observar y aprender de la naturaleza, se puede alcanzar un conocimiento profundo de la divinidad, ya que los atributos y las leyes de la naturaleza son un reflejo directo del Creador.

La religión natural se refiere a que Dios, *Elokim*, en la gematría (valor numérico de las letras hebreas), es equivalente a «La naturaleza» (*HaTeva*).[140] Esto sugiere que estudiar la naturaleza equivale a estudiar al Creador. Él se manifiesta en los atributos y leyes naturales. Al comprender cómo opera la naturaleza en todos sus niveles, los humanos pueden descubrir y conectarse con la divinidad. Esto es lo principal, lo que necesitamos entender, investigar, aprender y atesorar.

En *Los escritos de la Última Generación*, Baal HaSulam escribe:

> «La religión es la única base segura para elevar el nivel moral de la sociedad, hasta que cada persona trabaje según su capacidad y reciba según sus necesidades».[141]

De acuerdo con la Sabiduría de la Cabalá necesitamos alcanzar una conexión entre nosotros, amor y devoción hasta tal punto que no haya diferencias entre las personas. Todos llegaremos a tal nivel de conexión y acercamiento. Como está escrito, «Cada cual ayudará a su prójimo»,[142] y el amor al prójimo es lo que la religión exige de nosotros por ser la ley general.

Y necesitamos alcanzar ese amor mutuo hasta que se multiplique de manera exponencial hasta que los miles de millones de personas que existen en el mundo se entiendan, sientan y se comuniquen entre sí en vínculos de amor, de lo contrario, nos enfrentaremos a un problema existencial como humanidad.

La religión debería ser la única base segura para establecer estos principios en la sociedad. Pero esto se refiere no a la religión que concebimos como un conjunto de creencias, sino la religión que establece que hay una sola fuerza en la naturaleza, que es la fuerza del amor y la conexión entre todos.

Debemos llegar a conocer cómo esta fuerza funciona, cambiar nuestra tendencia hacia la separación y acercarnos más unos a otros, teniendo al Creador como el eje central de nuestra vida.

La religión, por un lado, nos revela muchas exigencias y, por el otro, muchas recompensas. Se nos dice que si seguimos las leyes religiosas llegaremos a situaciones en las que disfrutaremos de la vida, detendremos las guerras. Pero en general, es la religión natural la que nos explica cómo debemos vivir, existir y acercarnos unos a otros. Entenderemos cómo existe la naturaleza y qué leyes nos rigen, detendremos las guerras y sabremos convivir en armonía como humanidad en su totalidad.

Con respecto a la formación religiosa, Baal HaSulam escribe en *Los escritos de la Última Generación*:

> «La forma religiosa de todas las naciones debe primero y principalmente obligar a sus miembros a otorgarle a su prójimo el concepto de que la vida de otra persona está antes que la propia, una formación de "Ama a tu prójimo como a ti mismo", significando que uno no se beneficiará de la sociedad más que

los desfavorecidos. Esta es una religión extensiva a
todas las naciones [...]. Fuera de esto, cada nación
puede seguir su propia religión y tradiciones, y una
no debe interferir con la otra».[143]

Estos valores deberían ser importantes en la sociedad
del futuro porque son los recibidos a través de los padres.
Tendrían que recalcar que se debe avanzar sin necesidad
de entrar en conflicto, porque cada uno tiene que dejar
vivir al otro como lo desee.

Necesitamos entender que «Amarás a tu prójimo como
a ti mismo»[144] es la ley general que todos debemos
respetar. Esto significa que acepto a todas y cada una
de las personas en el mundo, quienes tienen derecho a
conducir su vida según lo que piensan, de acuerdo con
su tradición y principios. Entonces, como está escrito en
el profeta Isaías, «Ninguna nación levantará la espada
contra otra nación, ni se entrenarán más para hacer la
guerra».[145]

En general, prevalece el concepto de religión como un
conjunto de leyes que recibimos de la generación anterior
y que son aceptables en la sociedad, las cumplimos y
perpetuamos. Consideramos importante para nosotros
el aceptar los hábitos en la sociedad humana que nos
aseguren una existencia buena, correcta y cómoda.

En *Los escritos de la Última Generación*, Baal HaSulam se
refiere a las leyes de la religión colectiva, que deben ser
iguales para todos:

«a. Uno debe trabajar por el bienestar de las personas
tanto como pueda y aún más si fuera necesario, hasta
que no haya más hambre ni sed en todo el mundo.

b. A pesar de que sea una persona diligente, no disfrutará
de la sociedad más que alguien rezagado. Habrá un
nivel de vida igual para todas las almas.

c. Además, aunque exista una religión, las muestras de
los debidos honores deberían impartirse de acuerdo

con la religión; cuanto mayor sea el beneficio que se aporte a la sociedad, mayor condecoración se recibirá».[146]

Cuando Baal HaSulam habla de una religión inclusiva se refiere a que necesitamos introducir en nuestra sociedad la ley del amor, de la conexión, de la consideración mutua. Y tenemos que aprenderlo desde la infancia para que forme parte de nuestra naturaleza. Lo principal es defender este principio de manera contundente y coherente, de manera que nos quede claro cuán importante es preservarlo para una vida armoniosa en la sociedad.

Espero que en un futuro cercano cambiemos la mayoría de las religiones a una religión uniforme y que seamos capaces de mantenerla con toda su fuerza y alcance en la sociedad humana. Así alcanzaremos el amor fraternal en nuestra sociedad.

La Sabiduría de la Cabalá es en realidad esta nueva religión, la cual consiste en tratarnos unos a otros con amor y ver la conexión entre nosotros como el objetivo de nuestro desarrollo.

Año tras año más personas se acercan a la ciencia con el propósito de entender y conocer a la Fuerza Superior, pero eso es posible a través de los estudios de la Sabiduría de la Cabalá. De esta forma conocemos la verdadera religión, qué es la Fuerza Superior, Dios, que abarca toda la naturaleza. Al saberlo, no habrá conflictos ni desacuerdos entre nosotros, juntos exploraremos la única fuerza suprema de la naturaleza y trataremos de acercarnos a ella, comprenderla, sentirla e integrarnos a ella.

Baal HaSulam también explica que solo la religión será capaz de superar las limitaciones de la educación y la opinión pública para preservar el vigor y la persistencia de los nuevos valores. En *Los escritos de la Última Generación*, dice lo siguiente:

«Ninguna propaganda puede garantizar un régimen coercitivo sobre las generaciones futuras. Ni la opinión pública ni la educación ayudarán en este caso, porque ellas por naturaleza se van debilitando, a diferencia de la religión que, por naturaleza, se va fortaleciendo. Vemos por experiencia que las naciones que han aceptado la religión primero de manera coercitiva y compulsiva la observan por decisión y voluntad propia en las siguientes generaciones. Más aún, son devotos y se entregan a ella por completo».[147]

De hecho, la educación no es suficiente. La humanidad no puede aferrarse a la educación, ya que gira, cambia y se aleja de ella. Más bien, simplemente deberíamos tratar de crear una relación tal que entendamos cuán necesaria es la conexión entre nosotros, solo esto nos traerá el conocimiento de la Fuerza Superior de la naturaleza.

Tal como lo ha dicho Baal HaSulam:

«La religión es la única base segura que no se abolirá por generaciones».[148]

Los principios de la religión que la hacen imprescindible a lo largo de las generaciones se resumen en el hecho que a través de ella formamos a la generación más joven, dimos relativa libertad a las personas, tratamos bien a los pobres, a los enfermos, a los indefensos.

La religión nos dirigió a una relación buena y hermosa entre nosotros, por lo que las personas se aferraron a ella hasta que llegamos a la explosión del ego, el cual construimos a tales niveles que hoy la religión, tal como la conocemos, no funciona. Hoy día no podemos frenar el ego y manejarlo de alguna manera, ya no es posible.

Por otro lado, no se puede decir que la religión no haya hecho nada positivo en la historia de la humanidad. Ella nos empujó a la ciencia, a la sabiduría, a todo tipo de avances que alcanzaron cierto límite, hasta que esta empezó a oponerse a ese desarrollo.

Las condiciones de progreso científico en la sociedad, por un lado, y por el otro, la ruptura existente del tejido social podría llevar a cuestionarnos por qué los líderes de las diferentes religiones no han dado pasos más concretos hacia la unidad.

Esto no parece factible porque si se acercaran demasiado unos a otros, literalmente destruirían las religiones porque toda religión todavía predomina en el sentido de, «Yo soy el primero, yo soy la verdad». Por lo tanto, los líderes religiosos no podrán unirse, a pesar del juego de apariencias externas de que hay acercamientos en esa dirección. En realidad, no es así.

Sin embargo, entre los actores positivos creados con la ayuda de la religión se destaca que gracias a las religiones la humanidad ha desarrollado sistemas hospitalarios y de ayuda a los necesitados, sistemas de estudio, entre otros. Pero esto ha ocurrido de una manera muy limitada.

En conclusión, cualquiera que sea la realidad a la que nos enfrentemos, Baal HaSulam nos indica que debemos replantearnos qué es la religión porque el concepto tradicional de la palabra ha desaparecido. Necesitamos saber que el propósito fundamental de la religión, la fe y la divinidad es conducirnos hacia la unidad, a explicarnos cómo existir en una convivencia pacífica en el mundo de hoy.

CAPÍTULO 7

LA MÁXIMA UNIVERSAL

Para Baal HaSulam, el principio «*Amarás a tu prójimo como a ti mismo*»[149] es el fundamento de una sociedad justa y el objetivo central del desarrollo humano. Considera que este mandamiento no es solo una norma ética o religiosa, sino una ley universal que rige la corrección del individuo y la humanidad en su conjunto.

La importancia de este principio radica en que permite transformar la naturaleza egoísta del ser humano en una fuerza positiva de unidad y cooperación. Además, sostiene que al actuar con altruismo y buscar el beneficio de los demás, el ser humano se asemeja a las leyes de la naturaleza y al Creador, alcanzando un estado de plenitud y conexión espiritual. La aplicación práctica de este principio es esencial no solo a nivel individual, sino también a nivel social y global.

Amarás a tu prójimo como a ti mismo

El principio «Amarás a tu prójimo como a ti mismo»[150] constituye la meta más elevada del desarrollo de la creación. Es el propósito esencial de toda la naturaleza, que funciona como un sistema integral y armónico, guiando a la humanidad hacia este objetivo supremo. Aunque desde nuestra perspectiva actual pueda parecer poco lógico, irreal o incluso inalcanzable, debemos aceptarlo como una ley fundamental, ya que la naturaleza, como un conjunto de fuerzas interconectadas, nos conduce de manera gradual hacia esta meta.

Baal HaSulam proporcionó un camino claro y accesible para alcanzar este propósito. A través de sus escritos, artículos y análisis profundos, delineó el proceso necesario para llegar a este estado ideal de unidad y amor mutuo. Su legado incluye una vasta colección de materiales que explican, con precisión y detalle, las leyes de la naturaleza y el propósito de la existencia, mostrando cómo transformar nuestras relaciones egoístas en altruistas.

Además, no solo describió el estado final de corrección, sino también los pasos prácticos para alcanzarlo. Subrayó que la responsabilidad de completar este proceso recae principalmente en nuestra generación. Según Baal HaSulam, somos la generación que tiene ante sí la posibilidad y el deber de implementar estas enseñanzas y hacer realidad esta visión.

En su artículo *Matán Torá* (La entrega de la Torá) Baal HaSulam expone la idea de que «"Amarás a tu prójimo como a ti mismo es una gran regla de la Torá".[151] Debemos entender que el resto de las 612 *Mitzvot* de la Torá, con todas sus interpretaciones, son nada más y nada menos, que la suma de los elementos incorporados y contenidos en esa única *Mitzvá* (precepto) de "Amarás a tu prójimo como a ti mismo"».[152]

Es posible resumir toda la Torá, con sus detalles y revelaciones, en una única frase como «Amarás a tu prójimo como a ti mismo»[153] porque esta representa el destino final del desarrollo de la naturaleza, un proceso que estamos atravesando. Este desarrollo, ya sea que lo aceptemos voluntariamente o no, nos lleva gradualmente hacia un estado en el que alcanzamos tal alineamiento y conexión que resulta imposible ignorarlo o escapar de él.

Es nuestro propio desarrollo el que nos conduce a reconocer esta máxima universal como la meta suprema, el propósito último de la creación. Este principio se presenta ante nosotros como algo irremplazable, inmutable e ineludible.

Necesitamos desarrollar una relación de amor y responsabilidad no solo hacia los seres humanos, sino también hacia todos los niveles de la creación: inanimado, vegetal, animado y hablante. Debemos aprender a ver a todas las criaturas como parte de nuestro ser, sintiéndolas tan cercanas como a nosotros mismos, hasta alcanzar un amor pleno y absoluto hacia todo lo que existe.

La regla «Amarás a tu prójimo como a ti mismo»[154] está orientada hacia el futuro, marcando el objetivo supremo que la humanidad debe alcanzar. Es nuestra responsabilidad trabajar hacia este estado y cumplir plenamente con esta regla, ya que no existe una misión más importante en nuestra existencia.

Esta ley central no solo define nuestras relaciones interpersonales, sino que también sirve como el eje fundamental de toda la creación. A través de ella podemos entender y alinearnos con el resto de las leyes universales y con el propósito de la existencia misma. La regla está plasmada en modo imperativo, entonces ¿cómo se puede obligar a alguien a amar, considerando que va contra nuestra naturaleza egoísta? Puede parecer imposible y contrario a nuestra naturaleza que alguien nos obligue a amar. Sin embargo, si entendemos que esta es la ley fundamental de la naturaleza, vemos que estamos destinados a alcanzarla.

Aunque actualmente nos encontramos en un estado opuesto, dominado por el egoísmo, debemos transformarnos para otorgar amor a todos y al ambiente que nos rodea. Solo entonces, esta ley será aceptada universalmente, sin restricciones ni limitaciones, como la base de nuestra existencia.

«Prójimo» se refiere a la persona más cercana a ti, alguien con quien no percibes ninguna separación, como si fuera una extensión de tu propio ser.

«Como a ti mismo» significa que debes amar a tu prójimo con la misma intensidad y dedicación con la que te amas a ti mismo, sin ninguna diferencia.

Hay una idea extendida de que no podemos amar a los demás hasta que nos amemos y aceptemos a nosotros mismos. Sin embargo, no necesitamos enfocarnos en desarrollar una actitud especial hacia nosotros mismos. Más bien, debemos tratar a los demás con el mismo cuidado y amor con el que nos tratamos. Si logramos esto, alcanzaremos el estado de «Amarás a tu prójimo como a ti mismo»,[155] en el que todos seremos como un solo cuerpo, «un solo hombre con un solo corazón».[156]

Para los cabalistas, esta es la regla fundamental. Aquellos que alcanzan una percepción completa de la realidad comprenden que todo gira en torno a esta ley y que la totalidad de la creación está diseñada para alinearse con ella.

Toda la realidad está construida en torno a esta ley porque es la esencia misma de la creación. Aunque no la percibimos claramente porque estamos alejados de ella, al avanzar en la Sabiduría de la Cabalá comenzaremos a identificar cómo todas las partes de la creación están destinadas a unirse en un único sistema armónico. En este estado, todos seremos como una sola persona, y no habrá diferencia entre nosotros.

Cuando alcanzamos la regla «Amarás a tu prójimo como a ti mismo», comenzamos a ver la unidad subyacente en toda la creación. Percibimos que todas las criaturas están interconectadas como partes de un solo organismo, como si fuéramos una sola persona. En este estado, desaparecen las diferencias entre nosotros, y empezamos a vernos unos a otros como un todo unificado.

Sigue Baal HaSulam en su artículo *Matán Torá* (La entrega de la Torá):

«Las palabras "como a ti mismo" nos dicen, amar a tu amigo en la misma medida en que te amas a ti mismo, y de ninguna manera menos. Es decir, que debes estar constantemente en guardia para poder satisfacer las necesidades de, al menos, cada miembro de la nación de Israel, no menos atento de lo que estás para satisfacer tus propias necesidades».[157]

El ser humano, por sí solo, es incapaz de iniciar, continuar o siquiera acercarse al cumplimiento de esta ley en algún momento de su existencia. Y si esto es cierto para las personas, aún más para el resto de la creación, que está menos desarrollada que el ser humano, lo que la hace incapaz de cumplirla.

Sin embargo, si intentamos ayudarnos mutuamente y nos dirigimos al Creador con una oración sincera, pidiéndole desde lo más profundo de nuestro corazón que nos conceda la capacidad de cumplir esta ley, podremos alcanzarla. Todo depende de nuestra súplica al Creador.

De aquí se deduce que lo único que necesitamos es elevar una petición común al Creador, implorándole que nos permita alcanzar el estado de «Amarás a tu prójimo como a ti mismo».[158] Este es el camino hacia el cumplimiento de la ley y el resultado final: llegar al nivel de «Amarás al Señor tu Dios».[159]

Un ejemplo moral puede ser inspirador, pero el problema radica en que ninguna persona puede cumplir esta ley si la aborda solo desde una perspectiva moral o religiosa. Vemos cómo, a pesar de la cantidad de religiones y creencias existentes en el mundo, ninguna ha logrado implementarla. Aunque afirmen que esta regla está presente en sus enseñanzas, no se refleja en su comportamiento ni en sus preceptos.

Baal HaSulam menciona el ejemplo de alguien que tiene una silla y no la ofrece a otra persona que está de pie. Según esto, no cumple la regla de «Amarás a tu prójimo como a ti mismo»,[160] porque no satisface las necesidades de su amigo como satisface las propias.

¿Cómo puede aplicarse esta ley en nuestra época, cuando estamos tan enfocados en nuestra satisfacción personal y no consideramos a los demás? De hecho, la humanidad está en constante evolución, y nuestro ego crece continuamente. Este desarrollo nos aleja aún más de la posibilidad de cumplir esta ley. Si el Creador no nos coloca en condiciones especiales ni nos guía hacia este cumplimiento, permaneceremos como estamos ahora.

Toda nuestra naturaleza, incluyendo sus niveles: inanimado, vegetal, animado y humano, está en contra de esta regla. No hay nada más opuesto a nuestra naturaleza que «Ama a tu prójimo como a ti mismo». Por lo tanto, es imposible que la cumplamos por nosotros mismos. Si queremos acercarnos a esta ley, debemos clamar al Creador, pidiéndole que nos transforme y nos permita alcanzar esta condición.

La única herramienta que tenemos para lograrlo es pedir al Creador que realice este cambio en nosotros. Únicamente Él puede darnos una segunda naturaleza, una naturaleza de amor. Solo entonces podremos cumplir esta ley.

En el versículo de Levítico, «Amarás a tu prójimo como a ti mismo», se agrega: «Yo soy el Señor».[161] Esta frase actúa como un sello. El Creador declara: «Yo soy el Señor», indicando que Él sostiene, comprende y cumple todas las leyes de la naturaleza. También nos asegura que, aunque esta ley parece contradecir todas las demás, es una condición que inevitablemente alcanzaremos.

Al alcanzar el amor al prójimo, nos conectamos y nos unimos como «un solo hombre con un solo corazón».[162] Esto nos lleva a percibir a toda la creación como un único cuerpo, donde no hay separación entre las criaturas. Es el estado final hacia el que la humanidad está destinada.

El pueblo de Israel fue elegido para recibir esta ley y tiene la tarea de implementarla y difundirla al resto del mundo. Es crucial comprender que debemos cumplir esta ley, aunque aún no seamos capaces de hacerlo. Necesitamos acercarnos unos a otros hasta eliminar cualquier distancia emocional, alcanzando el estado de «un solo hombre con un solo corazón».[163] Este acercamiento debe incluir a toda la creación: lo inanimado, vegetal, animado y humano.

Este es, sin duda, un mensaje universal que debe ser adoptado por todas las naciones y todas las criaturas. Debemos sentir una necesidad genuina de vivir bajo esta ley, integrando a toda la creación en una sola unidad.

Primero, la nación de Israel debe cumplir esta ley, ya que tiene la tarea de liderar el camino. Una vez que lo haga, el resto de las naciones seguirá su ejemplo y adoptará esta ley.

Llegaremos a un punto en el que será evidente que, sin cumplir esta ley, la humanidad no podrá sobrevivir. Reconoceremos que esta es la única forma de avanzar y la aceptaremos como una condición necesaria para la existencia.

Avanzar hacia este ideal en la sociedad actual depende del reconocimiento del mal dentro de nosotros mismos y comprender que no tenemos otra opción. La naturaleza nos llevará, inevitablemente, a cumplir esta ley universal. La humanidad debe reconocer que toda la creación es un sistema integrado, y solo al alinearnos con esta ley podremos alcanzar un futuro armonioso.

En *Los escritos de la Última Generación*, Baal HaSulam dice:

> «No debe haber ninguna diferencia entre blancos y negros, civilizados y primitivos, exactamente como entre los individuos de la misma nación. No debe haber discriminación alguna entre los individuos,

una nación, o todas las naciones del mundo».[164]
Luego agrega: «La forma religiosa de todas las
naciones debe primero y principalmente obligar a
sus miembros a otorgar a sus semejantes en la forma
de "Amarás a tu prójimo como a ti mismo"».[165]

Este ideal se encuentra por encima de todas las leyes y
condiciones, como una meta suprema que la naturaleza
misma nos guía a aceptar. Aunque pueda parecer, por
un lado, necesario, y por otro, imposible de alcanzar,
llegaremos a cumplirlo. El Creador, a través de Su
voluntad, hará realidad esta ley para toda la humanidad,
llevándonos a este estado final.

La condición para que no haya discriminación entre
las personas es que debe haber amor, preocupación
mutua y un sentido de conexión ilimitada entre todos,
superando cualquier duda, rechazo o condicionamiento.
Esta conexión entre las personas debe revelarse como
una necesidad absoluta, porque solo a través de ella
podremos seguir existiendo.

El pueblo de Israel construyó el *Mishkán* (Tabernáculo)
en el desierto después de recibir la Torá, como está
escrito en el libro del Éxodo: «Y me hicieron un templo
y habité en ellos».[166] El *Mishkán* o templo simboliza una
conexión especial entre las personas, un estado en el
que el Creador, representado por la ley del amor y la
conexión, habita en nuestro corazón colectivo.

Este sentimiento de unidad nos obliga y une, llevándonos
a un punto donde será imposible vivir sin una conexión
ilimitada entre todas las criaturas. Como decía Baal
HaSulam, no importa el color, raza o condición; todos
estaremos conectados como «un solo hombre con un
solo corazón», alcanzando una existencia eterna.

Templo se refiere a un estado colectivo en el que
todos estamos involucrados en una conexión profunda.
Simboliza un deseo único compartido por todos, un deseo

de amor y unidad que nos envuelve completamente, integrándonos unos con otros.

A través del otorgamiento mutuo, podemos conectar todos los sistemas de relaciones humanas en un único sistema basado en el amor. Esto implica que cada sentimiento y tendencia humana debe alinearse para formar un sistema unificado de conexión y cuidado mutuo.

Esta es una tarea enorme, pues requiere superar nuestra naturaleza. Sin embargo, grandes metas se alcanzan con pequeños pasos. Así, podríamos empezar acercándonos unos a otros, poco a poco, desarrollando un sentimiento de amor mutuo.

Este proceso comienza con pequeños intentos de tratar a los demás con el mismo cuidado que nos tratamos a nosotros mismos. Al comprender que el futuro del mundo depende de esta ley, cada paso hacia su cumplimiento nos acerca más a ese ideal.

Debemos esforzarnos conscientemente por acercarnos a esta actitud. Aunque inicialmente pueda parecer difícil, incluso imposible, el simple deseo de cambiar nuestra actitud hacia los demás es el primer paso. Con el tiempo, veremos cómo este nuevo enfoque se vuelve posible dentro de nuestras capacidades.

Como se mencionó antes, Israel debe ser un ejemplo para las demás naciones. Por ahora, es cierto que actualmente las diferencias y divisiones son dominantes. Sin embargo, llegará el momento en que será evidente que no podemos continuar de esta manera. Sentiremos una necesidad urgente de cambiar nuestras relaciones, y a través de la oración y el esfuerzo conjunto, la naturaleza, como Fuerza Suprema, nos apoyará para lograr esta conexión general.

Así, podría resumirse que la máxima «Amarás a tu prójimo como a ti mismo»[167] significa sentir que somos como células de un solo cuerpo, viviendo en un sistema único llamado «Adán». Cuando alcancemos este estado, comenzaremos a sentir la conexión de toda la naturaleza: inanimada, vegetal, animada y humana.

Esto nos permitirá comprender la ley general de conexión y unidad en el universo. Esperemos que pronto sintamos esta realidad, como partes interdependientes de un único sistema armónico.

CAPÍTULO 8

LA LLEGADA DEL MESÍAS

La llegada del mesías es un tema de interés universal, ya que representa la esperanza de un cambio profundo y la redención de los sufrimientos del mundo. Esto es comprensible porque en tiempos de crisis, la humanidad busca respuestas y soluciones para sus problemas.

A lo largo de la historia, diversas tradiciones han concebido la figura del mesías como un salvador que traerá paz, justicia y unidad a la humanidad. Sin embargo, Baal HaSulam ofrece una interpretación diferente de este concepto.

El mesías no es una figura individual o un evento milagroso, sino un proceso de transformación espiritual en el que la humanidad debe participar activamente. Define la llegada del mesías como la revelación del Creador a sus criaturas, un estado en el que la humanidad alcanzará una conciencia superior y comprenderá su propósito en la creación. Esta transformación se logrará cuando las personas se liberen del egoísmo y establezcan una sociedad basada en el principio de «Amarás a tu prójimo como a ti mismo».[168]

En este sentido, la llegada del mesías es una invitación a la acción: un llamado a transformar nuestras relaciones, mejorar la sociedad y avanzar hacia un mundo donde el amor y la unión sean los principios rectores de la humanidad.

Esperando el mesías

El mesías es una fuerza espiritual cuya función es alcanzar el plan de la creación, el propósito de la creación, permitirnos sentir y comprender al Creador. Para que esto suceda primero tendrá que ocurrir la corrección del mundo de su estado egoísta, cuando la Fuerza Superior llamada el Creador se revele a todos. Entonces habrá una redención completa de la humanidad, que es el secreto de la venida del mesías.

En la *Introducción de Rav Jaim Vital, discípulo del ARÍ, al Portal de las introducciones* (*Shaar Haakdamot*), está escrito acerca del mesías:

> «Cuando tenía treinta años, perdí mis fuerzas, y me senté perplejo, y mis pensamientos vacilantes, porque pasó la cosecha, terminó el verano y aún no hemos sido salvados [...] Finalizaron todos los términos y aun el hijo de David no viene. [...] Y quiero investigar y saber qué es y por qué se ha prolongado nuestro final y nuestro exilio. Y por qué el hijo de Ishai no viene».[169]

De acuerdo con la Sabiduría de la Cabalá, mesías o *Mashíaj* (en hebreo), es un poder que se extiende a personas especiales o a toda una generación, pero es un poder de Arriba por medio del cual alcanzamos la esencia, el plan, el propósito de la creación y, sobre todo, este poder es capaz de elevar a una persona y no a una sola persona sino a toda la humanidad a un nivel en el que se puede sentir y comprender al Creador, el mismo poder supremo que creó y sostiene toda la creación.

Actualmente nos encontramos en «la era del mesías,[170] según escribe Baal HaSulam. Esto significa que ya en nuestros días podemos alcanzar este poder supremo, descubrirlo y, como se mencionó antes, hacerlo no solo a nivel individual sino también colectivo.

Entre las características que nos hacen definir que ahora es el tiempo del mesías se encuentra el hecho que la humanidad ha llegado a un estado en el cual reconoce que está en un estado de extravío y es incapaz de saber para qué y cómo debe existir. Asimismo, es necesario que la humanidad comprenda de qué manera es correcto manejarse, ya que siempre existe un miedo latente sobre la posibilidad de que se desaten guerras que pondrán fin a toda la existencia de los seres humanos en el mundo.

El mesías es un sentimiento, un conocimiento, un logro, una comprensión acerca del propósito para el cual existe este mundo y sobre cómo debemos comportarnos todos, unos con otros, para elevarnos desde el nivel actual en el que estamos: el nivel de los animales, hasta el nivel en que vemos y sentimos todas las razones que rigen nuestro mundo.

Ciertas condiciones deben prevalecer para la revelación del mesías y determinar cuándo ocurrirá. Esas condiciones son aquellas que permiten descubrir para qué vivir, por qué vivir, qué le está pasando a la humanidad que ha perdido el rumbo. De hecho, la humanidad nunca ha tenido una idea clara, el conocimiento sobre qué y por qué existe, qué necesita alcanzar.

Sin embargo, en la actualidad ya entendemos que la forma en que vivimos no es una forma sin ningún objetivo. Vivimos en el período mesiánico cuando llegamos a entender que ante nosotros existe una posibilidad de alcanzar la esencia y el propósito de la creación, así como la manera de lograrlo y descubrirlo.

Si bien nos encontramos en «la era del mesías», no podemos decir que esta fuerza ha llegado. Vendrá cuando nosotros queramos, y cada vez estamos más cerca de este deseo, del hecho que cada vez más personas en nuestro mundo deseen que se revele, quienes ya sienten la razón de la existencia, la forma correcta de comportarnos unos con otros, y cómo el ser humano debe llegar a una estabilidad que le permita alcanzar la revelación del mesías.

Por supuesto que necesitamos trabajar mucho más en nosotros mismos para tener una buena relación entre nosotros y poder descubrir el propósito de la existencia de la humanidad y del hombre, pero en realidad ya estamos empezando a apuntar hacia ese objetivo.

La fuerza del mesías se revela en los seres humanos, en cantidades relativamente grandes y no únicamente a los virtuosos. Se descubre a nivel masivo para que entiendan, sientan y sepan qué es el mesías, y se lo digan a todos. Lo que descubrirán es que tienen una conexión con el rey mesías y que todos son capaces de alcanzarlo.

El hecho de que la fuerza del mesías aun no haya llegado, de que todavía no se haya revelado tiene que ver con la revelación al pueblo judío. La conexión con el pueblo judío es una conexión directa, por lo que el mesías primero debe ser revelado entre el pueblo judío y de los judíos a todos los seres humanos.

Ellos lo reconocerán, lo descubrirán y comenzarán a observar sus leyes, especialmente la regla universal de «Amarás a tu prójimo como a ti mismo»[171] y todas las leyes fundamentales de la creación.

El mesías debe ser revelado en la Tierra de Israel, y la condición para que esto suceda es que el pueblo de Israel se establezca como lo está ahora, en la Tierra de Israel. Aparte de eso, es indispensable que anhelen su llegada y a través de él cada vez más personas entiendan hasta qué punto vivimos en nuestro mundo sin saber para qué y por qué existimos, que queramos descubrirlo y por medio de él comprendamos para qué existe este mundo y cómo podremos llegar a un estado en que él deseará revelarse entre nosotros. Y lo principal es que vivamos, tal como se mencionó, según la máxima, «Amarás a tu prójimo como a ti mismo».[172]

La conexión o relación entre el mesías y un lugar geográfico, es decir, la Tierra de Israel, donde se revelará primero y luego en el resto del mundo, es la razón por la que muchos cabalistas, es decir, quienes perciben a la Fuerza Superior en su totalidad se han sentido siempre atraídos por la Tierra de Israel a lo largo de las generaciones.

La llegada del mesías es descrita por los profetas de dos maneras. En el Libro de Daniel dice: «Mirad entre las nubes del cielo, uno de aspecto humano está viniendo».[173] Por otra parte, en Zacarías se describe al mesías como alguien «humilde cabalgando sobre un burro».[174] El Talmud escribe: «Si los judíos son meritorios, vendrá entre nubes, si no lo son, vendrá sobre un burro».[175]

La descripción de que el mesías vendrá montado en un asno o entre las nubes es meramente simbólica. El mesías, como está escrito, vendrá a una generación que está completamente obligada a revelarlo, o una que tiene todo el mérito de hacerlo. Por eso, deberíamos anhelar una situación en la que mostremos a la Fuerza Superior que el mesías es Su mensajero, que tratamos de acercarnos a ese nivel para poder recibir al mesías.

A lo largo de la historia hemos visto la llegada de los llamados «falsos mesías», entonces, ¿cómo se puede reconocer al verdadero mesías? Nuestros grandes sabios han escrito cómo podemos ver si es un mesías o no, si es un verdadero mesías o un falso mesías. Creo que cuando llegue el momento lo veremos, eso tendrá que revelarse. Al menos estoy feliz de que en nuestra época, en nuestro mundo, no haya gente que de repente proclame acerca de alguien que se trata del rey mesías.

Entonces cuando venga el verdadero mesías no habrá dudas de que se trata de esa fuerza, pero también está escrito sobre esto, que el mesías quizá necesite también demostrar que él es el mesías. Pero estas son cosas que se van a revelar cuando llegue el momento.

Baal HaSulam, en su *Introducción al libro Panim Meirot uMasbirot*, No. 5, escribe:

> «Primero necesitamos una gran propagación de la Sabiduría de la verdad dentro del pueblo, para que tengamos el mérito de recibir el beneficio de nuestro mesías. En consecuencia, la propagación de la sabiduría y la llegada del mesías son interdependientes. Siendo que esto es así, estamos obligados a establecer seminarios y escribir libros, para acelerar la divulgación de la sabiduría por toda la nación».[176]

El estudio masivo de la Sabiduría de la Cabalá es el que traerá al mesías porque, en primer lugar, aprendemos acerca de las leyes de la naturaleza, las cuales debemos revelar a toda la sociedad humana, desde el pueblo de Israel a todos los demás. Y al descubrir estas leyes la humanidad entenderá que ahora es el momento de recibirlas e implementarlas. Por lo tanto, parecería que estamos en el tiempo en que ya somos dignos de la revelación del mesías.

Mesías se deriva de la palabra hebrea *Moshej* (que atrae), es decir, que nos atrae desde nuestro nivel de este mundo al más alto nivel espiritual. Creo que estamos en un momento en el que es posible llegar a este objetivo. La humanidad ya entiende que de la forma errada en que interpreta las leyes de la naturaleza y sus costumbres no alcanzará ascender, sino que su estado podría empeorar aún más.

La Sabiduría de la Cabalá misma es la sabiduría del mesías. Esta explica acerca de la revelación del Creador a todas las criaturas de una manera visible e íntima y manifiesta que el conocimiento del Creador llena a todas y cada una de las personas. Este es el vínculo del desarrollo de la Sabiduría de la Cabalá con la llegada del mesías y la razón por la que existe una gran atracción hacia ella por parte de todas las personas y de todos los rincones de la Tierra, lo cual es precisamente «la era del Mesías».

A través de sus escritos, Baal HaSulam explica que ser digno de la llegada del mesías significa que estamos preparados para ello. No es que conozcamos las leyes de la época del mesías, pero al menos que estemos preparados para recibir esta fuerza que descienda sobre nosotros desde Arriba, nos domine y nos de la voluntad y la fuerza para implementar las leyes que deben prevalecer en la época del mesías.

Maimónides (Rambam), en su *Principio 12 de la fe*, escrito hace más de 800 años, dijo:

> «Creo con fe completa en la venida del mesías, aunque se demore igualmente cada día espero que venga».[177]

Está escrito que en nuestros días la fuerza del mesías se revestirá en una persona, será revelada y tendrá el poder de conectar a todo en el mundo con él y la Torá. El pueblo sentirá que tiene que seguir al mesías y él les enseñará por todos los medios la llamada «Torá del mesías».

En el tiempo del mesías las Luces Superiores se acercarán tanto a este mundo que todas las leyes de la naturaleza y todo lo que será revelado a los humanos se adoptarán de la misma forma que implementamos las leyes normales de nuestro tiempo.

De esta manera, descubriremos todas las leyes según las cuales la naturaleza nos gobierna, especialmente las leyes de la relación correcta entre los seres humanos, es decir, «Amarás a tu prójimo como a ti mismo».[178] Cuando la gente ya esté dispuesta a aceptar estas leyes, entonces, la Fuerza Superior podrá revelarse en cada persona y en todos en conjunto.

En su artículo *Shamati 183, El estado de mesías*, Baal HaSulam escribe:

> «Existe un estado de mesías hijo de Yosef, y un estado de mesías hijo de David; y ambos deben unirse. Y entonces habrá en ellos una plenitud verdadera».[179]

La diferencia entre los dos estados del mesías: mesías hijo de David y el mesías hijo de Yosef es que este último muestra poder ante el mesías hijo de David. Es una fuerza que prepara el terreno, prepara al pueblo para la revelación del mesías hijo de David. Por cierto, ya estamos en ese estado. Llegamos a la Tierra de Israel, estamos aquí, establecimos el Estado de Israel, por lo que nada más nos queda llegar a un mayor acercamiento entre nosotros, a hacer que toda nuestra sociedad israelí, los judíos de todo el mundo, se unan y sepan lo que se llama «las leyes del mesías» y deseen cumplirlas. Esta es la primera etapa.

El segundo paso es que el Reino de Israel también se extienda por el mundo y así todo el pueblo sabrá, sentirá y se unirá para cumplir las leyes del mesías de manera completa. Espero que nos estemos acercando a esa etapa.

En *Shamati 102*,[180] Baal HaSulam también se refiere al sagrado Arí como el mesías hijo de Yosef. En efecto, el Santo Arí, el cabalista de la Edad Media, era una figura enorme y en él se revelaron tantas leyes de la naturaleza que nosotros, aunque no tengamos un alcance espiritual tan grande como el de Baal HaSulam, también pensamos que el mesías hijo de Yosef era el Santo Arí.

El Arí está vivo, es decir, su encarnación, ¿será eso el mesías?

No sabemos exactamente si el mesías será la reencarnación del Arí o si se tratará de una nueva reencarnación de la misma alma del mesías. Realmente no es importante adentrarnos en este tema ya que hay muchas preguntas y dudas al respecto. Por lo tanto, conviene abstenernos de hacer conjeturas.

Antes que nada, que venga el mesías, y cuando llegue lo vamos a recibir con los brazos abiertos, independientemente de qué lado estemos y cómo, lo principal es que llegue de Arriba y descienda sobre nosotros.

Para la venida del mesías es importante establecer la conexión entre las enseñanzas del Rabash y Baal HaSulam. Nos referimos a los grandes cabalistas de nuestro tiempo, los grandes sabios de quienes aprendemos.

Ellos pensaron en estos tiempos en que vivimos y esperaron su llegada. Estoy seguro de que todos los sabios cabalistas están felices de estar cada vez más cerca de la venida del mesías y cada día esperan con ansias su arribo.

Así, Baal HaSulam, Rabash y el Santo Arí, e incluso antes y después de ellos, todos nuestros grandes sabios, todos sostenemos y esperamos con ansias este momento, cuando la Fuerza Superior sea revelada en nuestro mundo. Escucharemos su voz y todos nosotros lograremos cumplir todas las leyes «la era del mesías».

El principio de «la era del mesías» es que la Sabiduría de la Cabalá se extenderá por todo el mundo. Y realmente hemos hecho mucho al respecto. Imprimimos libros, impartimos clases abiertas a todo público, se imparten conferencias en Israel y alrededor del mundo. De esta manera, aceleramos la venida del mesías. Y creo que todo está listo para que empiece a desarrollarse.

La era mesiánica

La era mesiánica o los días del mesías se refiere al periodo en que la humanidad desea encontrar esta fuerza, abrirle todas las puertas, descubrirla, tratar de atraerla a nosotros, acercándonos y conectándonos con ella. Esto es en realidad la venida del mesías, su revelación, lo cual está escrito ocurra en nuestros días. Según está plasmado en todos los relatos de los cabalistas de todas las generaciones en la actualidad nos encontramos en este periodo de apertura.

Logramos la redención completa cuando empezamos a sentir con nuestros cinco sentidos: la vista, el oído, el gusto, el olfato, el tacto, lo que se llama la Fuerza Superior, el Creador, así como la forma en que se nos revelará. La fuerza que lo descubre, que presenta el Creador a la humanidad o la humanidad al Creador se llama «mesías», como mencionamos, de la palabra «*mashiaj*», que atrae y nos saca del ocultamiento a la revelación.

Para pasar de la corrección del mundo a la redención completa es importante comprender que la corrección del mundo es un período que puede ser muy largo y termina cuando descubrimos al Creador que se revela con todos nuestros sentidos. Llegamos a acercarnos a Él y a saber exactamente lo que quiere de nosotros, de forma que podamos cumplir su voluntad.

Entonces, el mesías le enseñará al mundo cómo estar en paz, con tranquilidad, en plenitud entre nosotros, cómo detener todos los pensamientos, deseos y acciones de unos contra otros, y así, el mundo finalmente alcanzará un estado en el que se librará de todas las fuerzas que nos separan.

Lo primordial es poner en práctica las leyes de amor al prójimo, lo cual influye profundamente en nuestra vida, ya sea con respecto a las relaciones entre los países y entre las personas, incluso en las relaciones de pareja, es decir, en cada área de nuestra incumbencia.

El problema es que nuestro instinto maligno actúa y no nos permite tener empatía hacia los demás, a vernos en igualdad, a conectarnos y a colaborar de forma recíproca. Debemos llegar a sentir que tenemos la fuerza, el deseo y la comprensión para acercarnos unos a otros y ayudarnos mutuamente para que todos lleguemos a una conexión hermosa.

El vínculo entre nuestro mundo y el Mundo Superior es la corrección de nuestra naturaleza. Somos egoístas por naturaleza y ese es el sentimiento que todavía prevalece en nosotros. De manera consciente o inconsciente, cada uno piensa nada más en sí mismo. Nos encontramos en un estado en el que todas nuestras fuerzas, todos nuestros pensamientos, intenciones y deseos son solo para nuestro propio beneficio.

Está escrito que antes de la venida del mesías, antes de la corrección del mundo que trae el mesías, el mal deberá revelarse por completo en toda la humanidad, entre todos y cada uno, y será entonces cuando el mundo esté justo al borde de una guerra general, en la antesala de una guerra mundial. Parece entonces que estamos en una situación similar a los días del mesías y que necesitamos hablar de la corrección necesaria para su llegada.

El mesías conecta al mundo físico y el espiritual. Se le llama mesías a la fuerza que nos saca a todos y cada uno de nosotros del pantano de nuestro ego, de las fuerzas malignas, para elevarnos desde un pozo profundo a una montaña elevada.

Descubriremos que sólo teniendo una buena relación entre nosotros podremos salvarnos de la destrucción y el mundo entero, la humanidad, todos en general alcanzaremos una conexión entre nosotros y activaremos la fuerza positiva que existe en cada uno. Entonces el mal desaparecerá del mundo entero y podremos vivir en conexión entre nosotros y con el Creador. Además, veremos el mundo de una manera transparente, con una voluntad, fuerza y dirección ilimitados.

En el Libro del Zóhar, en *Shemot,* está escrito:

«En ese tiempo, el Creador despertará a todos los pueblos del mundo con Su poder, el Rey mesías será conocido en todo el mundo, y todos los reyes del mundo despertarán y se unirán para entablar la guerra en contra de él».[181]

Cuando el mesías comience a revelarse, entonces todas las naciones sentirán aún más la maldad de la naturaleza humana, el ego de la humanidad. Y todos querrán alzarse para luchar entre ellos y, como han escrito nuestros profetas, habrá guerras en todo el mundo, entre todos y con todos.

También se menciona que este conflicto se reflejará de igual manera a nivel personal, el enemigo del hombre se encuentra en su propia casa. Aun en los hogares, dentro de las familias, se revelará un odio tremendo entre todos. Entonces, en la cima de este odio vendrá el mesías.

No hablamos de una guerra contra el mesías, sino que es una fuerza especial que llega y se acerca, y por tratarse de una fuerza buena, mientras que todos nosotros nos encontramos bajo el dominio de la fuerza maligna, entonces el acercamiento de la fuerza buena al planeta Tierra, a nosotros, a nuestros corazones, sentiremos cuán opuesta es si la comparamos con nuestras características negativas.

Las guerras, como condición para la revelación del mesías, surgen a raíz de que es indispensable revelar nuestro estado opuesto a esa fuerza que se caracteriza por la conexión y la paz. En vez de esto, fomentamos la guerra y la división. Todas las fuerzas que se acercan a nosotros son buenas y así sentimos nuestra naturaleza, por más que no queramos verlo. Y así, al principio el mundo entero estará en contra del mesías.

Cuando la fuerza del bien se acerca, las fuerzas del mal, que somos todos nosotros, toda la humanidad, cada elemento de la vida, se convertirá en algo muy negativo. Después de eso habrá más guerras, peleas en todo el mundo, pero en un período corto; luego, el poder del mesías será revelado. De lo malo surgirá la fuerza positiva, la conexión.

El descubrimiento del bien solo puede ocurrir a través de revoluciones, a partir del mal. Y es precisamente en nuestro tiempo cuando estamos dispuestos a defendernos unos a otros, pero también a enfrentarnos unos contra otros. Tal como está escrito quien odia a la persona es aquel que vive en su casa, incluso dentro de la familia. Sin embargo, a partir de esto tendremos que realmente desear que se revele el poder de la conexión, la fuerza del bien, la fuerza del mesías, y así alcanzaremos la redención completa.

Por otro lado, una sola cosa queda clara con las guerras: que la fuerza del bien es más fuerte, eterna y exitosa en comparación con la fuerza del mal, que es nuestra naturaleza, nuestro ego. En otras palabras, el mal se revela frente al bien y el bien se revela frente al mal; esto es la inversión de la forma.

El enemigo del mesías es el odio, el cual puede verse reflejado en una persona, hacia todos y cada uno, aun cuando estén cerca de nosotros. Cuando no podemos llevarnos bien entre nosotros y somos incapaces de amar, porque nuestro ego nos controla.

En ese estado, si consideramos que algo es bueno para el ego y sentimos que estamos superando a los demás, entonces somos capaces de soportarlos. Pero si nuestro ego no se beneficia de nuestra conexión, entonces destruimos la conexión, lo cual es la razón de todas las guerras.

La guerra interna en cada uno de nosotros es que ni siquiera a nosotros mismos somos capaces de tolerarnos, no podemos estar en paz y en conexión. Si pensamos en nuestra vida, en nuestras familias, particularmente en nuestros hijos y nietos, en todos los miembros del hogar, en las naciones, en nuestros amigos, en todos, descubriremos que queremos vivir con tranquilidad, con la fuerza del bien. No para oprimir a todos y cada uno, sino todo lo contrario, que tengamos conexión, amor, paz y que sea eso lo único que nos atrae. Si queremos que esto suceda, entonces nos acercaremos mucho más al mesías.

Baal HaSulam, en su artículo *El amor por el Creador y el amor por las criaturas*, escribe:

> «La nación de Israel fue establecida con esto, para ser un pasaje. Esto significa que en la medida que Israel resulta purificado por medio de la Torá, también transfieren su fuerza al resto de las naciones. Y cuando el resto de las naciones también se sentencien a sí mismas a la balanza de mérito, entonces, el mesías de Dios se revelará, ya que él tiene no solo el rol de completar a los hijos de Israel para el propósito final de adhesión con el Creador, sino también, para enseñar los caminos del Creador a todas las naciones, como está escrito: "Y todas las naciones afluirán hacia él"».[182]

Esta cita se refiere precisamente a que nuestro rol para transformar la relación entre nosotros de mala a buena, en toda la humanidad, porque esto le compete a todos, consiste en unirnos y desear que la fuerza del mesías venga y gobierne entre nosotros. Y de esta manera, tal como está escrito en muchas de nuestras fuentes, no tendremos que sufrir las guerras del mesías y los años de sufrimiento que estas conllevan excediendo el límite en que podamos soportarlo.

Israel transfiere su fuerza al resto de naciones del mundo porque todos estamos conectados. Por lo tanto, ni siquiera hay necesidad de dirigirnos a las naciones del mundo, hablar con ellas y gritarle a toda la humanidad: conectémonos, hagamos algo. Si entre nosotros queremos llegar a un acuerdo, a la conexión, a la unificación de nuestra fuerza, nos enfocaremos en ello. Y así es como empujamos al mundo, a toda la humanidad, hacia una dirección positiva.

Las naciones del mundo decidirán cuál es la línea correcta a seguir dependiendo de Israel. Cuanto más nos acerquemos a la conexión entre nosotros, dentro de la nación de Israel, de la misma forma las naciones del mundo verán, aceptarán y sentirán las que también ellas pueden unirse. Recibirán nuestro ejemplo y lo seguirán.

Creo que ya es hora de descubrir la necesidad de conexión entre nosotros y la distribución de las fuerzas positivas para la conexión en todo el mundo. Tenemos que empezar a hacer algo al respecto.

Ya existe una masa crítica de personas que han llegado a este deseo por lo que el terreno para la llegada del mesías está listo. Cuando venga cambiará el carácter de toda la humanidad, incluso a aquellas personas que están muy lejos de la Sabiduría de la Cabalá y de cualquier otra sabiduría. No importa si alguien vive en las favelas, en un suburbio de la ciudad, en un lugar lejano o cercano. Todos sentirán que hay un cambio en el mundo lo cual les exige a comportarse de manera diferente unos con otros. Será una fuerza que llega a través de la naturaleza y que se manifestará en los seres humanos.

Tal como está escrito también en muchas de nuestras fuentes, con la llegada del mesías habrá un acercamiento entre el pueblo de Israel y todas las naciones del mundo, las cuales entenderán que comparten los mismos objetivos de unidad de los que habla el pueblo de Israel y a los que desea atraer a toda la humanidad hacia él.

Este propósito de conexión será la fuente y centro de todas las religiones, y esto será revelado a todas las naciones. Asimismo, todas y cada una de las naciones querrán acercarse a esta meta y realizarla.

Hoy día las naciones, tanto en América Latina como en el resto del mundo están divididas respecto a la actitud hacia Israel: algunas están a favor y otras en contra. Cuando el mesías sea revelado no podemos decir que habrá un cambio inmediato de apoyo a Israel. Primero, Israel necesita cambiar, no solo todas las demás naciones. El cambio tendrá que ser mutuo, para que todos encontremos ese punto de acercamiento que nos permita estar conectados.

Mantengamos vivo ese anhelo de que en nuestro mundo surja la fuerza que nos una, que nos impulse a estar juntos. Es la fuerza que nos aleja de todos los malos pensamientos, de los discernimientos y cálculos negativos. Y así alcanzaremos la paz verdadera y completa en el mundo entero. Ese es el mesías.

CAPÍTULO 9

UN FUTURO PROMISORIO

En la visión profética de Baal HaSulam, la sociedad futura corregida será un mundo en el que la humanidad habrá superado su naturaleza egoísta y alcanzado un estado de unidad genuina y armonía.

En este nuevo orden social, las personas actuarán no por obligación ni imposición, sino por un deseo interno de beneficiar a los demás, entendiendo que el bienestar individual está intrínsecamente ligado al bienestar colectivo.

La opinión pública promoverá valores de otorgamiento y cooperación, la educación se enfocará en el desarrollo del carácter y la conexión humana, y la espiritualidad servirá como una guía práctica para vivir en sintonía con las leyes naturales del equilibrio y la interdependencia.

En este capítulo, exploraremos cómo este modelo no es una utopía inalcanzable, sino el destino inevitable de la humanidad, un futuro en el que la paz y la justicia no serán meros ideales, sino una realidad cotidiana basada en el reconocimiento de que solo a través de la unidad podemos alcanzar la verdadera plenitud.

Los escritos de la Última Generación

Baal HaSulam escribió una serie de manuscritos bajo el título *Los escritos de la Última Generación*. En ellos, se presenta una visión de un futuro promisorio.

Esta es la obra que él quiso dejar a nuestra generación porque creía, y lo escribió en varias ocasiones, que estamos en un estado llamado *La Última Generación*. Desde su perspectiva, esta generación es la destinada a lograr todo lo que el Creador planeó para la humanidad y que debemos realizarlo y alcanzarlo plenamente.

Estos escritos nos guían para transitar desde una larga historia llena de sufrimiento hacia la generación final, un estado en el que la humanidad comprenda por qué existe, qué debe hacer y cómo materializar ese propósito.

Baal HaSulam escribió sobre este tema en numerosos artículos, y nuestro desafío es ver cómo implementamos estas ideas en la práctica.

Sabemos que estamos en la Última Generación porque ya todos entendemos que no podemos seguir viviendo como lo hemos hecho hasta ahora. Es evidente que necesitamos alcanzar un estado en el que todos estemos conectados.

En esa conexión, se revelará lo que se llama la *Última Generación*: la revelación del Creador a todas las criaturas. Por lo tanto, *Los escritos de la Última Generación* son un llamado a toda la humanidad a seguir un camino claro hacia un futuro brillante.

Baal HaSulam decidió escribir sobre la sociedad futura hace más de setenta años, cuando se encontraba al final de su vida. Dejó como legado muchos libros importantes, tales como su interpretación *HaSulam* (La escalera) sobre *El libro del Zóhar*. De ahí su sobrenombre, Baal HaSulam (dueño de la escalera). También nos legó su interpretación al *Talmud Eser HaSefirot*, y otros artículos breves pero profundos.

Sin embargo, al final de su vida sintió que era esencial agregar algo más: una guía sobre la *Última Generación*. Es decir, cómo entrar en este estado, cómo traducirlo a nuestras vidas, y qué significa realmente ser parte de ella.

Según él, el camino hacia esta *Última Generación* comienza con la conexión entre las personas, la cual debería ser «como un solo hombre con un solo corazón»,[183] primero entre el pueblo de Israel y luego extendiéndose a toda la humanidad. Nos guste o no, la humanidad está avanzando inevitablemente hacia este destino.

Todos los escritos de Baal HaSulam son de gran importancia, ya que no hay una sola palabra innecesaria en ellos. Cada palabra está dirigida a la corrección del ser humano y al acercamiento a ese estado de autodescubrimiento mencionado. Sin embargo, *Los escritos de la Última Generación* tienen un lugar especial porque nos explican cómo vivir en ese estado, cómo orientarnos hacia él, quiénes serán los que formarán esta generación, y cómo estarán conectados entre sí.

Este enfoque es crucial porque nos enseña cómo comportarnos, cómo relacionarnos con los demás, y cómo podemos acortar los tiempos para que la sociedad, la humanidad entera, llegue al estado de la *Última Generación*.

En *Los escritos de la Última Generación* Baal HaSulam plantea lo siguiente:

«Hay una alegoría acerca de amigos que se habían perdido en el desierto, hambrientos y sedientos. Uno de ellos encontró un poblado colmado abundantemente con todos los placeres. Recordó a sus pobres hermanos, pero hacía mucho que se había apartado de ellos y no sabía dónde se encontraban. ¿Qué hizo? Comenzó a gritar en voz alta y a tocar el cuerno (*Shofar*); quizá sus pobres y hambrientos amigos oirían su voz, se aproximarían y vendrían a ese poblado colmado de placeres.

Así es la cuestión ante nosotros: nos hemos perdido en un terrible desierto junto con toda la humanidad, y ahora hemos encontrado un gran y abundante tesoro, en otras palabras, los libros de Cabalá son el tesoro. Ellos sacian nuestras almas anhelantes y nos colman abundantemente con plenitud [...] Sin embargo, tenemos el recuerdo de nuestros amigos que se quedaron sin esperanza en el terrible desierto [...] Por esa razón hemos construido este cuerno, para tocarlo fuertemente para que nuestros hermanos puedan escucharlo y acercarse y ser tan felices como nosotros».[184]

Aquí, Baal HaSulam nos describe un estado en el que, por un lado, somos parte de una generación que se ve obligada por completo al cambio, pero que no le interesa nada. Por otro lado, una generación que tiene todos los derechos y aspira a levantarse, a salir de su egoísmo y liberarse de las fuerzas salvajes de la naturaleza.

Precisamente en esta última etapa de nuestro desarrollo, nos sentiremos sin otra opción más que gritar, pedir y esforzarnos por salir de la esclavitud del ego y alcanzaremos un estado en el que todos seamos aptos para esa generación llamada «la última».

Así, la frase «los libros de Cabalá son el tesoro» que se menciona en el texto de Baal HaSulam, es la riqueza descrita en su comentario completo sobre el *Libro del Zóhar*, el *Talmud Eser HaSefirot* y muchas otras obras. Sus escritos representan una recopilación extraordinariamente especial, un verdadero tesoro sagrado del que extraemos fuerzas e instrucciones para avanzar hacia la Última Generación.

En la cita antes mencionada también hace referencia a sus amigos, a quienes siente la necesidad de llamar. Sus amigos son sus alumnos, a quienes conectó dentro de una sociedad que él llamó la Última Generación. Estos alumnos, guiados por su conocimiento, buscan cumplir las condiciones necesarias para esa generación, tales como «Amarás a tu prójimo como a ti mismo»[185] y «Amarás al Señor tu Dios».[186]

Baal HaSulam confiaba firmemente en que esto podía lograrse. Por ello, exigía a sus alumnos —decenas de ellos— que vivieran en un estado de «Amor a los amigos»[187] y «Cada cual ayudará a su prójimo».[188] Así, progresaron hacia la realización de esos principios de la Torá.

Algunos se preguntarán, ¿por qué si los escritos de Baal HaSulam están destinados a toda la humanidad, fueron redactados de forma que requieren ser descifrados o interpretados por un cabalista de alto nivel espiritual?

Baal HaSulam dejó como legado su interpretación al *Libro del Zóhar*, el *Talmud Eser HaSefirot* y el *Etz Jaim* del Arí, además de otros escritos explicativos. Sabía que sus textos no serían completamente comprendidos en su generación, ya que los escribió en los años treinta, y algunos, incluso antes.

Por esta razón, dirigió a sus alumnos hacia un camino que permitiera que, con el tiempo, las generaciones futuras pudieran elevarse por encima de su ego y desear establecer una sociedad en la que fueran «como un solo hombre con un solo corazón»,[189] siguiendo las metas descritas en la *Última Generación*.

Baal HaSulam escribió precisamente para estos días porque sabía que se harían necesarios y estaríamos preparados para estudiarlos. Hoy seguimos las explicaciones de Baal HaSulam y de su hijo mayor, el Rav Baruj Shalom HaLeví Ashlag.

Estas enseñanzas nos permiten entender su mensaje y transmitirlo a nuestra generación. Él esperaba que nos dedicáramos a la tarea de llevar a toda la humanidad el conocimiento de lo que trata el *Libro del Zóhar*. Este solo habla de amor y conexión, a través de los cuales avanzaremos hacia la redención.

Siguiendo con el texto de *Los escritos de la Última Generación*, Baal HaSulam escribe:

> «Sin embargo, internamente en nuestro ser, a pesar de que algo evolucionamos, nos desarrollamos y mejoramos al ser empujados desde atrás a través del sufrimiento y el derramamiento de sangre. Esto es

así porque no tenemos ningún artificio a través del cual obtener un espejo para mirar dentro del hombre, como lo tuvieron en las generaciones pasadas [...] y cómo decayeron y llegaron a la terrible ruina de hoy en día; la destrucción es tan grande que no tenemos ninguna seguridad en nuestras vidas. Seremos objeto de todo tipo de masacres y muertes en los próximos años, al punto que todos admiten que no tienen ninguna recomendación para evitarlas».[190]

La humanidad no está condenada a la aniquilación. El Creador está presente desde el inicio de nuestro camino hasta el final de nuestra misión, que esperamos sea pronto en nuestros días. Él ha dispuesto todo para que atravesemos estas situaciones de una manera rápida, positiva y significativa. Por eso nos envió maestros como Baal HaSulam y Rabash, para que sigamos sus pasos y alcancemos la corrección del mundo. Esto debe suceder en nuestra generación.

Estamos en una etapa en la que nos acercamos al final de la Última Generación. Ahora debemos realizar un esfuerzo serio y final para conectarnos, de modo que todo lo que está escrito sobre este tiempo se manifieste plenamente en nosotros, permitiéndonos alcanzar dicho estado. Este se refiere al momento en el que completamos todas las etapas de desarrollo y llegamos a lo que se denomina «la generación del mesías». Baal HaSulam también escribió sobre este proceso en varios de sus artículos.

En este período de cambio, al leer y aceptar la visión de Baal HaSulam aprendemos que somos nosotros quienes debemos realizar la Última Generación. Todo nuestro trabajo consiste en conectarnos, para así atraer desde Arriba las fuerzas de la naturaleza que nos transforman. Además, elevamos nuestras oraciones al Creador, dándole el poder de culminar el desarrollo humano. Es un esfuerzo consciente y colectivo que debe ser llevado a cabo por todos.

Es un cambio cualitativo. En la Sabiduría de la Cabalá, no nos enfocamos en la cantidad, sino en la calidad. Todo está diseñado para funcionar con pequeñas cantidades, pero de gran profundidad y calidad. Por eso es fundamental comprender la esencia de la última generación: cómo fue diseñada por el Creador para nosotros y cómo podemos llevarla a cabo.

Está claro que, como escribió Baal HaSulam, somos el grupo que está destinado a alcanzar ese nivel. Es nuestra responsabilidad transmitir este conocimiento a toda la humanidad y enseñarle cómo cumplir con el plan de la creación.

Acerca de este tema, Baal HaSulam continúa en su texto:

«Imagínense, por ejemplo, si encontraran hoy un libro de historia que les describa las últimas generaciones que habrá dentro de diez mil años, [...] Sin duda, si hubiese algún sabio que nos ofreciera dicho libro sobre conductas de la sabiduría de los países y del individuo, entonces nuestros líderes en él todas las soluciones para organizar la vida de manera similar, [...] y se anularían las masacres y los terribles sufrimientos y todo se asentaría en paz. Ahora, señores, ante ustedes está preparado y dispuesto en este cofre un libro en el que está escrita y explicada toda la sabiduría de las naciones y el orden de la vida individual y colectiva que existirá en los últimos días. Es decir, los libros de Cabalá.

Abran estos libros y encontrarán todas las formas correctas de organización que se revelarán al final de los días, y encontrarán dentro de ellos una buena lección con la cual ordenar los asuntos de este mundo, también hoy en día. Podemos aprender la historia y a través de ella corregir el futuro».[191]

Con estas palabras Baal HaSulam nos transmite que realmente estamos en el tiempo de la venida del mesías. Necesitamos descubrir cuántos poderes adicionales se nos han otorgado para cumplir con este tiempo.

Para lograrlo, debemos conectarnos «como un solo hombre con un solo corazón»[192] y acercarnos al mandamiento «Amarás a tu prójimo como a ti mismo, yo soy el Señor»,[193] hasta que no quede nada más por hacer. Nuestra oración y nuestra tendencia a la conexión deben materializarse en su forma final y adecuada para la revelación del mesías.

La solución que ofrece Baal HaSulam a los problemas es completamente espiritual. Todo lo que hacemos al acercarnos unos a otros está orientado a adquirir poderes espirituales que nos conecten y nos conviertan en una sola asociación.

La sociedad futura será una sociedad espiritual. Alcanzaremos este punto a través de la divulgación de estos conceptos, explicando al público en general qué podemos esperar si logramos conectarnos y acercarnos unos a otros. La humanidad comprenderá que solo así podrá sanar los problemas que enfrenta hoy.

Cuando alcancemos este estado, el mundo será más sensible a lo que enseñan Baal HaSulam y Rabash. La humanidad lo aceptará con mayor comprensión y disposición, y nos resultará más fácil abrirnos y compartir este mensaje con todos.

El punto de inflexión entre la Última Generación y la sociedad futura que describe Baal HaSulam llegará cuando la sociedad comprenda la importancia de esta conexión y cada persona sienta que su buen futuro depende de ello. En ese momento, todos buscarán unirse, pedirán ayuda y la revelación vendrá desde Arriba. El Creador se abrirá a la humanidad, y así alcanzaremos la revelación del Creador a todas las criaturas.

Cuando lleguemos a la sociedad futura, nuestro mundo físico no necesitará cambiar, ya que, si las relaciones entre las personas cambian, el mundo se transformará en un lugar abierto, amplio y lleno de bondad, buen trato y amor entre todos.

Ya estamos en ese momento adecuado para fundar la sociedad futura. Baal HaSulam escribió que nos encontramos en el tiempo de la fuerza del mesías. Por lo tanto, debemos realizar lo que se nos ha indicado con todo nuestro empeño y fuerza.

Actualmente enfrentamos situaciones difíciles, pero si nos acercamos unos a otros y pedimos al Creador que nos ayude, podremos llegar a un estado en el que no haya guerras y solo se revelen las fuerzas de la paz en el mundo.

Parece haber una sensación de urgencia. Vemos guerras y desastres en el mundo, lo que resalta la importancia de Los escritos de la Última Generación. Esperamos despertar fuerzas y voluntad suficiente, tanto en nuestra nación como en el mundo. De este modo, el Creador nos ayudará a cambiar para que logremos la conexión y la paz a nivel global.

La sociedad futura

El término *Última Generación* acuñado por Baal HaSulam se refiere a un período de transición de la generación, tal como la conocemos, a una nueva realidad, hacia la construcción de la sociedad futura.

Al respecto, Baal HaSulam nos dice en *Los escritos de la Última Generación*, lo siguiente:

> «Primero, se debe formar una pequeña institución cuya mayoría sea altruista [...] es decir, que trabajarán con la misma diligencia que los trabajadores de un contratista, de diez a doce horas al día y más aún.

Cada uno trabajará según su capacidad y recibirá según sus necesidades. Tendrá todas las formas de gobierno de un estado, de tal manera que incluso si el marco de esta institución contuviera al mundo entero y se revocara el régimen del puño, no sería necesario cambiar nada, ni en el gobierno ni en el trabajo. Esta institución será como un punto central mundial, que comprenderá y circundará a todas las naciones y estados hasta los rincones más lejanos del mundo».[194]

Nuestra tarea es establecer este tipo de sociedad global, un país universal. Una vez que logremos construirlo según las herramientas, leyes y principios espirituales, no habrá más cambios fundamentales. Dentro de este régimen y este país espiritual, comenzaremos a desarrollarnos cada vez más, pero no habrá alteraciones esenciales ni en la sociedad ni en el mundo. Todo estará enfocado únicamente en revelar al Creador de manera continua a todas las criaturas.

La base de la sociedad futura será el libre albedrío de cada uno de los miembros de esta sociedad espiritual que abarcará el mundo entero. Su fundamento será el amor: un amor que cada persona querrá desarrollar al máximo según su estilo, actitud y comprensión de lo que significa «amar al otro». Ese será el esfuerzo principal, y a través de él las leyes de la naturaleza se manifestarán de manera que solo se requerirán pequeños esfuerzos para alcanzar un mundo completamente bueno.

El objetivo de la sociedad futura es llegar a un estado donde todos sean felices, participen activamente y logren la revelación constante del Creador. Este enfoque también guiará la educación de los niños y de las generaciones futuras. Esta es la Última Generación, y después de ella no habrá cambios fundamentales en las naciones ni en las conexiones entre ellas.

Será la culminación de todas las generaciones que ha atravesado la humanidad. En ella, las personas aprenderán las relaciones correctas entre todos. Una vez que cada individuo pase por este proceso, comprenderán cómo interactuar, qué tipo de liderazgo deben establecer y cómo sostener a la sociedad internacional y al mundo entero.

El proceso de implementación de la sociedad futura será gradual. A medida que avancemos, aprenderemos más sobre nuestra naturaleza y sobre cómo conectarnos de manera profunda entre individuos, pueblos y sociedades. Se establecerán acuerdos y leyes visibles, y todos estarán unidos bajo una sola sociedad, una única ley, hasta que alcancemos el nivel más alto de existencia en la naturaleza.

El desarrollo humano culminará en que todos nos elevemos por encima de nuestras diferencias y nos construyamos como una única nación que abarque todo el planeta.

Los aspectos que serán diferentes en la sociedad futura respecto a la actual son diversos. En la sociedad futura podrán darse muchos cambios entre individuos y naciones, pero el objetivo final será la unidad total. No puedo precisar cuánto tiempo llevará, pero el propósito es llegar a formar una sola nación en el planeta.

No creo que haya nada realmente innecesario en la sociedad de hoy día. Si aspiramos a construir una sociedad que alcance un nivel humano y espiritual muy elevado, todo lo que tenemos actualmente cumple una función. Si, durante nuestro desarrollo, algo se vuelve innecesario, naturalmente dejaremos de usarlo. Todo se ajustará a las leyes de la naturaleza.

En *Los escritos de la Última Generación*, Baal HaSulam dice:

«Es bueno corregir que ninguna persona demande
sus necesidades a la sociedad. En vez de eso,
habrá personas seleccionadas que examinarán las
necesidades de cada uno y las proveerán a todos y
cada uno de ellos. La opinión pública condenará a
quien reclame algo para sí mismo, tratándolo como
grosero y sinvergüenza, como se hace con el ladrón
de hoy en día. Por lo tanto, los pensamientos de
todos serán solo para otorgar al prójimo».[195]

Los cambios en la sociedad futura se manifestarán
claramente en la vida del individuo. Todos sentirán que
viven en un país corregido, donde las leyes de la sociedad
los rodearán y protegerán en todos los aspectos. Cada
persona podrá utilizarlas sin vergüenza ni temor, y esta
dinámica se extenderá a todos por igual. Por supuesto,
estamos imaginando un salto desde el comienzo del
proceso hasta su resultado final, pero esto es, en esencia,
lo que sucederá.

Espero que lleguemos a esta realidad rápidamente y que
comencemos a implementarla de manera ágil. Por ahora,
estamos atravesando muchos cambios y discernimientos
en este sentido, y cuando lleguemos a la aplicación de las
leyes de la Última Generación, nos resultará más sencillo
comprender todo el proceso que pasamos.

En esa sociedad, no habrá jerarquías, ni superiores
ni inferiores. Todos serán más o menos iguales. Como
ya hemos aprendido, cada persona recibirá según sus
necesidades y contribuirá según sus capacidades. Todo
será sencillo. No habrá disputas ni conflictos, ya que
las normas de la sociedad serán claras y comprensibles
para todos.

Creo que nos estamos acercando a esta realidad, y
siento que pronto deberíamos hacer la transición. Entre
las naciones surgirán vínculos más simples, prácticos
y afectivos. Cada una sabrá cuál es su papel y cómo

relacionarse con las demás. El mundo será mucho más sencillo y armonioso.

En la sociedad futura, al principio el dinero seguirá siendo relevante, y cada persona recibirá lo que la sociedad determine como adecuado para ella. Sin embargo, con el tiempo, llegaremos a una situación en la que todos tendrán un nivel de vida similar. Cada persona recibirá según lo que considere justo y necesario, en un equilibrio que refleje el consenso social.

Dentro de los requisitos previos para la formación de la sociedad futura, el primer paso es alcanzar la igualdad entre las personas, tanto en las relaciones individuales como a nivel internacional. Todos deben entender lo que significa ser igual, cuánto se les exige y cuánto pueden exigir de la sociedad.

Esto incluye la igualdad entre hombres y mujeres, y la eliminación de cualquier jerarquía entre sociedades o naciones. Nadie debe sentirse más importante ni con más derechos que los demás. Aunque este cambio requerirá mucho trabajo, ya vemos que esa actitud es una necesidad en nuestra evolución como humanidad.

Al respecto, en *Los escritos de la Última Generación*, Baal HaSulam dice que:

«El mundo entero es una sola familia».[196]

Este debe ordenarse según el principio del amor al prójimo, es decir, sobre el otorgamiento a los demás. Es fundamental comprender que la sociedad que debemos descubrir y construir debe alinearse con los principios de la *Última Generación*. Esta sociedad se caracterizará por la igualdad genuina entre las personas, donde no existirán diferencias relativas entre un individuo y sus semejantes.

Todos serán tratados con el mismo respeto, dignidad y acceso a los recursos, lo que eliminará las causas que suelen originar conflictos, protestas, divisiones y manifestaciones.

Aquellas personas que ya se ocupan de este ideal, lo comprenden profundamente y desean fervientemente que se haga realidad son las que deberán liderar la fundación de la sociedad futura. Principalmente, serán los cabalistas quienes han reflexionado y soñado con esta visión durante generaciones. No será necesario que sean muchos; una pequeña cantidad de personas comprometidas y con claridad sobre este propósito será suficiente para guiar el proceso.

En *Los escritos de la Última Generación*, Baal HaSulam, al referirse a la manera en que debería organizarse la sociedad futura, dice:

> «Sus tribunales se ocupan principalmente de otorgar reconocimientos de honor que señalan el nivel de distinción de cada persona en el otorgamiento al prójimo. No hay persona que no tenga un título honorífico en la manga, y es una gran transgresión llamar a una persona por su nombre, sin su título de honor. También es una gran transgresión que una persona renuncie al merecido honor de dicho título. Hay una gran competencia en el campo del otorgamiento al prójimo, al punto que la mayoría de las personas arriesgan sus vidas, ya que, la opinión pública aprecia y respeta mucho con elogios sobresalientes, a los títulos honoríficos del más alto rango en el otorgamiento al prójimo».[197]

El texto hace énfasis en que todos tendremos que adoptar las leyes de la Última Generación y comprometernos a hacer más cada año para defenderlas. Esto incluye tanto a quienes recién se integran como a quienes ya forman parte de la sociedad.

En la Última Generación, el objetivo será que todos se ayuden mutuamente para integrarse en una sociedad unificada, donde se promueva la igualdad y el progreso colectivo. Año tras año, las personas sentirán esta igualdad con mayor fuerza.

Hoy en día, la competencia domina en la sociedad; cada uno busca destacarse, ser más rico, más famoso, tener más control o éxito, incluso a costa de los demás. Sin embargo, el convertir este deseo tan fundamental en el ser humano en una competencia altruista no es un problema insuperable.

Es natural que haya personas que deseen destacar o lograr fama y fortuna, ya sea en el cine, el teatro o cualquier ámbito. Este impulso seguirá existiendo, pero será redirigido. En una sociedad igualitaria, cada uno tendrá un ingreso básico proporcionado por el estado o el sistema, pero lo más importante no será eso. Lo esencial será que las personas disfruten de vivir en condiciones donde la igualdad sea respetada y valorada por todos. Esto está detallado en *La Última Generación*, que como hemos dicho, es uno de los escritos fundamentales de Baal HaSulam.

A lo largo de la historia, hemos visto intentos de crear sociedades perfectas, como algunas comunidades religiosas, así como los *kibutzim*, (plural del hebreo *kibutz*, que significa «agrupación»), un tipo de comunidad colectiva y cooperativa que se originó en Israel a principios del siglo XX. Fue concebida bajo los principios de igualdad, trabajo comunitario y propiedad compartida, con el objetivo de crear una sociedad igualitaria en la que todos sus miembros contribuirían al bienestar colectivo y compartirían los beneficios.

Sin embargo, este concepto se ha ido alejando de sus principios básicos. Alrededor de dos terceras partes de los *kibutzim* han tenido que ser privatizados para hacer frente a los desafíos económicos enfrentados. Por otro lado, las generaciones más jóvenes han optado por buscar mejores oportunidades en las ciudades, haciendo necesaria la contratación de mano de obra externa.[198]

Podría entonces decirse que el ideal bajo el cual fueron fundados los *kibutzim* fracasó por varias razones, principalmente porque intentaron implementar estos modelos antes de llegar a las conclusiones correctas.

Para construir una sociedad de la Última Generación, se requiere una preparación profunda y la implementación gradual de sus principios. Los *kibutzim* y otras comunidades no pudieron sostener la igualdad a la que aspiraban porque no abordaron adecuadamente la naturaleza humana, que tiende a buscar la superioridad por encima y en detrimento de los demás. Con el tiempo, esas estructuras igualitarias se desmoronaron.

Los cabalistas nos explican que este cambio hacia una sociedad igualitaria debe ser paulatina y tomará varios años. En la actualidad, definitivamente, estamos más preparados. Si seguimos las reglas y los consejos de los cabalistas sobre cómo establecer una sociedad de la Última Generación, no deberíamos enfrentar los mismos problemas. Podemos hablar del tema, probarlo y experimentarlo de forma gradual, permitiendo que las personas se adapten poco a poco.

Los fracasos del pasado ocurrieron porque las personas no estaban completamente preparadas para esta transformación. No trabajaron lo suficiente en la preparación de adultos y niños para adaptarse a una sociedad así. La Sabiduría de la Cabalá aporta un método único, diseñado específicamente para la Última Generación. Este método está alineado con las leyes de la naturaleza y guía a la humanidad hacia una sociedad donde todos puedan prosperar juntos.

Hay quienes se preguntarán, ¿por qué solo la Cabalá puede ofrecer este método para construir la sociedad de la Última Generación? La razón es que es el único método que nos enseña cómo funcionan las leyes de la naturaleza para una transformación del ser humano y de toda la sociedad en conjunto.

Hemos llegado a un punto en el que ya no podemos formarnos como individuos separados. Solo en una sociedad basada en los principios de la Última Generación podremos alcanzar una vida equilibrada y plena. Es decir, mediante un modelo de sociedad futura que se caracteriza por la igualdad, la solidaridad y la conexión espiritual entre las personas.

Estoy agradecido de vivir en una generación como esta, en un tiempo en el que podemos hablar abiertamente de estos temas. Estoy convencido de que nos estamos acercando rápidamente al momento en que podremos comenzar a establecer una sociedad que nos lleve en camino hacia un futuro mejor.

En *Los escritos de la Última Generación*, Baal HaSulam nos dice:

> «En toda persona, incluso en la secular, hay una chispa desconocida que exige la unificación con Dios. Y cuando se despierta, ocasionalmente, lo despierta a uno a conocer a Dios, o a negar a Dios, que es una y la misma cosa. Y si encuentra a alguien que despierte en él la satisfacción de este deseo, estará de acuerdo con todo».[199]

Según esta cita, es posible que conocer a Dios o negarlo sea lo mismo porque lo esencial es explorar todo lo que sabemos sobre el Creador: su relación con la creación, sus acciones hacia ella y las acciones de la creación hacia Él.

Este proceso nos permite acercarnos, interactuar y construir una relación con Él. En última instancia, toda la conexión entre el Creador y la creación es activada por la misma persona, y es a través de esta interacción que encontramos el vínculo entre ambos.

Cada persona lleva dentro de sí un deseo de alcanzar a la Fuerza Superior, al Creador. Este deseo, aunque a veces se manifieste de manera latente, si se despierta, comenzará a desarrollarse lentamente, atrayendo a la persona hacia el conocimiento del Creador.

Con el tiempo, a medida que la humanidad, la ciencia y la sociedad se desarrollen, tendremos un conocimiento más profundo del Creador. Aunque no será completamente «cara a cara», estaremos más cerca de comprenderlo y de percibir Su presencia.

Aunque Dios es constante e inmutable, nosotros estamos en un proceso continuo de desarrollo. A medida que evolucionamos, podemos comprender mejor las acciones del Creador. No es que podamos entenderlo a Él directamente, pero a través de sus acciones, podemos formarnos una idea de Su esencia.

En la sociedad futura conoceremos al Creador de una manera mucho más directa, incluso más allá de cómo nos conocemos entre nosotros. Al final de nuestro desarrollo, no habrá ocultamiento alguno, y el Creador se revelará completamente, acercándose a nosotros sin límites.

Actualmente, muchas personas piensan que la relación con el Creador se da a través de representantes religiosos como sacerdotes, rabinos o pastores. En la sociedad futura no habrá necesidad de intermediarios. Cada persona, sin importar su nacionalidad, cultura o condición, tendrá la capacidad de conectarse directamente con el Creador y avanzar en su camino espiritual.

Si una persona se integra más a la sociedad, se acercará también a Dios. La razón es muy simple. Cada persona tiene un deseo inherente de recibir, y a medida que este deseo crece, comienza a acercarse al descubrimiento del Creador. Además, cuando nos conectamos unos con otros, lo que cada individuo logra se comparte con el colectivo. La conexión y el amor entre las personas —

como se describe en «Amarás a tu prójimo como a ti mismo»[200]— nos acercan al Creador de la manera más evidente y este vínculo lo construimos juntos.

En la relación entre el individuo, la sociedad y Dios, todo comienza con el individuo. Cuando una persona recibe un despertar espiritual, se dice que el Creador lo atrae hacia Él. A partir de ese momento, depende del esfuerzo de la persona acercarse al Creador mediante sus deseos, oraciones y acciones.

Sin embargo, este acercamiento no puede darse sin la sociedad. Una persona debe conectarse primero con la sociedad y aprender a amar a los demás antes de poder acercarse al Creador, como está escrito: «Desde el amor a las criaturas se alcanza el amor a Dios».[201] La sociedad es, por tanto, una herramienta esencial en este proceso.

La sociedad no existe simplemente por sí misma. Su propósito es ser el medio a través del cual cada individuo puede alcanzar al Creador. Primero, la persona debe aprender a conectarse y amar a la sociedad, porque este es el paso inicial hacia la conexión con el Creador. Solo al experimentar un amor profundo y genuino por los demás podemos alcanzar el amor por Dios.

La falta de motivación fue el punto crítico sobre el cual las sociedades que desearon implementar ideas socialistas o comunistas fracasaron. Sobre esto, Baal HaSulam escribe en su artículo *La paz*:

> «Cuando todo el trabajo de otorgamiento al prójimo solo está basado en el bienestar de la sociedad, esto es una base precaria, porque ¿quién y qué obligaría al individuo a aumentar sus movimientos para esforzarse en nombre de la sociedad?».[202]

Entonces surge la pregunta: ¿por qué, si somos seres sociales y al mismo tiempo tan egoístas que solo pensamos en nuestro bienestar personal, no en el bienestar colectivo, fuimos creados de esta manera?

Los cabalistas han investigado y escrito al respecto, explicando que el Creador creó al hombre en este estado para que tuviera la capacidad de acercarse y aprender sobre el Mundo Superior.

Este diseño permite que el individuo no solo avance espiritualmente, sino también que atraiga a toda la humanidad tras de sí. Así, se cumplirá lo que está escrito: «Todos me conocerán, desde el más pequeño hasta el más grande»,[203] y «mi casa será una casa de oración para todas las naciones».[204] Este desarrollo es un proceso en el que el egoísmo inicial se transforma en una conexión colectiva que beneficia a todos.

Baal HaSulam aborda específicamente la cuestión de cuál será la motivación de cada individuo para actuar en beneficio de los demás según los principios de la sociedad futura. Él explica que el egoísmo, aunque inicialmente nos separa, puede transformarse en el motor que impulse a las personas a buscar una conexión más profunda y significativa.

En esta sociedad futura, el combustible o la motivación para actuar en beneficio del colectivo será el reconocimiento de que la verdadera plenitud y felicidad se alcanzan cuando nos unimos en amor y cooperación. Así, el bien personal estará alineado con el bien común, haciendo que cada individuo encuentre satisfacción al contribuir al bienestar colectivo.

En *Los escritos de la Última Generación*, Baal HaSulam dice:

«No hay solución [...], excepto la de traer al corazón del trabajador la fe en la recompensa y castigo espiritual del cielo, que conoce todos los misterios. Mediante la educación y propaganda adecuadas, la retribución y el castigo espiritual serán suficientes para la productividad de su trabajo. Ya no necesitarán directores y supervisores que los controlen, sino que todos y cada uno trabajarán de buena gana y de corazón por la sociedad, más y más, para ganar su salario del cielo».[205]

Si descubrir al Creador es la recompensa, ¿cuál será entonces el castigo? El castigo es que la persona no alcance al Creador. Sin embargo, en realidad no existen castigos en el mundo del Creador. Como está escrito: «Y todos me conocerán, desde el más pequeño hasta el más grande».[206]

El único «castigo» es la falta del logro visible y completo del Creador. Pero esto no es eterno; es solo una etapa temporal que depende de nuestro esfuerzo y desarrollo espiritual.

Cada persona nace con un deseo único, la raíz de su alma, y esto la impulsa hacia la realización del plan y el propósito de la creación. No necesitamos preocuparnos por cómo se desarrollará exactamente en el futuro ni cómo cada uno alcanzará al Creador y al Mundo Superior. Lo único que debemos hacer es nuestra parte, y con ello, el resto se hará comprensible.

No falta nada excepto el deseo que la persona debe descubrir y realizar. Las leyes de la naturaleza y la Luz Suprema ya están disponibles para llenarnos y revelarnos el mundo en una forma que se llama «cielo». Todo está abierto ante nosotros; únicamente depende de nuestro esfuerzo lograrlo.

Cada persona tiene un punto interno de conexión con el Creador. Solo necesita descubrir ese punto, ese deseo, y desarrollarlo. A través del esfuerzo y la dedicación, este punto crecerá, y la luz suprema del Creador lo llenará. Este pequeño punto se expandirá hasta revelar que el mundo no tiene fin. Todo dependerá del esfuerzo personal y colectivo que hagamos para cultivar esta conexión.

Esto se logrará a través de la educación, la difusión, el estudio y todos los medios posibles para explicar a cada persona que tiene la oportunidad de alcanzar un nivel superior al de este mundo. Cuando esto se comprenda y se implemente, las personas tendrán la capacidad de saberlo todo, alcanzarlo todo y lograr una conexión completa con el Creador.

En otro fragmento extraído de *Los escritos de la Última Generación* de Baal HaSulam, con respecto a que en la sociedad futura «cada uno trabajará según su capacidad y recibirá según sus necesidades», él escribe que cualquier individuo o grupo que ingrese en este marco de una sociedad altruista estará:

> «Obligado a jurar lealtad que cumplirá todo esto porque Dios así lo ha mandado.
> O, por lo menos debe comprometerse a transmitir a sus hijos que Dios así lo ha mandado. Aquellos que dicen que el ideal les basta, deben ser aceptados y probados. Si es así, pueden ser aceptados. Sin embargo, aún deben prometer no transmitir sus formas heréticas a sus hijos, sino entregarlos para que sean educados por el estado. Y si alguien no acepta alguna de las dos normas, no debería ser aceptado en absoluto. Él arruinaría los esfuerzos de sus amigos y perdería más de lo que ganaría».[207]

El juramento de lealtad a Dios significa que una persona se compromete a usar todos sus poderes espirituales y el conocimiento adquirido para beneficiar a la humanidad. Su propósito es elevar a la humanidad al nivel de la divinidad, dedicando todo su esfuerzo a este objetivo supremo.

Y, ¿qué sucederá con quienes no creen en Dios en la sociedad futura? Esto no representa ningún problema. Cuando el Creador comience a revelarse a los humanos, y entremos en un período en el que Su presencia sea evidente para muchas personas, nadie quedará indiferente. Como está escrito: «Y todos lo conocerán, desde el más pequeño hasta el más grande».[208] Incluso quienes no creían antes participarán activamente en esta nueva realidad.

Este compromiso de lealtad a Dios es para todas las personas, pero no se puede recibir la revelación del Creador sin un esfuerzo personal. Cada individuo debe invertir en este trabajo, convencerse a sí mismo y dedicarse a desarrollarse espiritualmente. No es algo que simplemente se reciba; requiere esfuerzo y compromiso.

El inculcar en la sociedad lo imperativo que es el mandamiento del Creador para implementar una sociedad igualitaria se logrará a través de la divulgación, la educación y el aprendizaje colectivo. Además, las personas comprenderán que este esfuerzo les traerá una gran recompensa espiritual.

A medida que experimenten esa recompensa, verán que el verdadero beneficio no está en recibir algo a cambio, sino en contribuir al bienestar colectivo. Esto los llevará a preferir trabajar sin esperar una recompensa personal, sino por el bien de todos, creando una sociedad igualitaria en armonía con el propósito divino.

En el artículo *La paz*, Baal HaSulam escribe:

> «Y, el Creador mismo sería el propósito de cada trabajador, cuando trabaja por el bienestar de la sociedad. Es decir, que el trabajador espera que, por medio de este trabajo para la sociedad, sea recompensado con adherirse a Él, que es la fuente de toda la verdad, la bondad y todo lo agradable en el mundo.
> Sin lugar a duda, en pocos años crecerían en riqueza por encima de todos los países del mundo juntos. Ello se debe a que entonces podrían utilizar las materias primas de su rico suelo y se convertirían realmente en un ejemplo para todos los países, y serían llamados bendecidos por el Creador».[209]

No carecemos de nada esencial para llevar una vida plena y feliz. Todo lo que necesitamos está al alcance de nuestras manos, oculto a simple vista, esperando ser descubierto. En la superficie de la tierra y bajo nuestros pies, el Creador ha provisto todo lo necesario para nuestro bienestar. Nuestra tarea es reconocerlo y utilizarlo correctamente. El mundo fue creado con plenitud, y nosotros, como parte de él, debemos aprender a vivir en armonía con esta abundancia.

La devoción al Creador surge al buscarlo, descubrirlo y acercarnos a Él. Es un estado de conexión tan profundo que nada puede separarnos de Él. Este es el objetivo que debemos alcanzar en nuestro tiempo: un vínculo inquebrantable con el Creador.

Esa devoción al Creador es como la relación entre un niño pequeño y su madre. El niño busca refugio y consuelo en ella, y cuando está en sus brazos, experimenta una sensación de seguridad absoluta, comodidad y placer. Así es como debemos sentirnos en nuestra conexión con el Creador: protegidos, seguros y plenos en su presencia.

Llegamos al Creador a través de nuestra relación con la sociedad. Al trabajar para el bienestar colectivo, nos conectamos con el Creador, ya que Él acepta ese esfuerzo como devoción. Este vínculo entre el servicio a los demás y la conexión con el Creador es el camino hacia nuestro futuro.

No nos falta nada para construir la sociedad futura, excepto concentrarnos en fortalecer nuestra conexión mutua y nuestra conexión con el Creador. Al hacerlo, nos incluiremos en el mundo superior, que es todo bondad. Este es el camino hacia la plenitud. Espero sinceramente que logremos esta transformación en nuestro tiempo, en este mundo.

APÉNDICE A

GLOSARIO

• **Alcance**
Alcance (espiritual) es la capacidad de percibir y experimentar una realidad superior o más profunda, caracterizada por la interconexión y la armonía total entre todos los elementos que componen la existencia. Alcanzar algo implica una transformación en la percepción, en la que se descubre una unidad plena sostenida por la Luz que vivifica, perfecciona y conecta todo en una creación integrada. Esto incluye la percepción de la naturaleza en la cualidad de otorgamiento, equivalente al Creador.

• **Altruismo**
Altruismo es dar de uno mismo a otros, a lo que está fuera de nosotros: la humanidad y la naturaleza. Para convertirse en altruista se requiere estar en un entorno social y de aprendizaje que apruebe la idea de aprender que la naturaleza opera de forma altruista y, junto con los demás, tratar de pensar y actuar de forma similar a la naturaleza.

• **Amor**
Es un sentimiento que surge de la unidad interior de los corazones. En la Cabalá, el amor verdadero no se basa en emociones pasajeras o atracción personal, sino en un principio espiritual profundo: el deseo de otorgar y beneficiar a los demás sin ninguna expectativa de recompensa.

Este tipo de amor es completamente opuesto al amor egoísta, que se fundamenta en lo que la otra persona puede ofrecer. "Amarás a tu prójimo como a ti mismo" es el mandamiento central en la sabiduría de la Cabalá, una ley fundamental de la naturaleza. Según los cabalistas, toda la creación avanza hacia un estado de unidad y conexión, y el amor es la fuerza que guía este proceso.

• **Cabalá**

La Cabalá es la sabiduría que nos permite descubrir la fuerza que gobierna toda nuestra realidad.

Los cabalistas descubrieron que la realidad en la que vivimos está gobernada por un sistema llamado "naturaleza" o "Dios", dos conceptos cuyo valor en gematría es 86, lo que indica que no hay diferencia entre la Fuerza Superior, la naturaleza o Dios. Esta es una fuerza que incluye todas las demás fuerzas de la naturaleza que ya hemos descubierto o que estamos a punto de descubrir.

La Sabiduría de la Cabalá nos permite conocer el sistema que gobierna la realidad y aprender cómo podemos cambiar nuestro destino de manera positiva. Nos brinda herramientas para afrontar con éxito los problemas cotidianos en diversas áreas de la vida, como: economía, salud, educación, relaciones interpersonales, seguridad, ecología y más.

Se trata de una sabiduría ancestral que se remonta a la Antigua Babilonia hace unos cuatro mil años. La Cabalá nos conduce, por medio de su vertiente práctica, al alcance del propósito de nuestra existencia y a las respuestas definitivas a los interrogantes de la vida tales como: cuál es el sentido de mi vida, por qué y para qué fuimos creados, cómo entender el mundo en que vivimos y qué hacer para sentirnos más seguros en este mundo.

Esta meta sublime está diseñada para ser revelada a toda la humanidad, a cada uno de nosotros, aquí y ahora, en el transcurso de nuestra vida sobre la Tierra.

La rama práctica de esta sabiduría nos asiste en nuestros estudios del mundo espiritual de igual forma que las ciencias naturales, como la física, la química y la biología, nos sirven para explorar nuestro universo; y tal como las ciencias naturales hacen uso de nuestros cinco sentidos para sus investigaciones en este mundo, la Cabalá nos conduce al desarrollo de un sentido adicional mediante el cual podemos explorar y hasta influenciar las fuerzas que gobiernan nuestro mundo aunque éstas trascienden nuestros cinco sentidos naturales.

• **Cabalista**
Un cabalista es una persona que, a través del estudio de la Sabiduría de la Cabalá, llegó a amar a los demás y a través de ello a amar al "Creador", la fuerza general que existe en la realidad. A partir de la conexión con la Fuerza Superior descubrió las leyes ocultas de la naturaleza y ahora puede ayudar a otros a cambiar su actitud ante la vida de la misma manera. "La sabiduría de la verdad está condicionada por todas las sabidurías, y de la misma manera todas las sabidurías están condicionadas por ella, y por esta razón no encontramos un verdadero Cabalista que no tenga un conocimiento integral de todas las sabidurías del mundo" (Rabino Yehuda Ashlag - "Baal HaSulam", artículo "La enseñanza de la Cabalá y su esencia").

• **Comunismo altruista**
Es un modelo social basado en la justicia, la igualdad y la unidad, pero fundamentado en valores espirituales y no en principios materialistas como el comunismo marxista. En su ensayo *La Última Generación*, Baal HaSulam describe un sistema en el que cada individuo da según su capacidad y recibe según su necesidad, no por imposición, sino por una transformación interna basada en la corrección del egoísmo y el amor al prójimo.

A diferencia del comunismo impuesto por la fuerza, el comunismo altruista requiere que las personas cambien su naturaleza egoísta mediante un proceso educativo y espiritual. En este modelo, la sociedad funciona a partir de una garantía mutua, donde todos trabajan en beneficio de los demás, no por obligación sino por una auténtica conexión interna.

Baal HaSulam enfatiza que este sistema solo puede implementarse cuando la humanidad haya alcanzado un nivel suficiente de desarrollo espiritual, donde el egoísmo haya sido corregido y las personas actúen de manera desinteresada. Para él, la Cabalá es la herramienta clave para lograr este cambio, ya que permite la transformación interna necesaria para que un sistema basado en el amor y la justicia pueda funcionar de manera sostenible.

• Creador

Es la totalidad absoluta que incluye y trasciende todo lo existente. El Creador no es una entidad limitada ni definida, sino un principio que está más allá de toda forma, nombre, límite o percepción humana. Se le describe como el "todo", un "poder" que no puede ser aprehendido con los sentidos físicos o el entendimiento egoísta.

En hebreo el término "Creador" (בורא) está vinculado etimológicamente a "ven y ve" (בוא וראה), lo que implica un llamado a experimentar y descubrirlo personalmente a través de un proceso interno de desarrollo espiritual. Este proceso incluye salir del egoísmo, desarrollar cualidades como el otorgamiento, la entrega y el amor, y afinar la percepción para alinearse con las cualidades del Creador.

El Creador es definido como la fuerza de otorgamiento y amor absoluto, cuyo propósito es beneficiar y llenar a la creación. Aunque el Creador es inalcanzable en su totalidad debido a su naturaleza ilimitada, los seres humanos pueden experimentarlo parcialmente al transformarse y adquirir características similares, lo que se describe como "adhesión" o conexión con Él.

Es el principio universal de otorgamiento, amor y unidad, que trasciende cualquier concepción material o personal, y cuyo conocimiento sólo se alcanza a través de un cambio interno y espiritual en el ser humano.

• Egoísmo

Es la fuerza central que impulsa al ser humano a buscar únicamente su propio beneficio, sin considerar el bien común. Es la inclinación natural del individuo a recibir para sí mismo. Sin embargo, la Cabalá explica que el egoísmo no es algo que deba ser reprimido o eliminado, sino corregido y transformado en un deseo de otorgar. A través del trabajo espiritual y el desarrollo del amor al prójimo, es posible superar el egoísmo y alinearse con las leyes de la naturaleza, logrando así una conexión armoniosa con los demás y con la fuerza superior.

• Espiritualidad

Proviene originalmente de la palabra "espíritu". Como el viento, la espiritualidad es una actitud que sopla de la persona hacia el otro, sin pensar en sí misma. Si una persona adquiere la fuerza para pensar en la otra persona de esta manera y no importa qué el otro sea inanimado, vegetal, animal o humana, comienza a desarrollar un sentido espiritual y entonces se abre ante él un mundo nuevo. Un mundo donde operan otras leyes y el tiempo y el lugar no tienen control sobre él.

Con el fin de acercarnos a una relación espiritual, nuestra visión del mundo físico fue creada desde el principio: la del deseo de recibir en él, en nosotros mismos. A partir de él se puede desarrollar y lograr la percepción contraria, que incide en el exterior. Por lo tanto, una persona debe usar todo en nuestro mundo de una manera que beneficie a los demás, y la acción principal debe ser con intención. Es decir, el beneficio a los demás no tiene por qué realizarse en la práctica, correr y dar a cada uno lo que le falta. Pero antes que nada, deberías intentar mejorar tu forma de pensar. Pensar que será bueno para los demás.

• Exilio de Israel

Los seguidores de Abraham, el pueblo de Israel, experimentaron numerosas luchas internas. No obstante, durante 2.000 años, hubo un ingrediente esencial que les permitió permanecer juntos: su unidad. De hecho, aquellos conflictos tenían como propósito que aumentara el amor entre ellos.

Hace unos 2.000 años, sin embargo, sus egos aumentaron hasta tal punto que no fueron capaces de mantener su unidad: apareció entre ellos un odio infundado, un gran egoísmo que provocó su exilio. De hecho, el exilio de Israel no fue la expulsión física de la Tierra de Israel, sino un exilio de ese estado de unidad. Y este distanciamiento entre los miembros del pueblo de Israel ocasionó su dispersión entre las naciones del mundo.

• Garantía mutua (*Arvut*)

La garantía mutua (*Arvut*, en hebreo) es un principio fundamental en la enseñanza de Baal HaSulam y en la Sabiduría de la Cabalá, que describe el estado ideal de interdependencia y responsabilidad compartida entre los individuos de una sociedad.

En su ensayo *Arvut (Garantía mutua)*, Baal HaSulam explica que la humanidad es como un cuerpo único, donde cada persona es un órgano esencial para el funcionamiento armonioso del conjunto.

Este concepto establece que el bienestar de cada individuo depende del bienestar de los demás, y que una sociedad solo puede prosperar cuando todos sus miembros asumen la responsabilidad de garantizar el bienestar común. La garantía mutua no es solo un principio moral, sino una ley de la naturaleza, que, si se cumple, lleva a la humanidad a un estado de equilibrio, paz y prosperidad.

La verdadera garantía mutua implica que cada persona actúe en beneficio de los demás de la misma forma en que lo haría por sí misma, trascendiendo el egoísmo y generando una sociedad basada en el amor y el otorgamiento. En este modelo, la fuerza de cohesión no proviene de la coerción o las normas externas, sino de una transformación interna que lleva a cada individuo a sentir la necesidad de cuidar del otro como parte de sí mismo.

• Inclinación al mal

La inclinación al mal (*Yetzer HaRá*) es la naturaleza egoísta innata en el ser humano, el deseo de recibir solo para sí mismo sin considerar a los demás. Esta fuerza interna afecta la conexión entre las personas al impulsar el egoísmo y la separación. Genera conflictos, competencia desmedida y desconfianza, en lugar de construir relaciones basadas en la cooperación y el amor al prójimo.

• Israel

Los seguidores de Abraham se hacían llamar *Ysrael* (Israel) por su deseo de ir *Yashar El* (directo hacia Dios, al Creador). Es decir, sintieron el deseo de descubrir la fuerza de unidad de la naturaleza para equilibrar el ego que se erigió entre ellos. Gracias a su unión se vieron inmersos en la fuerza de unidad, que constituye la raíz, la Fuerza Superior de la realidad.

• Otorgamiento

Es el acto de abrir el corazón hacia otro, conectándose profundamente para dar y compartir lo bueno que uno posee, sin esperar nada a cambio. Es establecer una relación hacia algo que carece, acompañado del deseo de llenar esa carencia que está fuera de uno mismo.

Representa una cualidad elevada de influencia y bondad que trasciende la naturaleza egoísta.

• Religión

Según Baal HaSulam, la religión auténtica no es un sistema de creencias dogmáticas ni un conjunto de rituales externos, sino un método práctico para la corrección del hombre y su conexión con las leyes espirituales de la naturaleza. En su artículo *La Paz en el Mundo*, define la religión como un medio para alcanzar el propósito de la creación: la adhesión con el Creador a través de la corrección del egoísmo y el desarrollo del amor al prójimo.

• Torá

En la Cabalá, la Torá no es simplemente un libro de relatos históricos o leyes religiosas, sino una herramienta que permite a la persona elevarse espiritualmente. Baal HaSulam explica que la Torá es una guía que enseña cómo transformar el egoísmo en amor y otorgamiento, lo que permite alcanzar el propósito de la creación: la adhesión con la Fuerza Superior.

La Torá está escrita en lenguaje de ramas, es decir, usa palabras e imágenes de nuestro mundo para describir procesos espirituales internos. Cada historia, mandamiento o enseñanza refleja un estado del alma y su evolución hacia un nivel de conciencia más elevado. Además, en la Cabalá, se dice que la Torá es "la Luz que reforma", lo que significa que, cuando una persona estudia correctamente, atrae una fuerza espiritual que lo ayuda a corregir su ego y acercarse a un estado de amor y unidad con los demás.

APÉNDICE B

EL LINAJE DORADO DE CABALISTAS

A lo largo de la historia, la sabiduría de la Cabalá ha sido preservada y transmitida por un linaje de grandes cabalistas que dedicaron sus vidas al estudio y la enseñanza de los secretos de la creación. Este linaje dorado representa la conexión ininterrumpida entre generaciones de sabios, cuya misión ha sido guiar a la humanidad hacia la corrección espiritual y la unidad.

La transmisión de la Cabalá no se realiza a través de una herencia basada en lazos de sangre, sino directamente de maestro a alumno, a aquellos que han logrado un alcance espiritual y están preparados para recibirlo y aplicarlo correctamente en su vida.

Desde los tiempos de Abraham el Patriarca, quien fue el primero en revelar la sabiduría de la Cabalá, pasando por Rabí Shimón Bar Yojai, autor del *Libro del Zóhar*, hasta el sagrado Arí (Isaac Luria) y Baal HaSulam, cada generación ha contado con líderes espirituales que han iluminado el camino para quienes buscan comprender el propósito de la existencia.

Baal HaSulam, en particular, desempeñó un papel crucial en la transmisión de esta sabiduría al mundo moderno, ofreciendo comentarios y explicaciones accesibles a través de su obra. Su legado continúa con su hijo, Rabash (Rabí Baruj Shalom HaLevi Ashlag), quien profundizó aún más en la enseñanza del trabajo interno y la conexión entre los estudiantes, siendo su más cercano discípulo y asistente personal, el Rav. Dr. Michael Laitman, autor de este libro.

Este linaje dorado de cabalistas no solo ha preservado el conocimiento ancestral, sino que ha adaptado sus enseñanzas para cada generación, asegurando que la humanidad tenga las herramientas necesarias para alcanzar la corrección espiritual y la unidad global.

Rav Yehuda Leib HaLeví Ashlag (Baal HaSulam)
(1884-1954)

Yehuda Leib HaLeví Ashlag es conocido como Baal HaSulam (Dueño de la escalera) por su comentario *Sulam* (escalera) sobre *El libro del Zóhar*. Baal HaSulam dedicó su vida a interpretaciones e innovaciones de la Sabiduría de la Cabalá, difundiéndola en Israel y por todo el mundo. Él desarrolló un método único para el estudio de la Cabalá, mediante el cual toda persona puede profundizar en la realidad y revelar sus raíces y el propósito de la existencia.

Baal HaSulam nació en Varsovia, Polonia, el 24 de septiembre de 1884. A los diecinueve años de edad, fue ordenado como rabino por el rabino más grande de Varsovia, y durante dieciséis años se desempeñó como *Dayán* (juez judío ortodoxo) y rabino en Varsovia.

El maestro de Baal HaSulam fue el rabino Yehoshua de Porsov. En 1921, Baal HaSulam emigró a Israel y se estableció en la Ciudad Vieja de Jerusalén. La noticia de su llegada se extendió rápidamente entre los judíos que emigraron de Polonia, y pronto se hizo conocido como una autoridad en la Cabalá. Gradualmente, un grupo de estudiantes se formó alrededor de él, asistiendo a lecciones de Cabalá en horas de la madrugada. Más tarde, Baal HaSulam se mudó de la Ciudad Vieja y se estableció en Givat Shaul, que era entonces un nuevo barrio en Jerusalén, donde durante varios años se desempeñó como el rabino del barrio.

Baal HaSulam vivió en Londres entre 1926-1928. Durante su estancia en Londres, escribió el comentario sobre *El árbol de la vida* del ARÍ, *Panim Meirot uMasbirot*, el cual imprimió en 1927. Durante su estadía en Londres, Baal HaSulam mantuvo una correspondencia intensiva con sus estudiantes en Israel; las epístolas fueron compiladas en un libro en 1985, titulado *Igrot Kodesh* (Cartas Sagradas).

En 1933, Baal HaSulam publicó los tratados *Matán Torá* (La entrega de la Torá), *HaArvut* (Garantía mutua) y *HaShalom* (La paz).

Las dos obras principales de Baal HaSulam, resultado de muchos años de trabajo, son *Talmud Eser HaSefirot* (el Estudio de las Diez Sefirot), un comentario sobre los escritos del ARÍ, y *Perush HaSulam* (El comentario *Sulam*) sobre *El libro del Zóhar*. Las publicaciones de las

16 partes (en seis volúmenes) del *Talmud Eser HaSefirot* comenzaron en 1937.

En 1940 publicó *Beit Shaar HaKavanot* (La casa de la puerta de las intenciones), con comentarios a escritos seleccionados del ARÍ. *Persuh HaSulam* sobre el *Zóhar* se imprimió en 18 volúmenes en los años 1945-1953. Más tarde, Baal HaSulam escribió tres volúmenes adicionales que contenían comentarios sobre *El nuevo Zóhar,* cuya impresión se completó en 1955, después de su fallecimiento.

En su *Introducción al Libro del Zóhar,* Baal HaSulam escribe lo siguiente (artículo 58):

«Y he nombrado ese comentario *Sulam* (escalera), para mostrar que el propósito es, como con cada escalera, que si tienes un ático lleno de bienes, entonces todo lo que necesitas es una escalera para alcanzarlo, y así toda la abundancia del mundo está en tus manos».

Baal HaSulam escribió una serie de presentaciones que preparan al estudiante para el estudio adecuado de los textos cabalísticos. Algunas de estas introducciones son: *Prefacio al Libro del Zóhar, Introducción al Libro del Zóhar, Prefacio a la Sabiduría de la Cabalá, Prefacio al comentario Sulam, Prefacio general al Árbol de la vida* e *Introducción al Talmud Eser HaSefirot.*

En 1940, Baal HaSulam publicó el primero y único número del periódico *HaUmá (La Nación).* El diario fue cerrado por las autoridades del Mandato Británico después de haber recibido información maliciosa apuntando que el periódico propagó el comunismo.

Baal HaSulam encontró graves dificultades para imprimir sus libros. Podemos aprender de la importancia que él atribuyó a la impresión y diseminación de la Cabalá por medio del Prof. Shlomo Guiora Shoham, quien describió su encuentro con Baal HaSulam a principios de los años cincuenta.

«Lo encontré parado en un edificio en ruinas, casi una choza, que albergaba una antigua imprenta. No podía permitirse el lujo de pagar una máquina tipográfica y hacía la composición él mismo, letra por letra, parándose sobre la imprenta durante horas cada vez, a pesar del hecho de que estaba al final de sus sesenta (años). Ashlag era claramente un *tzadik* (hombre justo), un hombre humilde, con un rostro radiante. Pero era una figura absolutamente marginal y estaba terriblemente empobrecido. Más tarde escuché que pasó tantas horas configurando el tipo de letra que el plomo utilizado en el proceso de impresión dañó su salud».

Este extracto fue publicado el 17 de diciembre de 2004 en el periódico Haaretz, en una historia de Micha Odenheimer.

Baal HaSulam no sólo plasmó sus ideas en un papel; también actuó vigorosamente para promoverlas. Se reunió con muchos líderes del asentamiento judío en Israel de la época, líderes del movimiento obrero y muchas figuras públicas. Entre estas figuras se encuentran David Ben Gurión, Moshe Sharet, Chaim Arlozorov, y el gran poeta Haim Nahman Bialik.

Según Ben Gurión, se reunió con Yehuda Ashlag varias veces y aparentemente quedó sorprendido:

«Quería hablar con él sobre la Cabalá, y él quería hablar sobre el socialismo». *(Archivo Ben Gurión, Diarios, 11 de agosto de 1958).*

En su ensayo *Tres reuniones y en el medio* (Amot, Tel-Aviv, 1963, p.49), Dov Sadán escribe:

«El rabí Yehuda Leib Ashlag, entre los más grandes cabalistas de la época, tuvo como objetivo convertir los fundamentos de la Cabalá en un motor histórico de nuestra generación. A través de su percepción socialista, que se basa en lo anterior, pensó en el contacto con el movimiento de los *Kibutzim*».

Puede ser sorprendente pensar que Baal HaSulam buscó la conexión con el Movimiento Obrero Hebreo y sus líderes, considerando el abismo mental y educativo entre ellos. Sin embargo, el estudio profundo de sus escritos revela una figura fascinante e intrigante de un erudito que estuvo muy involucrado en los eventos de su época, tanto en Israel como en el mundo, una figura cuyas ideas se consideran revolucionarias y vanguardistas hasta hoy.

Rav Baruj Shalom HaLeví Ashlag (Rabash)
(1907-1991)

En muchos sentidos, Rabash fue el último de un linaje dorado, el eslabón final en la cadena de los más grandes cabalistas. Esta línea comenzó con Abraham el patriarca y continuó con el padre de Rabash, Yehuda Ashlag (Baal HaSulam), seguido por el mismo Rabash.

Su papel en esta línea es quizás el más importante para nosotros, ya que nos conecta con todos esos grandes cabalistas. Con sus obras adaptó el método de la Cabalá a nuestra generación.

Aunque se encontraba en la cima de la escalera espiritual, Rabash estaba muy bien conectado con la gente común que simplemente quería saber si había algo más elevado que lo que este mundo podía ofrecer. Debido a su alto grado espiritual, Rabash entendió por qué nosotros, que vivíamos a fines del siglo XX, necesitábamos descubrir el secreto de la vida. Él fue capaz de adaptar la sabiduría de la Cabalá a un lenguaje sencillo, directo y apropiado para nuestra generación. Al hacerlo, nos presentó un mundo maravilloso y eterno, y allanó el camino más seguro para llegar allí.

Dejando el hogar

Cuando Baruj Ashlag tenía 13 años, su padre decidió que era hora de dejar Polonia y mudarse a Israel. Baal HaSulam esperaba encontrar más cabalistas en Israel que se unieran a él para difundir la Cabalá. Por lo tanto, en 1921, la familia Ashlag abandonó Varsovia y se estableció en Jerusalén.

En Israel (Palestina en ese momento), Rabash fue ordenado como rabino por el rabí Abraham Isaac HaCohen Kook, el rabino jefe de Israel, y el rabino Chaim Sonnenfeld, rabino jefe de Jerusalén y el líder espiritual y político de la comunidad ortodoxa de Israel. Rabash solo tenía diecisiete años cuando fue ordenado.

Estudiante de su padre

Rabash sintió el deseo de descubrir el secreto de la vida desde su infancia y lo persiguió con determinación. Su único deseo era convertirse en estudiante de su padre, el gran cabalista de la generación. Quería seguir los pasos de su padre y profundizar en el estudio de la Cabalá. Sabía que únicamente la Cabalá satisfaría el deseo que ardía en su corazón.

De hecho, una vez que Rabash demostró que sus intenciones eran sinceras, Baal HaSulam lo aceptó en su grupo de estudiantes. Para asistir a las lecciones de su padre, Rabash tenía que caminar varios kilómetros cada noche, desde la ciudad vieja de Jerusalén hasta la casa de sus padres en el vecindario de Givat Shaul. En su camino, tuvo que pasar por alto a los agentes de la carretera y atravesar las barreras de las fuerzas militares británicas, que formaban parte del Mandato Británico (1922-1948) que gobernaba Israel.

A pesar de las duras condiciones en Jerusalén a principios de la década de 1930, Baruj Ashlag tenía un fuerte deseo de aferrarse a su padre, y nunca se perdió una lección o un evento al que su padre asistió. Permaneció pegado a él, acompañándolo en todos sus viajes, haciendo sus diligencias y sirviéndole de todas las formas posibles.

Con el tiempo, Rabash se convirtió en el alumno más cercano de Baal HaSulam y comenzó a estudiar por separado con él. Su padre le enseñó *El estudio de las diez Sefirot* y *El libro del Zóhar*. El Rav Ashlag también respondió a las preguntas de su hijo y lo preparó para el papel que Rabash estaba a punto de asumir para difundir la sabiduría de la Cabalá a las masas en el lenguaje más claro y adecuado para nuestro tiempo.

Escuché

Rabash, el estudiante dedicado, escribió todo lo que escuchó de su padre en un cuaderno que tituló, *Shamati* (escuché). Reunió miles de apuntes que documentaban las explicaciones de Baal HaSulam sobre el trabajo espiritual de una persona. En su lecho de muerte, Rabash legó el cuaderno a su asistente personal y estudiante, Rav

Dr. Michael Laitman, quien más tarde lo publicó como un libro, con el mismo título.

Rabash fue alumno y asistente personal de su padre durante más de treinta años. Durante todo ese período, absorbió las enseñanzas de su padre y su espíritu de amor por la nación y el mundo en general. Él absorbió la comprensión de que se nos otorgará la redención completa solo al difundir la sabiduría de la Cabalá en toda la nación y en todo el mundo. Años más tarde, los estudiantes de Rabash afirmaron que este espíritu había sido su sello a lo largo de toda su vida, el mensaje esencial que había legado a sus estudiantes.

Conectado al mundo, pero aislado de él

Al igual que su padre, Rabash no quería ser celebrado ni exaltado como un cabalista. Se negó a aceptar roles oficiales que le ofrecieron. En lugar de ser venerado y un líder de muchos, Rabash dedicó todo su tiempo y sus esfuerzos al trabajo interno y a preparar a sus estudiantes de Cabalá. Difundirían la Sabiduría de la Cabalá y continuarían en el camino de Baal HaSulam de manera fiel.

Internamente, Rabash estaba conectado con el mundo entero. Sin embargo, externamente, era un hombre aislado. Su viuda, Feiga Ashlag, testifica que incluso sus vecinos no sabían que enseñaba Cabalá.

Pero a pesar de su modestia, quienes realmente buscaron, encontraron su camino hacia Rabash. Su estudiante y asistente, el Rav Dr. Michael Laitman, dice que entre los que se le acercaron se encontraban rabinos de renombre que iban discretamente a la casa de Rabash para estudiar esta sabiduría.

En su trabajo con nuevos estudiantes, Rabash desarrolló su método contemporáneo único. Escribió artículos semanales en los que describió con palabras sencillas cada fase del trabajo interno de una persona en el camino hacia la espiritualidad. Por lo tanto, nos confió un verdadero tesoro, un método completo y probado que puede hacer que cada persona perciba el mundo espiritual.

Estos artículos semanales fueron compilados en una serie de libros llamados Shlavei HaSulam (peldaños de la escalera). Rabash dejó muchos grupos de estudio en Israel y en otras partes del mundo. Estos grupos continúan estudiando sus libros y los de Baal HaSulam. Rabash tuvo éxito donde otros no lo hicieron presentándonos la mejor manera de descubrir el aspecto más profundo de la realidad: el Mundo Superior.

Baruj Shalom HaLeví Ashlag fue único. Era un cabalista cuya vocación era educar a una nueva generación de cabalistas mediante el fomento de un nuevo método espiritual apropiado para los estudiantes contemporáneos. Estaba convencido de que si podía adaptar el método de la Cabalá a nuestro tiempo, esa sería su mayor contribución a la humanidad.

Baal HaSulam y Rabash querían promover un futuro más brillante para todos en el mundo, y lo lograron. Todo lo que necesitamos hacer es usar este método a prueba de fallas que ellos desarrollaron. Cuando lo hagamos, seremos recompensados con la revelación de la realidad completa, verdadera y eterna, descubierta por todos los cabalistas a lo largo de las generaciones.

Rav Dr. Michael Laitman
Cabalista, fundador y presidente del Instituto de
Educación e Investigación de Cabalá Bnei Baruj.
(1946-   )

Michael Laitman tiene un doctorado en filosofía y
Cabalá, además de una maestría en bio-cibernética

médica. Es fundador y presidente del Instituto Bnei Baruj de Investigación y Educación de la Cabalá.

Cuando era estudiante de ciencias le impresionó la forma en que las células orgánicas sostenían la vida. Le maravillaba el comprobar que las células se integraban armoniosamente en el resto del organismo.

Supuso que, al igual que las células del organismo, un cuerpo forma parte de un sistema mayor para el que trabaja como parte integral de un todo. Pero sus incesantes intentos por ahondar en el tema sobre cómo funciona este sistema en toda la existencia, visto desde el ámbito científico, encontraron tan sólo rechazo y negativas. Le señalaron que: «La ciencia no investiga esos aspectos».

Después de muchos años de búsqueda, al fin encontró a su maestro, el cabalista Rav Baruj Shalom Ashlag, *Rabash*, el hijo primogénito y sucesor del Rabí Yehuda Ashlag, Baal HaSulam. Al lado de Rabash descubrió los aspectos más profundos de la Sabiduría de la Cabalá, la cual nos permite revelar la fuerza que gobierna toda nuestra realidad.

Durante los siguientes doce años, desde 1979 hasta 1991, él no se apartó del lado de Rabash hasta el fallecimiento de su mentor, a quien consideró el último de una larga dinastía de cabalistas que existió durante miles de años. Todo el tiempo que pasó con él, fue su asistente personal, su secretario y su estudiante más dedicado. Rabash le alentó a escribir y publicar sus primeros tres libros en 1983.

Tras la pérdida de su maestro, empezó a desarrollar el conocimiento que había adquirido y a difundirlo abiertamente, tal como había sido el deseo de Rabash. Consideró que esta era la manera más directa de continuar su camino.

En 1991 fundó el Instituto de Educación e Investigación de la Cabalá Bnei Baruj (hijos de Baruj), para honrar la memoria de su mentor, una organización sin ánimo de lucro que da la bienvenida a personas de todas las edades y estilos de vida para participar en el gratificante proceso de estudio de la Cabalá, llevando a la práctica el legado de Baal HaSulam y Rabash de forma cotidiana.

El Dr. Laitman sigue los pasos de sus mentores en la misión de divulgar la Sabiduría de la Cabalá por todo el mundo. Esta sabiduría milenaria, tal como la ha definido una larga cadena de cabalistas, es un método para corregir al hombre y al mundo, y se abre actualmente a la humanidad porque su implementación es hoy más relevante que nunca.

A través del sitio web de Bnei Baruj, www.kab.info, el Dr. Laitman imparte lecciones diarias en vivo en hebreo a una audiencia de aproximadamente dos millones de personas en todo el mundo. Estas lecciones se traducen simultáneamente a diversos idiomas, incluidos español, inglés, francés, ruso, italiano, turco, alemán, húngaro, farsi, ucraniano, chino, japonés, entre otros.

En el sitio se encuentran disponibles textos auténticos de Cabalá junto con un completo archivo de textos y medios para la web que se proporcionan de forma gratuita. El Rav Laitman es un prolífico escritor, habiendo publicado hasta la fecha más de 40 libros, traducidos a más de 30 idiomas.

A lo largo de sus más de tres décadas de investigación y enseñanza de la Cabalá, el Dr. Laitman, en su calidad de científico, cabalista y pensador global, se ha reunido con innumerables líderes y formadores de opinión pública a nivel mundial con el propósito de impulsar su visión de unidad y solidaridad para el logro de un futuro promisorio.

Las columnas de opinión y entrevistas de Laitman han aparecido en destacados medios como *The New York Times, The Jerusalem Post, Huffington Post, Corriere della Sera, Chicago Tribune, Miami Herald, The Globe, RAI TV* y *Bloomberg TV,* entre otros.

El Dr. Laitman es casado, padre y abuelo.

* Nota: El título de «Rav» (maestro) fue otorgado al Dr. Laitman por sus alumnos a modo de respeto por sus enseñanzas y su dedicación para difundir la sabiduría de la Cabalá en el mundo entero. El Rav Laitman no ha sido ordenado como rabino por una escuela rabínica y no presta servicio como rabino ortodoxo.

APÉNDICE C

GALERÍA DE IMÁGENES

Rav Yehuda Leib Haleví Ashlag (Baal HaSulam)

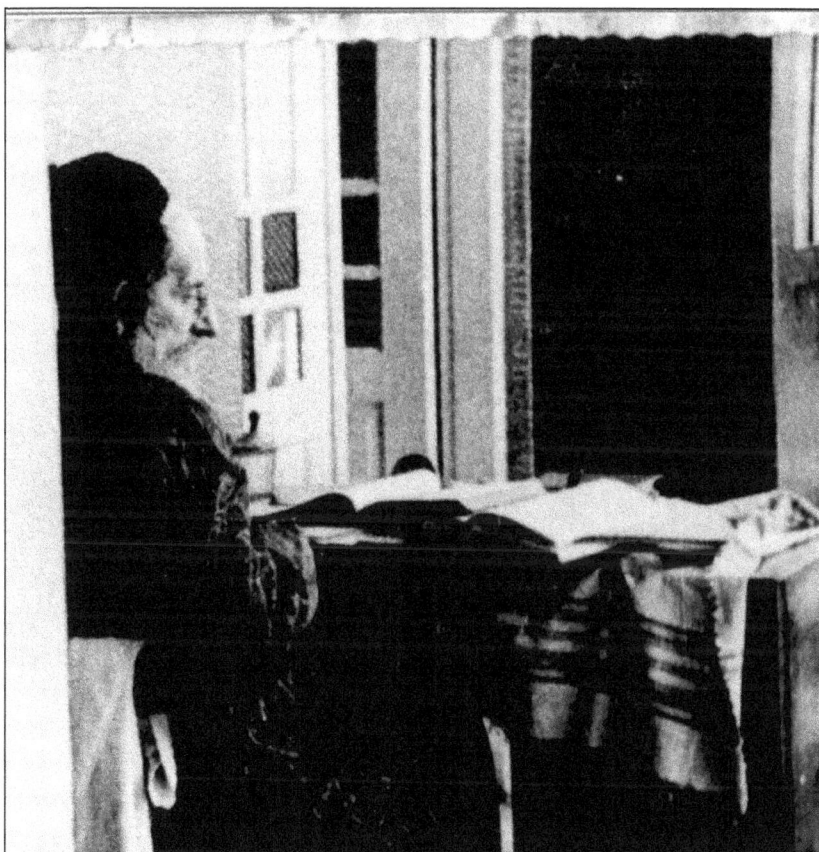

Textos originales
Los escritos de la Última Generación
(Manuscritos. Archivo de Bnei Baruj)

Periódico *HaUmá* (La Nación)

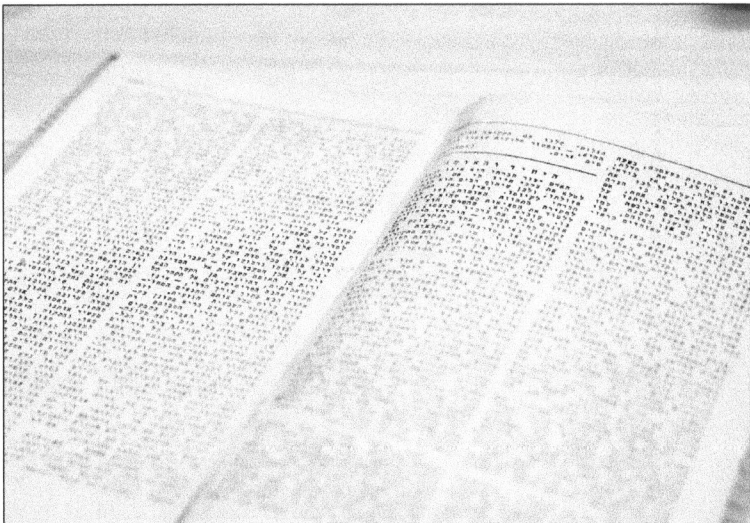

Arvut (Garantía mutua)

HaShalom (La paz)

Talmud Eser HaSefirot

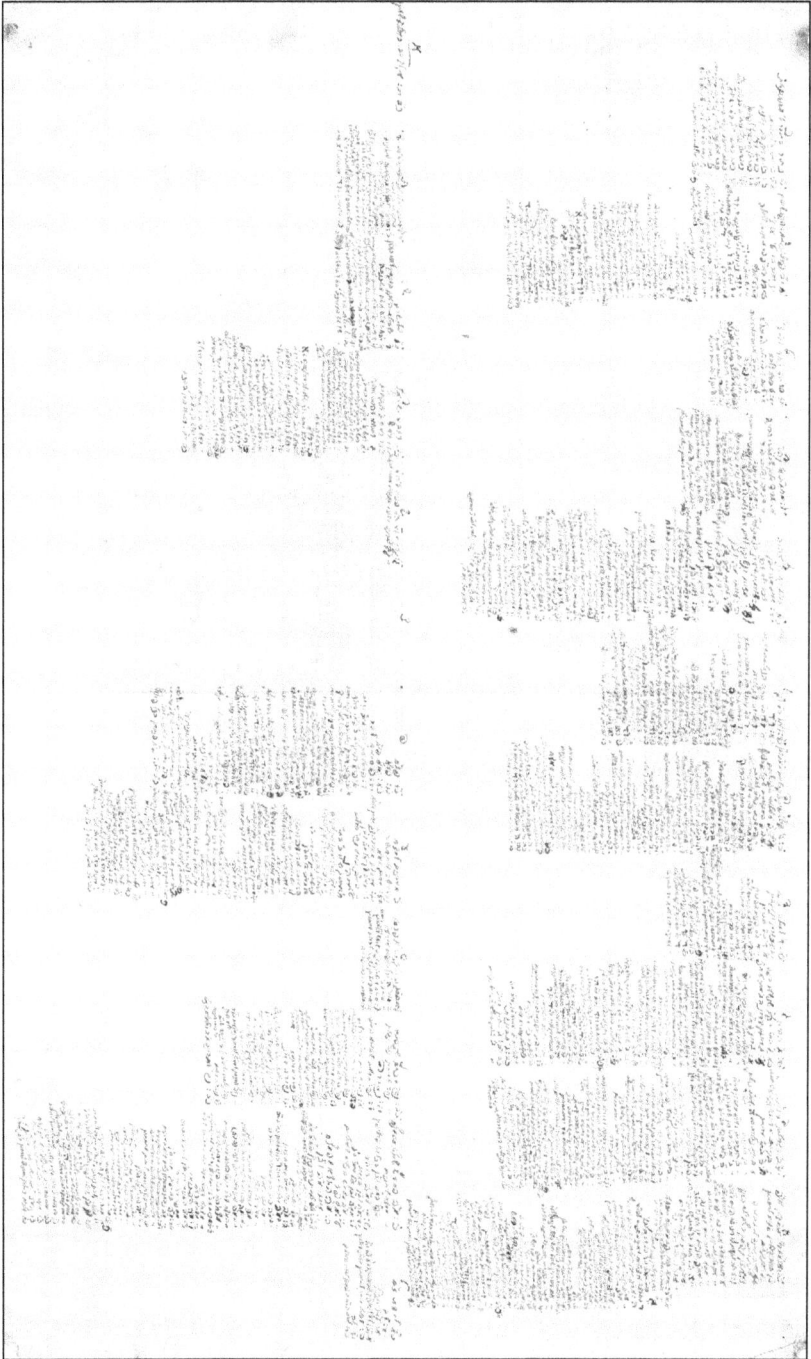

Cartas de Ben Gurión

ירושלים, א' בסיון תשי"ח
20 במאי 1958

לכבוד
רב יהודה צבי ברנדויין - שלום וברכה,

שמחתי לקבל "ספר הזהר" עם פירוש "פעולות הסולם".
יש בידי עשרים וסבעה הכרכים של הרב אשלג (חנוך המהודרו הוא
"ספר הלמוד עשר הספירות, כרך ראשון").

וזכיתי להיפגש בחל-אביב הרבוקצפים לפני כמה שנים
עם הרב אשלג ז"ל ולמוחא אחו אדוכות - גם על קבלה וגם על פוניאליים.
ביא קריה בידיו שהוא היה ברוך דרוזא בתהירה הקודנורוסיית, ושחלוי
הרבה מעמים אם לאחר שמקום מדינם יהודים וגלוים פה מדי קונוניזיסית.
שיכרת אחת שלו נחותם בזכרוני : הוא מפר לי : איש הספוסיר בל יפינו
בשלושים - מין שתותנת קרוב הזבק, כי יותר פשוטות אשונה - יש בה
מזום הגדול. ... ש יש עצין זה למאמין שהיה מפם כוצר בליקל. לא הזוחי
לשאיל אותו אם הוא בעמפו ה'ה כבם כוצר בליקל ...

אני קפא בי אתה הנה להשלים את פלאכתו הגדולה
של הרב אשלג ז"ל.
אביה אמיר תודה אם תשלח לי השבון מחירו של הספר -
יהיה זה לכבוד בשבילי לפנות מבך את המפר.

בחותמת,

י. בן-גוריון   1131

ירושלים, ג' ניסן תשי"א
11.4.51

לרב ברוך שלום אשלג - שלום וברכה.

רבי היקר -

מהזמנה להתוכנת בנך הגיעה אלי כבר לאחר
התחונה, אבל נדבה לי עצמן חקוקה ומבוחר גם
בדברי ברכה, ואני רוצה לוותר על מלוח ברכתי
הבאמנה למחתבך ביום כלולי בנך עם בחירת לבו.

וזכרני בעגין רב של הרגישות והשיחות
שהיו לנו לבני שנים אחרות בחל-אביב עם אביך בעל
הסולם שליט"א, ואני מצפרר על בך שנתקפקו. כתם
כהדברים שנשמתי מפיו עודרו כי ענין רב, ואילו
יכולתי להתבגות הייתי שמ לשמוע שוב דברי
תורה וחכמה מפיו.

בחותמת

ד. בן-גוריון   2317

Extracto (traducción de hebreo)
Ben Gurión a Rabash sobre Baal HaSulam:
«Recuerdo con gran interés de los encuentros y pláticas
que tuvimos hace unos años en Tel-Aviv con tu padre,
Baal HaSulam, y lamento que se hayan interrumpido. Las
palabras que escuché de él invocaron en mi gran interés,
si fuera posible me gustaría volver a escuchar de su boca
palabras de Torá y sabiduría». (Carta 11/4/1951)

Rav Baruj Haleví Ashlag (Rabash)
y Rav Dr. Michael Laitman

BIBLIOGRAFÍA Y FUENTES DE INTERNET

1   Rabí Yehuda Leib HaLeví Ashlag (Baal HaSulam) - Los escritos de la Última Generación - «Introducción» https://kabbalahmedia. info/es/sources/oIrPpKn2
2   Vaykrá (Levítico) 19:18
3   Ibid.
4   Rabí Yehuda Leib HaLeví Ashlag (Baal HaSulam) - La enseñanza de la Cabalá y su esencia - «Dar permiso» https://kabbalahmedia. info/es/sources/CeULdtUD
5   Ibid.
6   Mishné Avot 3:13
7   Oseas 14:2
8   Rabí Yehuda Leib HaLeví Ashlag (Baal HaSulam) - Artículo para la finalización de El Zóhar https://kabbalahmedia.info/es/ sources/VyDjtKiN
9   Ibid., 2
10   Ávila y Lugo, José. Introducción a la economía. México: Plaza Y Valdes, 2004, 6. Pag.41.
11   RAE: Capitalismo https://dle.rae.es/capitalismo
12   Adam Smith La Riqueza de las Naciones. México: Oficina de Viuda e Hijos de Santander. Valladolid 1794, pag. 28.
13   Rabí Yehuda Leib HaLeví Ashlag (Baal HaSulam) - Los escritos de la Última Generación - «Sección 11» https://kabbalahmedia. info/es/sources/oIrPpKn2
14   Rabí Yehuda Leib HaLeví Ashlag (Baal HaSulam) - Los escritos de la Última Generación, «Sección Debate» https://kabbalahmedia. info/es/sources/oIrPpKn2
15   Ibid., 2
16   Rabí Yehuda Leib HaLeví Ashlag (Baal HaSulam) - La paz en el mundo - «En ausencia de la capacidad para establecer el atributo de la verdad, intentaron implementar los atributos virtuosos» https://kabbalahmedia.info/es/sources/hqUTKcZz
17   Tehilim (Salmos) 89:3
18   Ibid., 2
19   Huelga, Luis Alfonso Iglesias (6 de abril de 2018). «Marxismo: qué propone y cómo revolucionó el pensamiento»
20   Ibid.
21   Talmud Babilónico - Kidushín 30:1
22   Bereshit (Génesis) 8:21

23   Ibid., 19
24   Periódico Clarín, (2 de enero, 2020), "Siete frases para recordar a Ernesto "Che" Guevara que continúan vigentes", https://www.clarin.com/mundo/frases-recordar-ernesto-che-guevara-continuan-vigentes_0_ZwQmFPVw.html
25   Rabí Yehuda Leib HaLeví Ashlag (Baal HaSulam) - La Nación - «Crítica al marxismo a la luz de la nueva realidad y solución a la cuestión de la unión de todas las corrientes de la nación» https://kabbalahmedia.info/es/sources/Zo6BQz8E
26   Rashi comentario sobre Shemot (Éxodo) 19:2
27   Rabí Yehuda Leib HaLeví Ashlag (Baal HaSulam) - Los escritos de la Última Generación - «Sección 6» https://kabbalahmedia.info/es/sources/oIrPpKn2
28   Rabí Yehuda Leib HaLeví Ashlag (Baal HaSulam) - Los escritos de la Última Generación - Parte 3 - «Sección 1» https://kabbalahmedia.info/es/sources/oIrPpKn2
29   Ibid.
30   Diccionario Corriere Della Sera, https://dizionari.corriere.it/dizionario_italiano/F/fascio.shtml
31   Ibid., 20
32   Rabí Yehuda Leib HaLeví Ashlag (Baal HaSulam) - Los escritos de la Última Generación - Parte 1 https://kabbalahmedia.info/es/sources/oIrPpKn2
33   Ibid., 19
34   Rabí Yehuda Leib HaLeví Ashlag (Baal HaSulam) - Los escritos de la Última Generación - «Noticias» https://kabbalahmedia.info/es/sources/oIrPpKn2
35   Rabí Yehuda Leib HaLeví Ashlag (Baal HaSulam) - Los escritos de la Última Generación - «La filosofía ya está lista, es decir, la Cabalá basada en la religión» »https://kabbalahmedia.info/es/sources/oIrPpKn2
36   Ibid., 19
37   Rabí Yehuda Leib HaLeví Ashlag (Baal HaSulam) - Laitman Kabbalah Publishers - Diciembre 2015 - «Shamati 199. A todo hombre de Israel» https://kabbalahmedia.info/es/sources/XzkCbPBH
38   Rabí Yehuda Leib HaLeví Ashlag (Baal HaSulam) - Los escritos de la Última Generación - «La dirección de la vida» https://kabbalahmedia.info/es/sources/oIrPpKn2
39   Ibid., 23
40   Ibid., 2
41   Rabí Yehuda Leib HaLeví Ashlag (Baal HaSulam) - Los escritos de la Última Generación - «El origen de todos los errores del mundo» https://kabbalahmedia.info/es/sources/oIrPpKn2
42   Rabí Yehuda Leib HaLeví Ashlag (Baal HaSulam) - Introducción al Libro del Zóhar - pto. 70 https://kabbalahmedia.info/es/sources/ALlyoveA

43   Ibid., 31
44   Ibid., 2
45   Talmud Babilónico - Shabat 31:1
46   Ibid., 2
47   Ibid., 41
48   Ibid.
49   Ibid., 2
50   Ibid., 24
51   Rabí Yehuda Leib HaLeví Ashlag (Baal HaSulam) - La paz en el mundo - «Las condiciones de vida de la última generación» https://kabbalahmedia.info/es/sources/hqUTKcZz
52   Rabí Yehuda Leib HaLeví Ashlag (Baal HaSulam) - La paz - «La rueda de la transformación de forma» https://kabbalahmedia.info/es/sources/28Cmp7gl
53   Ibid., 47
54   Ibid., 20
55   Tehilim (Salmos) 120:7
56   Tehilim (Salmos) 18:38
57   Ibid., 84
58   Proverbios 24:17-18
59   Devarim (Deuteronomio) 28:63
60   Rabí Yehuda Leib HaLeví Ashlag (Baal HaSulam) - Los escritos de la Última Generación - Sección 8 https://kabbalahmedia.info/es/sources/oIrPpKn2
61   Talmud Babilónico - Sanhedrín 72:1
62   Kohélet (Eclesiastés) 3:8
63   Ibid., 23
64   Ibid., 30
65   Ezequiel 38
66   Rabí Yehuda Leib HaLeví Ashlag (Baal HaSulam) - El exilio y la redención https://kabbalahmedia.info/es/sources/0Z2kNkRf
67   Devarim (Deuteronomio) 11:11-12
68   Rabí Yehuda Leib HaLeví Ashlag (Baal HaSulam) - Artículo para la finalización de El Zóhar https://kabbalahmedia.info/es/sources/VyDjtKiN
69   Rabí Yehuda Leib HaLeví Ashlag (Baal HaSulam) - Los escritos de la Última Generación - Sección 12 Propaganda https://kabbalahmedia.info/es/sources/oIrPpKn2
70   Ibid., 2
71   Ibid., 2
72   Ibid., 21
73   Baruj Shalom HaLevi Ashlag (Rabash), Los malhechores de Israel Artículo 33, 1985, https://kabbalahmedia.info/es/sources/vAtZkwOg
74   Ibid., 2
75   Devarim (Deuteronomio) 14:1

76 Rabí Yehuda Leib HaLeví Ashlag (Baal HaSulam) - La Nación - «El individuo y la nación» https://kabbalahmedia.info/es/sources/Zo6BQz8E
77 Ibid., 2
78 Ibid., 31
79 Ibid., 2
80 Ibid., 2
81 Ibid., 31
82 Ibid., 2
83 Rabí Yehuda Leib HaLeví Ashlag (Baal HaSulam) - Los escritos de la Última Generación - «Lo positivo» https://kabbalahmedia.info/es/sources/oIrPpKn2
84 Shemot (Éxodo) 32:9
85 Ibid., 31
86 Ibid., 2
87 Rabí Yehuda Leib HaLeví Ashlag (Baal HaSulam) - Carta 47 https://kabbalahmedia.info/es/sources/o4BjSAcN
88 Rabí Yehuda Leib HaLeví Ashlag (Baal HaSulam) - Introducción al Prefacio de la Sabiduría de la Cabalá https://kabbalahmedia.info/es/sources/h3FdlLJY
89 Ibid., 21
90 Rabí Yehuda Leib HaLeví Ashlag (Baal HaSulam) - La paz en el mundo - sub. «El bien y el mal son evaluados de acuerdo con las acciones del individuo con respecto a la sociedad» https://kabbalahmedia.info/es/sources/hqUTKcZz
91 Ibid., 2
92 Ibid., 45
93 Ibid., 21
94 Yehuda Leib HaLeví Ashlag (Baal HaSulam) - La garantía mutua (El Arvut) - pto. 18 https://kabbalahmedia.info/es/sources/itcVAcFn
95 Yehuda Leib HaLeví Ashlag (Baal HaSulam) - La garantía mutua (El Arvut) - pto. 17 https://kabbalahmedia.info/es/sources/itcVAcFn
96 Ibid.
97 Rabí Yehuda Leib HaLeví Ashlag (Baal HaSulam) - La Sabiduría de la Cabalá y la filosofía - «ABYA» https://kabbalahmedia.info/es/sources/mnkZ8gjP
98 Rabí Yehuda Leib HaLeví Ashlag (Baal HaSulam) - Los escritos de la Última Generación - «Lo negativo» https://kabbalahmedia.info/es/sources/oIrPpKn2
99 Rabí Yehuda Leib HaLeví Ashlag (Baal HaSulam) - La paz en el mundo - «Las dificultades prácticas para determinar la "verdad"» https://kabbalahmedia.info/es/sources/hqUTKcZz
100 Rabí Yehuda Leib HaLeví Ashlag (Baal HaSulam) - Seiscientas mil Almas https://kabbalahmedia.info/es/sources/RlvjNKZU
101 Shemot (Éxodo) 19:5

102 Isaías 56:7
103 Rabí Yehuda Leib HaLeví Ashlag (Baal HaSulam) - La paz en el mundo - «En la vida práctica, los cuatro atributos se contradicen entre sí» https://kabbalahmedia.info/es/sources/hqUTKcZz
104 Rabí Yehuda Leib HaLeví Ashlag (Baal HaSulam) - Los escritos de la Última Generación - «La corrupción en la opinión pública» https://kabbalahmedia.info/es/sources/oIrPpKn2
105 Ibid., 20
106 Rabí Najman de Breslev - Likutei Muharan 15:2
107 Devarim (Deuteronomio) 16:20
108 Rabí Yehuda Leib HaLeví Ashlag (Baal HaSulam) - La paz en el mundo - «Los cuatro atributos, bondad, verdad, justicia y paz, en los asuntos del individuo y la sociedad» https://kabbalahmedia.info/es/sources/hqUTKcZz
109 Devarim (Deuteronomio) 16:20
110 Rabí Yehuda Leib HaLeví Ashlag (Baal HaSulam) - Carta 53 https://kabbalahmedia.info/es/sources/Ew63ydqt
111 Rabí Yehuda Leib HaLeví Ashlag (Baal HaSulam) - Introducción al estudio de la diez Sefirot (TES) - pto. 42 https://kabbalahmedia.info/es/sources/OqZMFGHu
112 Ibid., 63
113 Ibid., 26
114 Rabí Natan de Breslev - Likutei Halajot Joshen Mishpat 4 32:1
115 Rabí Natan de Breslev - Likutei Halajot Joshen Mishpat 4 9:2
116 Rabí Yehuda Leib HaLeví Ashlag (Baal HaSulam) - La paz en el mundo https://kabbalahmedia.info/es/sources/hqUTKcZz
117 Rabí Yehuda Leib HaLeví Ashlag (Baal HaSulam) - La libertad - «La libertad de la voluntad» https://kabbalahmedia.info/es/sources/4AtF9tGS
118 Rabí Yehuda Leib HaLeví Ashlag (Baal HaSulam) - La paz en el mundo - «El bien y el mal son evaluados de acuerdo con las acciones del individuo con respecto a la sociedad» https://kabbalahmedia.info/es/sources/hqUTKcZz
119 Rabí Yehuda Leib HaLeví Ashlag (Baal HaSulam) - Los escritos de la Última Generación - «Dos formas de esclavitud en el mundo» https://kabbalahmedia.info/es/sources/oIrPpKn2
120 Ibid., 53
121 Rabí Yehuda Leib HaLeví Ashlag (Baal HaSulam) - Los escritos de la Última Generación - Sección 2 - «La opinión del individuo y la opinión pública» https://kabbalahmedia.info/es/sources/oIrPpKn2
122 Rabí Yehuda Leib HaLeví Ashlag (Baal HaSulam) - Los escritos de la Última Generación - Parte 2 - «Opinión personal y opinión pública» https://kabbalahmedia.info/es/sources/oIrPpKn2
123 Ibid., 26
124 Ibid., 38
125 Ibid., 20

126 Ibid., 20
127 Rabí Yehuda Leib HaLeví Ashlag (Baal HaSulam) - La libertad
     - sub. «El entorno como factor» https://kabbalahmedia.info/es/
     sources/4AtF9tGS
128 Ibid., 2
129 Ibid., 26
130 El Cronista - 24 de Enero de 2025 https://www.cronista.com/
     colombia/actualidad-co/peor-que-una-bomba-nuclear-brutal-
     prediccion-de-elon-musk-tecnologia-siembra-alarmas-ee-uu/
131 Ibid., 26
132 Ibid., 38
133 Kohélet (Eclesiastés 1:18)
134 Rabí Yehuda Leib HaLeví Ashlag (Baal HaSulam) - Introducción
     al Libro del Zóhar - pto. 19 https://kabbalahmedia.info/es/
     sources/ALlyoveA
135 Rabí Yehuda Leib HaLeví Ashlag (Baal HaSulam) - Los escritos
     de la Última Generación - «Noticias» https://kabbalahmedia.
     info/es/sources/oIrPpKn2
136 Cantar de los cantares 6:3
137 Libros de Crónicas I 28:9
138 Ibid., 2
139 Rabí Yehuda Leib HaLeví Ashlag (Baal HaSulam) - Los
     escritos de la Última Generación - Parte 3 - Sección 2 https://
     kabbalahmedia.info/es/sources/oIrPpKn2
140 Rabí Yehuda Leib HaLeví Ashlag (Baal HaSulam), Carta 16,
     https://kabbalahmedia.info/es/sources/OHNHBjqH
141 Rabí Yehuda Leib HaLeví Ashlag (Baal HaSulam) - Los escritos
     de la Última Generación - Sección 10 https://kabbalahmedia.
     info/es/sources/oIrPpKn2
142 Isaías 41:6
143 Ibid., 12
144 Ibid., 2
145 Isaías 2:4
146 Ibid., 12
147 Ibid., 38
148 Rabí Yehuda Leib HaLeví Ashlag (Baal HaSulam) - Los escritos
     de la Última Generación - Apéndices y Borradores - Sección 3
     https://kabbalahmedia.info/es/sources/oIrPpKn2
149 Ibid., 2
150 Ibid., 2
151 Rabí Yehuda Leib HaLeví Ashlag (Baal HaSulam), Matán
     Torá (La entrega de la Torá), https://kabbalahmedia.info/es/
     sources/2bscFWf4
152 Rabí Yehuda Leib HaLeví Ashlag (Baal HaSulam) - Matán
     Torá – La entrega de la Torá https://kabbalahmedia.info/es/
     sources/2bscFWf4
153 Ibid., 2

154 Ibid., 2
155 Ibid., 2
156 Ibid., 21
157 Rabí Yehuda Leib HaLeví Ashlag (Baal HaSulam) – Matán Torá – La entrega de la Torá - pto. 3 https://kabbalahmedia.info/es/sources/2bscFWf4
158 Ibid., 2
159 Devarim (Deuteronomio) 6:5
160 Ibid., 2
161 Ibid., 2
162 Ibid., 21
163 Ibid., 21
164 Rabí Yehuda Leib HaLeví Ashlag (Baal HaSulam) - Los escritos de la Última Generación - sección 8 https://kabbalahmedia.info/es/sources/oIrPpKn2
165 Ibid., 12
166 Shemot (Éxodo) 25:8
167 Ibid., 2
168 Ibid., 2
169 Rav Jaim Vital - Portal de las introducciones (Shaar Haakdamot)
170 Ibid.,65
171 Ibid., 2
172 Ibid., 2
173 Daniel 7:13
174 Zacarías 9:9
175 Talmud Babilónico - Sanedrín 98a
176 Rabí Yehuda Leib HaLeví Ashlag (Baal HaSulam) - Introducción al libro «Panim Meirot u Masbirot» - pto. 5 https://kabbalahmedia.info/es/sources/DrsQSlMO
177 Introducción de Rambam (Maimonides) a la Mishná
178 Ibid., 2
179 Rabí Yehuda Leib HaLeví Ashlag (Baal HaSulam) - Laitman Kabbalah Publishers - Diciembre 2015 - pag. 477 https://kabbalahmedia.info/es/sources/xbEQtpbv
180 Rabí Yehuda Leib HaLeví Ashlag (Baal HaSulam) - Laitman Kabbalah Publishers - Diciembre 2015 - pag. 344 https://kabbalahmedia.info/es/sources/av4R4Ve6
181 Abriendo el Zóhar - Michael Laitman - Laitman Kabbalah Publishers - Enero 2015 - pag. 246
182 Rabí Yehuda Leib HaLeví Ashlag (Baal HaSulam) - El amor por el Creador y el amor por las criaturas - «¿Por qué se le entregó la Torá a Israel?» https://kabbalahmedia.info/es/sources/eKY6PhmO
183 Ibid., 21
184 Ibid., 1
185 Ibid., 2
186 Ibid., 111

187   Yehuda Leib HaLeví Ashlag (Baal HaSulam) - Carta 11 https://
      kabbalahmedia.info/es/sources/F6PcxQLc
188   Isaías 41:6
189   Ibid., 21
190   Ibid., 1
191   Ibid., 1
192   Ibid., 21
193   Ibid., 2
194   Ibid., 38
195   Ibid., 38
196   Ibid., 38
197   Rabí Yehuda Leib HaLeví Ashlag (Baal HaSulam) - Los
      escritos de la Última Generación - Parte 4 - Sección 2 https://
      kabbalahmedia.info/es/sources/oIrPpKn2
198   Tribuna Israelita - «Nuevos desafíos del Kibutz» https://tribuna.
      org.mx/nuevos-desafios-del-kibutz/
199   Rabí Yehuda Leib HaLeví Ashlag (Baal HaSulam) - Los escritos
      de la Última Generación - Sección 12 – «Propaganda» https://
      kabbalahmedia.info/es/sources/oIrPpKn2
200   Ibid., 2
201   Rabí Baruj Shalom HaLeví Ashlag (Rabash) Art. 270 - «Todo
      aquel que el espíritu de las criaturas se complace con él - 2»
      https://kabbalahmedia.info/es/sources/c90Ygbh9
202   Rabí Yehuda Leib HaLeví Ashlag (Baal HaSulam) - La paz -
      «La demostración de Su trabajo de acuerdo con la experiencia»
      https://kabbalahmedia.info/es/sources/28Cmp7gl
203   Jeremías 31:33
204   Ibid., 57
205   Ibid., 26
206   Ibid., 151
207   Ibid., 12
208   Ibid., 151
209   Ibid., 92

Información de contacto

Correo electrónico
spanish@kabbalah.info

Sitio oficial Bnei Baruj
https://kabbalahmedia.info/es/sources

Biblioteca en línea
https://kabbalahmedia.info/es/

Sitio oficial del Rav Dr. Michael Laitman
https://www.michaellaitman.com/es/

Cursos de Cabalá
https://kabuconnect.com/es/

Sitio oficial de Bnei Baruj
http://www.kabbalah.info/es/

Sitio oficial del Rav Dr. Michael Laitman
https://www.michaellaitman.com/es/

www.ingramcontent.com/pod-product-compliance
Lightning Source LLC
Chambersburg PA
CBHW051816090426
42736CB00011B/1499